르네상스를 만든 사람들

시오노 나나미 ▎르네상스 저작집 1

김석희 옮김

한길사

RUNESANSU TOWA NANDE ATTANOKA
by Nanami Shiono

Copyright © 2001 by Nanami Shiono

Original Japanese edition published by Shincho-Sha Co., Ltd.
Korean translation rights arranged with Nanami Shiono
through Japan Foreign-Rights Centre

Translated by Kim Suk-hee
Published by Hangilsa Publishing Co., Ltd., Seoul, Korea, 2001

塩野七生, ルネサンスとは何であつたのか, 新潮社, 2001

르네상스를 만든 사람들

시오노 나나미 ▎르네상스 저작집 1

독자들에게 15

1 피렌체에서 생각한다 21

2 로마에서 생각한다 195

3 키안티 지방의 그레베에서 267

4 베네치아에서 생각한다 295

르네상스의 주역들 345

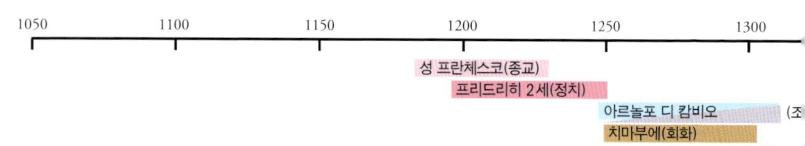

르네상스인 일람

여기에 실린 이름들은 산에 비유하면 봉우리다.
중턱에서 기슭까지의 비탈을 이룬 창작가들은
미술관이나 박물관에서 볼 수밖에 없다.

페스트 창궐, 인구
(1348~1349)

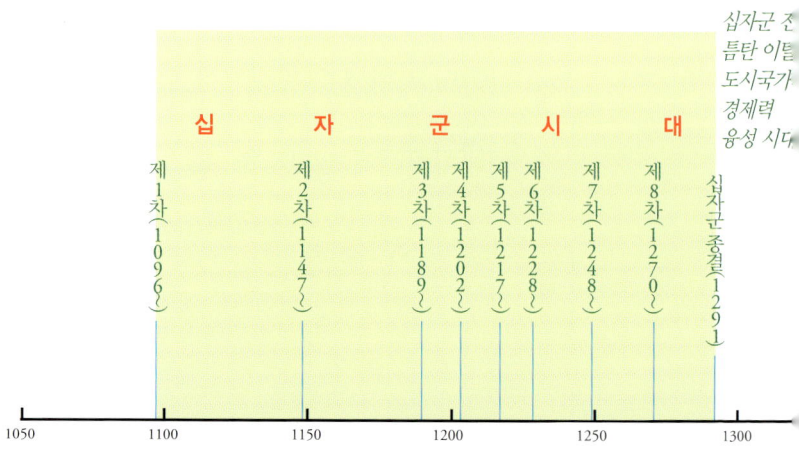

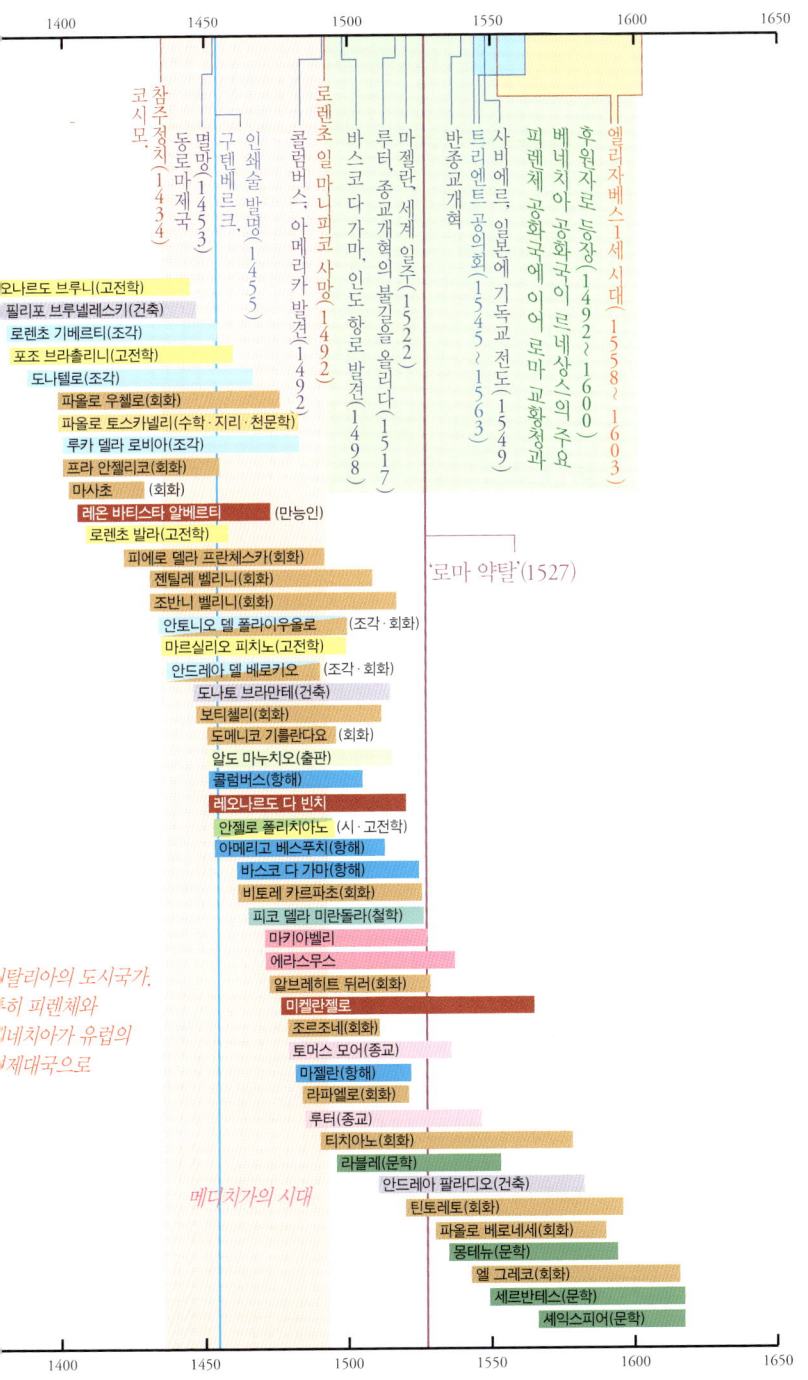

독자들에게

"역사는 결국 인간이다"

"왜 고대 로마에 관심을 가졌느냐?"는 질문을 받을 때가 많다. 그러면 나는 "르네상스를 썼기 때문"이라고 대답한다. 그러면 십중팔구가 "왜 르네상스에 관심을 가졌느냐"고 묻는다. 그러면 나는 30년이나 거기에 대해 썼는데 아직도 알아주지 않나 하고 속으로 절망하지만, 내가 이제부터 쓰려고 하는 이 책은 내 작품을 읽어준 분들에게는 기억을 되살리고, 아직 읽지 않은 분들에게는 내 작품을 좀더 이해시키기 위해, 플라톤 이후 서유럽에서 자주 이용되었고 따라서 키케로와 마키아벨리도 활용한 문답식 대화를 사용해 나름대로 다시 엮은 것이다.

도쿄의 집에 방치해두었던 물품들을 정리하다가 고등학교 시절에 사용한 세계사 연표를 발견했다. 내가 난생 처음 손에 넣은 본격적인 역사 연표였다. 반가운 마음에 무심코 책장을 넘겨보니, 맨 마지막 장에 '역사는 결국 인간이다'라고 크게 쓴 펜글씨가 눈에 띄었다. 16세 시절의 기백이 느껴지는 힘찬 필체였고, 문장을 동그라미로 둘러싸기까지 했다.

대학에 진학할 때, 어느 학과를 선택하면 내 호기심을 충족시킬 수 있을지 몰라서, 우선 기초를 다지자는 생각으로 철학과를 선택했다. 당시 가쿠슈인(學習院)대학 문학부 철학과는, 철학·역사·종교 등을 습득한 뒤에는 졸업논문으로 무엇을 선택해도 좋은 시스템으로 되어 있었다. 우연히도 나는, 유럽에서는 인문계 고등학교에서 가르치는 교양과목(liberal arts)을 대학에서 배운 셈이었다. 그리고 졸업논문의 주제로는 15세기 피렌체의 미술을 선택했다.

논문 지도 교수만은 호화판이어서, 서양 미술사의 도미나가 소이치(富永惣一), 중세 사상사의 시모무라 도라타로(下村寅太郎), 그리스·로마 문학의 구레 시게이치(吳茂一) 교수님이 나를 지도해주셨다. 이들 세 분 선생님을 내가 독차지할 수 있었던 것은, 그해 철학과 인문과정 4학년생 열 명 가운데 서양과 관련된 주제를 택한 학생이 나 하나였기 때문이다.

완성된 논문에 대해 세 분 선생님이 내린 평가는 우(優)·양(良)·가(可)·불가(不可) 가운데 두 번째인 '양'이었다. 이제 와서 생각하면 그 논문은 훗날의 내가 싹의 형태로나마 두루 담겨 있는 내용이었지만, 아무리 학생이 쓴 것이라 해도 괴테의 『이탈리아 기행』으로 시작해 오비디우스의 『로마 애가』로 끝나는 논문은 도저히 논문이라고 부를 수 없었다. 구술 심사를 받을 때에도 세 분 교수님은 "자네 생각은 알겠는데……" 하면서도 모두 곤혹스러운 태도를 보여서, 심사를 받고 있는 내가 웃음을 터뜨리고 싶을 정도였다. 그렇게 너그러웠던 세 분 선생님께 내가 할 수 있었던 일은 저서를 낼 때마다 증정한 것뿐이다.

어쨌든 졸업은 할 수 있었고, 졸업식이 끝나자 교수님들과의 송별회가 열렸다. 가쿠슈인대학 철학과는 졸업생이 20명도 채 안되었기 때문에, 메시로역 부근의 다방에서 송별회를 가질 수 있었다. 매우 검소한 송별회였다.

내 졸업논문을 지도해준 세 분 선생님은 그 자리에 참석하지 않았지만, 내 앞자리에 앉은 교수님과 나 사이에 이런 대화가 오갔다.

"자네가 생각하고 있는 건 역사가 아니야."

"역사학이 아니라고 말씀하신다면 이해가 가지만, 역사가 아니라고 말씀하시는 건 납득할 수 없습니다."

그로부터 2년 뒤, 나는 이탈리아에 있었다. 제일 먼저 피렌체 우피치미술관으로 달려갔다. 당시에는 일본 전체가 가난해서, 대학에 다닐 때 해외 여행을 하는 것은 꿈 같은 이야기였다. 나는 실물도 보지 않고 사진만으로 피렌체의 미술에 대해 졸업논문을 썼던 것이다.

처음 보는 수많은 걸작 앞에서 나는 감동하기보다, 세상에 존재할 수 있는 모든 신에게 맹세했다. 작품을 해설하는 따위의 짓은 죽어도 하지 않겠다고. 예술작품이란 중개자 없이 일대일로 마주서서, 작가가 표현하고자 한 것을 허심탄회하게 받아들여야 한다고 느꼈기 때문이다. 작가와의 일대일 관계에 익숙해지려면 되도록 많은 걸작을 눈으로 직접 보는 것이 무엇보다 중요하다. 그 후 2년 동안 나는 이탈리아를 축으로 해 유럽과 중동, 북아프리카를 방사선 모양으로 돌아다녔다. 미슐랭의 '여행 안내서'가 너덜너덜해질 정도였다.

그 일이 마무리되었을 무렵, 우연히 알게 된 편집자의 권유로 글을 쓰기 시작했다. 다만 예술작품 해설만은 죽어도 하지 않겠다는 맹세는 지켰다. 작품을 남긴 창작자는 내 책의 주인공으로 다루어지지 않았다. 반대로 작품을 남기지 않은 창작자를 주인공으로 다루었다. 중세의 가치관이 무너지는 사태에 직면했기 때문에 새로운 가치관을 창출해내야 했던 르네상스 시대에는 정치인도 경제인도 모두 창작자가 되지 않을 수 없었다. 후세의 우리가 눈으로 볼 수 있는 작품을 남기지 않았다 해도, 그들은 모두 창작자였다. 작품을 남긴 창작자라면 다른 사람의 해설 따위가 필요없지만, 눈으로 볼 수 있는 작품을 남기지 않은 창작자라면 그들을 해명하려는 노력이 헛수고는 아니겠다는 생각이 들었다.

그리하여 내가 '르네상스물(物)'이라고 부르는 15권 남짓한 작품이 씌어지고 발표되었다. 하지만 글을 쓰기 위해서는 공부를 해야 하고, 공부를 하면 생각을 하게 된다. 졸업논문을 쓸 때 떠올랐던 수많은 질문들, 일본인이 쓴 연구서를 읽어도 납득할 수 없었던 수많은 의문들, 그것들을 논문 속에 마구 집어넣었기 때문에 세 분 선생님을 곤혹스럽게 해버렸지만, 그 의문들을 해명해주는 사료를 접하려면 이탈리아에 계속 남아 있는 편이 좋았다.

공부하고 생각하고 쓰는 일을 통해 르네상스 시대에 사는 세월이 길어질수록, 나 자신도 그 시대에 살았던 사람처럼 여겨지게 된다. 게다가 나는 공교롭게도 서유럽이 만들어낸 가치관이 계속 무너지고 있는 시대에 살게 되었다. 중세를 지배해온 기독교적 가치관의 붕괴를 목격한 르네상스인과 근대를 지배해온 서구적 가치관의 붕괴를 목격하고 있는 나. 르네상스인이 새로운 가치관을 창출하기 위해 우선 돌아간 곳이 고대 로마니까, 나도 그곳으로 돌아가 고대 로마가 무엇이었는가를 냉철하게 아는 것이 선결문제라고 생각했다. 그래서 지금은 로마에 대해 쓰고 있다. 내가 로마인에게 관심을 가진 것은 지극히 자연스러운 선택이다.

1
피렌체에서 생각한다

"보고 싶고, 알고 싶고, 이해하고 싶다는 욕망의 폭발,
그것이 바로 르네상스다"

대화는 다음의 여러 곳을 산책하면서 이루어졌다. 시뇨리아 광장, 바르젤로궁전, 산 마르코 수도원, 메디치궁전, 산 로렌초 교회, 루첼라이궁전, 베키오 다리, 피티궁전, 그리고 피렌체 시가지가 한눈에 내려다보이는 언덕 위의 미켈란젤로 광장……

보고 싶고 알고 싶은 욕망의 폭발

"묻고 싶은 게 하도 많아서, 무엇부터 먼저 물어봐야 좋을지 갈피를 잡을 수가 없군요. 그래서 눈을 질끈 감고 돌파하는 기분으로, 머리에 줄곧 달라붙어 떠나지 않는 것부터 묻겠습니다.

르네상스란 도대체 무엇이었습니까?"

"처음부터 본질적인 질문을 하는군요. 그렇다면 나도 역사적·종교적·정치적·경제적 요인에 대한 설명은 뒤로 미루고, 본질적인 대답으로 응수하겠습니다.

보고 싶고, 알고 싶고, 이해하고 싶다는 욕망의 분출, 바로 그것이 나중에 후세인들이 르네상스라고 부르게 된 정신운동의 본질이었습니다."

"하지만 보고 싶고 알고 싶고 이해하고 싶다는 욕망을 분출만 한 것이 아니라, 미술을 비롯한 각 분야의 '작품'으로 결정체를 이루었습니다."

"창조한다는 행위가 이해의 '바른 길'(strada maestra)이니까요. 단테도 말했지요. 생각하는 것만으로는 불충분하고, 그 생각을 입이나 펜이나 붓이나 끌로 표현해야만 비로소 '시엔차'가 된다고. '시엔차'(scienza)라는 이탈리아어는 영어의 '사이언스'(science)지

피렌체에서 가장 유서 깊은 정부 청사인 팔라초 베키오와 그 앞의 시뇨리아 광장

만, 이 경우에는 '과학'이나 '학문'보다 '지식'이나 '이해'로 생각하는 편이 적절할 것입니다. '시엔차'와 '사이언스'의 어원인 라틴어의 '스키엔티아'(scientia)는 '지식'이나 '이해'를 뜻합니다. 단테의 이 말이 옳다는 것은, 당신이 지금 생각하고 있는 것을 남에게 말하거나 글로 써보면 알 수 있습니다. 머릿속으로 생각한 것이 표현이라는 경로를 거치면 더욱 명쾌해진다는 것을 알 수 있지요. 말이나 글이 남에게 자기 생각을 전달하는 수단인 것은 사실이

지만, 자신의 생각을 명쾌히 하는 데에도 아주 효과적인 '수단'입니다.

레오나르도 다 빈치는 미완성의 창작가라는 말을 들을 만큼 미완성 작품을 많이 남겼는데, 그가 작품을 완성하지 않은 이유는 두 가지일 것입니다.

첫 번째 이유는, 그와 동시대의 많은 예술가들이 상상한 이유이기도 하지만, 머릿속으로 상상한 완벽한 아름다움과 깊이를 붓으로 표현하기에는 자신의 역량이 불충분하다고 레오나르도 자신이 자각한 경우입니다. 요컨대 내 기량으로는 도저히 표현할 수 없다고 생각한 경우지요.

두 번째 이유는, 레오나르도 정도는 되어야 비로소 생겨나는 현상이겠지만, 작품을 제작하는 도중에 이미 완성된 모양이 뻔히 보였기 때문일 것입니다. 미리 알아버리면, 보고 싶고 알고 싶고 이해하고 싶다는 욕망은 사라질 수밖에 없습니다. 레오나르도의 경우는 붓을 놓아버릴 수밖에 없지요. 그에 비해 재능이 떨어지는 화가들이 오히려 작품을 완성하는 비율이 높은 것이 이 가설을 실증한다고 생각지 않으세요?

르네상스 시대는 요컨대 보고 싶고 알고 싶고 이해하고 싶은 인간이 그 이전 시대에 비하면 폭발적이라 해도 좋을 만큼 많이 배출된 시대입니다. 보고 싶고 알고 싶고 이해하고 싶어서 열심히 공부하거나 작품을 만들었고, 그 과정에서 아주 자연스럽게 수많은 걸작이 탄생했다 해도 좋겠지요."

"그러면, 보고 싶고 알고 싶고 이해하고 싶다는 욕망이 왜 하필이면 그 시대에 분출했던 것일까요?"

"그때까지 1천 년 동안 줄곧 억눌려왔기 때문일 것입니다."

"누가 억눌렀는데요?"

"기독교회지요. 예수 그리스도의 가르침 가운데 가장 중요한 건 '믿는 자에게 복이 있나니'입니다. 요컨대 천국은 믿는 자에게만 열려 있다는 것이지요.

그 반대는 의심하는 겁니다. 당신이 '왜'를 연발하는 것은 당신에게 이미 '르네상스 정신'이 갖추어져 있다는 뜻입니다."

"그럼 천국에 가기는 틀렸군요."

"르네상스 이전의 중세에 살았던 기독교도라면 천국에 갈 가망이 희박하지요."

"하지만 이 책 첫머리의 인명 일람표를 보면, 당신은 완벽한 기독교도라는 이유로 성인의 반열에 오른 아시시의 성 프란체스코를 최초의 '르네상스인'으로 올렸습니다. 세간에 보급되어 있는 이런 종류의 도표에는 흔히 단테나 조토가 최초의 르네상스인으로 되어 있는데 말입니다."

최초의 르네상스인

"최초의 르네상스인을 시인인 단테나 화가인 조토로 보는 경향

치마부에가 그린 성 프란체스코(아시시, 산 프란체스코 대성당). 자선·청빈과 강력한 지도력으로 수많은 추종자를 불러 모았으며, 가장 존경받는 종교인 가운데 한 명인 성 프란체스코야말로 최초의 르네상스인이 아닐까.

은 르네상스라는 정신운동을 예술 분야에서 거둔 성과로만 생각하는 경향의 연장일 겁니다. 하지만 그들이나 그 뒤를 이은 예술가들은 말하자면 꽃송이가 큰 꽃들입니다. 그렇게 큰 꽃망울을 피우려면 먼저 비옥한 토양이 필요하고, 충분한 물과 햇빛도 빼놓을 수 없습니다. 역사상 예술 분야에서 가장 화려한 성과를 거둔 르네상스에 비옥한 토양과 충분한 물과 햇빛을 마련해준 것은, 언뜻 예술과 무관해 보이는 종교인 성 프란체스코와 정치가인 프리드리히 2세였다고 나는 생각합니다.

르네상스인의 특질 가운데 하나는 비종교적이라는 점인데, 프란체스코 수도회의 창설자로서 그리스도의 가르침을 널리 보급하는 데 평생을 바친 성 프란체스코가 왜 최초의 르네상스인인가. 이를 설명하려면 중세 기독교가 어떤 상태에 있었는가를 설명할 필요가 있을 겁니다. 하지만 그 전에 우선 전제조건을 명확히 해둘 필요가 있습니다.

첫째, 이야기를 서방 종교에만 한정한다 해도, 종교에는 '교리'(도그마)를 가진 종교와 갖지 않은 종교가 있다는 겁니다. 교리를 갖는 종교는 유대교와 기독교와 이슬람교이고, 모두 일신교입니다. 교리가 없는 대표적인 종교는 그리스인이나 로마인이 믿었던 종교인데, 이쪽은 다신교입니다.

둘째, 독립된 성직자 계급을 갖느냐 갖지 않느냐의 차이입니다. 이것은 교리가 있느냐 없느냐와 밀접하게 관련되어 있습니다. 유대교 제사장이든 기독교 사제든 간에 성직자의 임무는 교리를 해석하고 그것을 일반 신자도 이해할 수 있도록 설명해주는 것이고,

그 임무야말로 그들의 가장 중요한 존재 이유니까요. 따라서 교리를 갖지 않는 그리스·로마의 종교에는 전문 성직자 계급이 존재할 필요도 없고, 실제로도 존재하지 않았습니다.

로마 제국이 쇠퇴기에 접어든 서기 4세기 초에 당시 로마 황제였던 콘스탄티누스는 기독교를 공인했습니다. 하지만 당시에는 아직 기독교 이외의 종교, 특히 로마의 종교가 금지되지는 않았습니다. 그런데 4세기 말에 테오도시우스 황제가 기독교를 국교로 정하고, 다른 종교는 모두 금지해버렸어요. 원래 일신교인 기독교의 신은 절대신이라서 다른 신을 인정하지 않는 데 특색이 있으니까, 테오도시우스의 결정이 논리적으로는 더 옳았지요. 이렇게 기독교가 일신교임을 명확히 한 단계에서 로마 종교를 비롯한 다른 종교는 모두 사교(邪敎)로서 금지되었고, 이제 성서라는 경전을 갖는 기독교 천하가 된 이상, 그것을 읽고 일반 신자들에게 알기 쉽게 설명해주는 성직자 계급이 독립성을 강화하고 힘을 갖게 된 것도 당연한 귀결입니다.

이질적 분자를 배제한 조직이 자신을 보존하기 위해 조직 자체를 강화하려 애쓰는 것은 나쁜 경향이기는 하지만 인간의 본성입니다. 그 목적을 이루기 위해 사용한 첫 번째 '무기'는 지은 죄마다 정해진 벌을 주는 것입니다. 이 벌은 참으로 엄격해서, 고해성사를 게을리하거나 금요일에 고기를 먹어도 잡아 가두었습니다. 그런 죄목별로 정해진 처벌 기간을 모두 합하면 수백 년이나 되었기 때문에, 평생이 걸려도 속죄가 불가능할 정도였지요.

두 번째 무기는 지옥의 존재를 강조해 협박하는 겁니다. 현세에서 겪는 불행은 신이 내린 시련이라고 말하면 참고 견딜 수밖에 없습니다. 지옥을 보고 돌아온 사람이 없는 이상 지옥의 존재를 실증할 수도 없으니, 협박용 무기로는 참으로 효과적이었지요. 게다가 믿는 자에게 복이 있고, 천국은 믿는 자에게만 열려 있다고 하면, 신앙심이 깊은 선한 사람일수록 죽은 뒤 지옥에 떨어지지나 않을까 하는 두려움에 벌벌 떨면서 평생을 보내게 됩니다. 속세를 버리고 평생을 신에게 바쳤다는 이유만으로 이런 죄를 면제받고 있는 성직자들의 권위와 권력이 강해진 것도 당연하겠지요."

"그렇긴 하지만, 과연 그런 무기로 무려 1천 년 동안이나 사람들을 온순한 기독교도로 만들 수 있었을까요?"

"천만에요. 추상적인 말만 해서는 조직 강화에 성공할 수 없습니다.

15세기 전반에 살았던 이탈리아의 문헌학자 로렌초 발라가 위조 문서로 밝혀낸 '콘스탄티누스의 기진장(寄進狀)'이라는 문서가 있습니다. 기독교를 공인한 콘스탄티누스 대제가 로마 제국의 서쪽 절반, 즉 후세의 유럽 땅을 로마 교황에게 바쳤다는 문서인데, 이 문서는 중세가 끝날 때까지 줄곧 진짜로 믿어졌고, 기독교회는 이를 근거로 토지의 정당한 소유권은 모두 교회에 있다고 주장했습니다. 생산 기지인 동시에 삶의 터전이기도 한 토지는 모두 교회 소유고, 토지 점유자는 교회에서 땅을 빌려 쓰고 있을 뿐이며, 점유권의 존속을 인정하느냐 마느냐를 결정할 권한도 교회에 있다는 것이지요.

그런데 이 주장의 근거가 된 '콘스탄티누스의 기진장'은 가짜 문

'콘스탄티누스의 기진장' 이야기를 다루고 있는 프레스코. 콘스탄티누스 대제가 교황 실베스테르 1세와 그의 후임자들에게 보낸 것이냐는 여부를 놓고 1440년 로렌초 발라는 이 문서가 날조된 것임을 입증해 논쟁을 불러일으켰다. 로마 교회는 19세기에 들어와서야 비로소 그 문서가 위조된 것임을 인정했다.

서였습니다. 사료에 사용된 언어를 분석해 그것이 콘스탄티누스 대제가 살았던 4세기에 작성된 것이 아니라 11세기에 위조되었다는 사실을 밝혀낸 사람은 15세기 전반에 살았던 로렌초 발라라는 고전학자였습니다. 12세기와 13세기에 걸쳐 있는 성 프란체스코의 시대에는 '콘스탄티누스의 기진장'이 진실로 믿어지고 있었다는 이야기입니다. 요컨대 현세에서의 이런 속박도 중세인들이 1천 년 동안이나 기독교회라는 '목자'의 뒤를 고분고분 따라가는 온순한 '양'이 된 이유였을 것입니다. 어쨌든 의심을 품는 것은 선량한 기독교인에게는 올바르지 못한 일로 여겨진 시대입니다. 그런데 로렌츠 발라가 '기진장'을 가짜로 단정하게 된 것은 이미 확립된 개념에 의심을 품은 결과니까, 발라야말로 르네상스인의 대열에 끼기에 어울리는 인물이지요. 그리고 기존의 사고방식에 의문을 품고, 그것을 공언할 용기를 가졌던 최초의 인물이 바로 아시시의 프란체스코였습니다."

성 프란체스코의 혁명

"그렇다면 성 프란체스코는 어떤 인물이었는지 알고 싶어지는데요."

"그 시대의 성직자로서는 명백한 이질 분자였습니다.

우선 태생부터가 요즘 말로 하면 국제결혼의 산물, 즉 '혼혈'이었어요. 아시시 사람인 아버지가 장사를 하러 프랑스 남부의 아비뇽에 머물고 있을 때 알게 된 여자와 결혼해 아시시로 돌아와 낳은 자식이 프란체스코였지요. 프란체스코의 몸속에는 이탈리아인의 피와 프랑스인의 피가 흐르고 있었습니다. 프란체스코라는 이름도 아버지가 지어준 이름인데, 그 이전에는 없었던 이름입니다. 영어로는 프랜시스, 프랑스어로는 프랑수아, 독일어로는 프란츠, 에스파냐어로는 프란시스코인 이 이름은 서양에서는 아주 흔한 남자 이름이지만, 모두 아시시 태생의 이 성자를 닮으라고 지은 이름으로 이탈리아어인 프란체스코에서 파생된 이름입니다. 프란체스코는 프랑스 사람이라는 뜻입니다. 외아들에게 이런 이름을 지어준 것으로 보아, 그의 아버지가 먼 나라에서 시집온 아내에게 얼마나 그윽한 애정을 쏟고 자상하게 마음을 써주었는지를 상상할 수 있

프란체스코 프란치아가 그린 성 프란체스코(피렌체, 피티궁)

성 프란체스코가 태어난 아시시의 오늘날 모습. 왼쪽에 보이는 큰 건물이 산 프란체스코 대성당이다.

습니다. 프란체스코의 어머니는 이름도 알려져 있지 않지만, 아내로서는 행복한 일생을 보냈을 게 분명합니다. 성 프란체스코가 전하는 그리스도의 가르침이 종전처럼 엄격하고 무서운 것이 아니라 사랑의 가르침인 것도 부모의 이런 관계와 무관하지 않다고 생각될 정도입니다.

성 프란체스코가 기독교회에 일으킨 혁명은 예수의 가르침이 사랑과 온유로 충만해 있다는 사실을 사람들에게 깨우쳐준 것입니다. 중세 전반기에 오랫동안 굳어진 기존 개념을 버리고 허심탄회하게 성서를 읽어보면 누구나 그것을 알 수 있다는 것이지요. 예수 그리스도는 솔로몬의 영화보다 들에 핀 한 송이 백합을 더 사랑했으니 성 프란체스코의 해석이 더 옳다고 말할 수 있습니다. 게다가 프란체스코는 자신의 이런 생각을 당시에는 속어(俗語)라고 불린 이탈리아어로 이야기했습니다.

지식인의 언어이자 국제어였던 라틴어를 배울 기회도 능력도 없었음에도 당시 서민들은 라틴어로 설교를 듣고 라틴어 기도문을 기계적으로 암송해야 했습니다. 설교나 기도문의 의미를 생각하는 것은 도저히 불가능했지요. 라틴어가 아니라 일상생활에서 사용하고 있는 이탈리아어라면 설교나 기도문의 의미를 생각하고 느낄 수 있었습니다. 성 프란체스코가 바란 것은 그리스도의 가르침을 신자들이 스스로 생각하고 느끼는 것이었지요. 그리하여 아시시의 수도사는 성직자의 종교 독점 체제를 무너뜨리게 된 것입니다."

"하지만 성 프란체스코가 가장 중요하게 여긴 것은 청빈(淸貧)이고, 이것이 그가 창설한 프란체스코 수도회의 좌우명이었음에도 솔로몬만큼은 아닐지언정 사치에 빠져 포식하는 고위 성직자들이 모여 있는 로마 교황청에 절연장을 보내지는 않았습니다. 게다가 로마 교황은 프란체스코 수도회를 선선히 인가해주었습니다. 이래서는 후세의 루터와 비교해보아도 기독교회에 혁명을 일으켰다고는 말할 수 없지 않을까요?"

"프란체스코는 이탈리아어로 클레로(clero)라고 부르는 성직자 계급의 존재 자체를 부정하지는 않았습니다. 요컨대 교리를 해석할 필요성은 인정하고 있었다는 뜻이지요. 다만 자신의 해석은 그때까지의 성직자들과는 다르다고 주장했을 뿐입니다. 그리고 프란체스코가 시작한 새로운 해석의 존재 의의를 이해하고 인정한 사람이 당시 로마 교황인 인노켄티우스 3세였습니다. 이 교황을 알면, 당시 성직자들 가운데서 성 프란체스코가 얼마나 이질적인 분자였는가를 납득할 수 있을 겁니다."

새로운 피의 수혈을 인정한 인노켄티우스 3세

"인노켄티우스 3세라면, 로마 가톨릭 교회의 권위와 권력을 최고로 강화한 교황이었다고 고등학교 역사 교과서에 나와 있었던 게 생각나는군요."

"그 사람은 로마 근교에서 봉건 영주의 아들로 태어났습니다. 당시 이처럼 유력한 집안에서는 장남이 가문의 대를 잇고, 차남은 성직자로 출가하고, 셋째는 군인이 되어 어느 영주를 모시거나 데릴사위로 들어가는 것이 보통이었지요. 그런 방법으로 가문의 안녕을 도모했던 것입니다. 따라서 인노켄티우스가 성직에 투신한 것은 신앙심이 두터웠기 때문은 아닙니다. 그래도 기독교회라는 거대한 조직 속에서 출세하면 가문은 더욱 평안해지고 번창하니까, 그 일을 맡을 아들을 교육시키는 데에는 투자를 아끼지 않습니다. 인노켄티우스 3세는 젊은 시절 파리대학에서 신학을 공부했고, 볼로냐대학에서 법학을 배웠습니다. 파리대학과 볼로냐대학은 당시 유럽에서 수위를 다투는 최고 학부였지요.

원래 뛰어난 자질을 타고난데다 이런 완벽한 교육까지 받았으니, 봉건 영주의 자제들이 모여 있던 로마 교황청에서도 단연 두각을 나타냈을 겁니다. 결국 그는 38세의 젊은 나이에 교황으로 선출되었지요.

교황 인노켄티우스 3세. 그는 성 프란체스코의 추종자들이 건의한 사역을 승인함으로써 당시까지 이단으로 간주되던 순회 설교와 사도적 청빈을 합법화해주었다.

인노켄티우스 3세라는 이름으로 교황이 된 뒤에 그가 가장 역점을 둔 것은 로마 가톨릭 교회의 권위와 권력을 강화하는 일이었습니다. 그 근거는 언제나 그랬듯이 '콘스탄티누스의 기진장'이었지요. 다만 로마 교황은 군대를 거느리고 있지 않습니다. 군대를 대신하는 '무기'가 '성무금지령'(聖務禁止令)과 '파문'(破門)입니다. 로마 교황이 성무금지령을 내리면, 그곳 사제는 어떤 성무도 수행할 수 없습니다. 그렇게 되면 태어난 아이는 세례를 받을 수 없게 되고, 젊은이는 결혼을 할 수 없게 되고, 죽어가는 사람도 병자성사를 받을 수 없습니다. 다시 말해서 태어나는 아이도, 결혼하는 사람도, 죽어가는 사람도 신의 축복을 받을 수 없게 됩니다. 독실한 신자들이 동요하는 것은 당연하지요.

파문은 그보다 훨씬 가혹합니다. 기독교인은 파문을 당한 자와는 어떤 관계도 가지면 안 되니까, 상인이 파문을 당하면 거래가 이루어지지 않고, 영주가 파문을 당하면 그 영지에 사는 백성들이 영주에게 복종할 의무도 없어집니다. 황제나 왕이나 제후에게 이 파문이 얼마나 강력한 무기였는지 상상할 수 있겠지요. 그들의 지위는 복종하는 사람이 있어야만 실질적인 효력을 가질 수 있는데, 명령에 따르는 사람이 아무도 없다면 그 사람은 이미 황제도 왕도 영주도 아닙니다. 이 강력한 무기 앞에서 그들이 꼼짝 못 했던 것도 당연합니다. '성무금지령'을 내려서 으름장을 놓아도 효과가 없으면 '파문'으로 결정타를 가하는 것이 로마 교황의 통상적인 수법이긴 했지만, 중세에는 다시없이 강력한 무기였던 것은 확실합니다. 독일 왕이자 신성로마제국 황제인 하인리히 4세가 사흘 낮 사흘 밤을 쏟아지는 눈발 속에 서서, 교황 그레고리우스 7세에게 파문을 풀어달라고 애걸복걸한 '카노사의 굴욕'은 성 프란체스코의 시대로부터 불과 100년 전의 사건입니다.

교황 인노켄티우스 3세는 영국·독일·프랑스·이탈리아 군주들에게 이 무기를 적절히 활용해, 왕국의 정당한 소유권은 로마 교회에 있고 그들은 그 통치를 위임받았을 뿐이라는 점을 차례로 인정시킵니다. 교황은 태양이고 황제는 달에 불과하다고 공언한 사람도 있었어요. 교과서에 인노켄티우스 3세가 '가톨릭 교회 전성기의 로마 교황'으로 설명되어 있는 것은 바로 이런 사정 때문입니다.

카노사의 굴욕. 이 사건이 교황권의 지속적인 승리를 나타내는 것은 아니었지만, 이후 카노사라는 이름은 세속적 권력의 교회에 대한 굴복을 의미하게 되었다.

　지도자는 사자와 여우의 재능을 겸비해야 한다는 말은 르네상스 시대의 정치사상가 마키아벨리가 한 말이지만, 이 말이 옳다면 인노켄티우스 3세가 탁월한 지도자였던 것은 확실합니다. 그리고 남보다 뛰어난 인물은 남보다 뛰어난 사람을 찾아내는 안목을 갖고

프란체스코와 인노켄티우스 3세의 만남(조토 작품, 아시시, 산 프란체스코 대성당).
1210년 여름 프란체스코는 11명의 탁발수도사를 데리고 교황 인노켄티우스 3세의 승인을
얻기 위해 로마로 갔는데, 교황은 처음에는 주저하다가 이들의 회칙을 듣고서는 칭찬해주
었다. 전승에 따르면 4월 16일에 있었던 이 사건으로 프란체스코 수도회가 정식으로 설립
되었다 한다.

있습니다. 인노켄티우스 3세는 기독교회의 구체제를 대표하는 교
황인데도 프란체스코 수도회가 가톨릭 교회의 신체제가 되리라는
것을 감지하고, 교황의 축복이라는 선물을 주어 수도회의 출발을

축하해주었습니다. 교황의 축복은 기독교 신자에게는 참으로 귀중한 선물이었지요. 귀족적인 성격에다 화려한 생활을 좋아한 인노켄티우스가 프란체스코의 청빈 사상에 공감했기 때문은 아닐 것입니다. 로마 교회는 '태양'이어야 하고, 그에 걸맞은 거대한 조직을 유지해야 합니다. 그 거대 조직에 새로운 피를 수혈하는 것이 조직 활성화에 도움이 된다고 판단했기 때문이지요. 호화로운 옷으로 몸을 감싼 인노켄티우스는 당시 51세, 초라한 수도복을 걸친 프란체스코는 27세였습니다.

인노켄티우스 3세는 재미있게도 또 다른 이질 분자의 지위를 인정해 그 출발을 도와주었습니다. 신성로마제국 황제인 프리드리히 2세가 그 주인공인데, 이 인물에 대해서는 나중에 상세히 이야기하겠지만, 프리드리히 2세야말로 '교황은 태양, 황제는 달'이라고 공언하는 로마 교회에 감히 반기를 들게 되니까, 인노켄티우스의 안목은 객관성을 갖고 있었다고 말할 수 있겠지요."

"그 후 프란체스코 수도회가 융성한 것을 보면, 그 수도회의 활동을 인가한 인노켄티우스 3세의 판단은 옳았다는 것을 알 수 있습니다."

"예수 그리스도에 따르면, 신의 지상 대리인이 교황입니다. 그런 교황이 인정했기 때문에, 젊은 프란체스코나 그의 동료 수도사들도 기뻐했겠지만, 무엇보다 신자들이 안심했을 겁니다. 이단으로 몰려서 성무금지령이나 파문을 당할 염려가 사라졌으니까요. 당시 교황의 옥좌에 앉아 있었던 사람이 인노켄티우스가 아니라 단순한 수구파 인물이었다면, 갓 태어난 프란체스코 수도회는 이단으로 몰려 단죄되었을지도 모릅니다. 그만큼 중세의 기독교회는 경직되어 있었어요.

하지만 프란체스코 수도회가 융성한 이유는 교황의 인가를 받았기 때문만은 아닙니다. 앞에서도 말했듯이 프란체스코의 성서 해석이 참신했기 때문입니다. 즉 기독교는 사랑의 종교라는 해석입니다. 둘째, 프란체스코는 상인의 아들이었기 때문에 현실 감각이 뛰어났고, 거기에 기반을 둔 조직력도 뛰어났습니다. 프란체스코는 천재적인 조직자라 해도 좋을 정도입니다.

신흥 상인계급으로서의 프란체스코파

모든 구성원이 기독교도였던 당시 유럽 사회는 세 계급으로 나뉘어 있었습니다. '클레로'라고 불린 성직자 계급, '프라테'(frate)라고 불린 수도사 계급, 그리고 마지막은 평신도인 속인입니다. 결혼도 하지 않고 신을 섬기는 데 평생을 바친 사람들은 사회적 지위도 남보다 높다고 여겨졌습니다. 그림으로 그리면 다음과 같은 느낌일지도 모릅니다.

프란체스코는 이 계급 관계를 허물었습니다. 그 결과를 그림으로 나타내면 다음의 도표와 같이 될 것입니다.

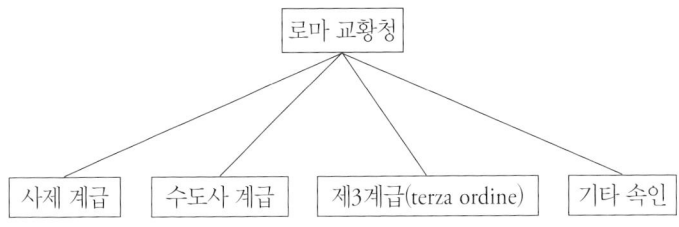

 수도원에 들어가 평생을 보낼 마음은 없지만 프란체스코의 뜻에 진심으로 공감한다고 말하는 신자들에게 프란체스코는 대답합니다. '자신의 성향을 무시하면서까지 수도원에 들어올 필요는 없다. 속세에 남더라도 기독교인의 도리를 지키면서 자신에게 맞는 일을 하면 된다. 그리고 1년에 며칠만 속세를 떠나 수도원에 틀어박혀 신에게 기도를 드리면 얼마든지 훌륭한 기독교인일 수 있다.'

 이 말이 당시 사람들의 마음에 얼마나 큰 구원을 안겨주었을지는 쉽게 상상할 수 있을 겁니다. 프란체스코는 이런 사람들을 모아서 조직을 결성하고 '제3계급'이라는 이름을 붙여 프란체스코 수도회에 편입시켰습니다. 게다가 이것으로 구원을 받았다고 느낀 것은 남자만이 아닙니다. 아시시 태생으로 프란체스코의 소꿉친구인 키아라(아시시의 성녀 클라라)가 창설한 프란체스카 수녀회에도 남자 조직인 프란체스코 수도회와 마찬가지로 '제3계급'이 만들어집니다. 프란체스코파 신도가 급증한 원인은 여기에 있었습니다.

 성 프란체스코를 르네상스인으로 보는 이유는 이것만이 아닙니다. 선택의 자유라는 인간의 기본권을 인정하고, 그것을 실천했기 때문이기도 합니다.

'모든 시간을 신에게 바치는 사제·수도사와 속세에서 생활하는 속인의 관계는 우열관계가 아니다. 남보다 우월해서 사제나 수도사가 된 것도 아니고, 열등해서 속인으로 남아 있는 것도 아니다.' 그것은 단지 선택의 결과에 불과하다는 것입니다. 또한 프란체스코는 다른 교단이나 수도회를 비난하지 않았습니다. 같은 시대에 창설되어 경쟁관계에 있었던 도미니쿠스 수도회가 아무리 그들을 경멸하고 비난해도, 프란체스코 수도회는 상대를 욕하지 않았습니다. 적어도 성 프란체스코의 입에서는 다른 종파를 비난하는 말이 한마디도 나오지 않았습니다. 게다가 그는 프란체스코파에 속하지 않는 속인에게도 편견을 갖지 않았습니다. 이들에게도 선택의 자유가 있다고 확신했기 때문이겠지요.

그렇긴 하지만 기독교의 신만이 옳은 길로 인도하는 안내자라고 믿어 의심치 않았다는 점에서는 프란체스코 역시 어김없는 일신교도입니다. 이런 신념을 가진 종교인은 이교도에게 자기 종교를 전도하는 것을 신에 대한 의무로 생각합니다. 게다가 당시는 십자군 시대였습니다. 십자군 원정은 황제나 왕이나 제후들이 앞장서서 성지(예루살렘)를 탈환하러 간 것만 헤아려서 여덟 차례나 있었던 것으로 여겨지고 있지만, 왕이나 제후가 귀국한 뒤에도 팔레스타인 땅에서는 국지전이 계속되고 있었습니다. 따라서 기독교도와 이슬람교도는 제1차 십자군 전쟁이 일어난 1096년부터 제8차 십자군이 유럽을 떠난 1270년까지 170여 년 동안 줄곧 칼을 맞대고 있었던 셈입니다.

30대 후반에 접어든 프란체스코는 전쟁터였던 팔레스타인에 가

십자군 원정대의 예루살렘 점령. '신이 그것을 원한다'는 한마디로 시작된 십자군 원정은 서유럽의 대외팽창의 첫 번째 물결을 의미했다.

이슬람교도를 기독교도로 개종시키고, 전쟁 대신 평화를 확립하기 위해 팔레스타인의 이슬람 진영을 방문해 술탄에게 설교하는 프란체스코(피렌체, 산타 크로체 교회).

기로 작정합니다. 우선 이슬람교도를 기독교로 개종시키고, 그로써 전쟁을 종식시키고 평화를 확립하는 것이 그의 목적이었지요.

이 사람은 역시 이상주의자였습니다. 평소와 마찬가지로 두건 달린 갈색 수도복을 걸치고 새끼줄로 허리를 동여매고 맨발에 가죽 샌들을 신은 차림으로, 같은 옷차림의 수도사 몇 명만 데리고 팔레스타인으로 떠났습니다. 물론 투구나 갑옷은커녕 단검조차 지니지 않은 무방비 차림입니다. 그런 차림으로 이슬람 군대 막사에 가서 그리스도의 가르침을 전하고 평화를 호소한 것입니다.

이슬람군도 놀랐을 겁니다. 머리끝부터 발끝까지 투구와 갑옷으로 감싼 기독교 기사들과 날마다 칼싸움을 하고 있는 판국에 느닷없이 나타난 이 기묘한 남자들을 보고 놀라지 않을 리가 없지요.

하지만 당시 아랍인은 자기네가 서구인보다 문명이 발달했다고 믿었고, 실제로도 그러했습니다. 이슬람군은 프란체스코 일행을 사로잡지도 않고 죽이지도 않고, 호위병까지 붙여서 기독교 진영으로 돌려보냈습니다. 종교인한테는 손을 대면 안 된다고 생각해서가 아니라, 미치광이로 생각했기 때문입니다. 프란체스코는 실패해도 좌절하지 않는 불굴의 의지를 갖고 있었지만, 이 일만은 두 번 다시 시도하지 않았습니다. 헛수고라는 것을 깨달았겠지요.

그래도 서구에서는 계속 신자가 늘어났습니다. 프란체스코의 가르침은 그의 생전에 이미 이탈리아를 넘어 유럽 각지로 퍼졌지요. 그의 가르침에 공감하는 사람은 특히 당시의 신흥계급인 상인과 수공업자들 사이에 많았습니다.

그리스도의 가르침만 지키면 돈을 벌어도 좋고, 번 돈을 수도회에 기부하면 나병환자나 고아나 빈민을 돕는 복지사업에 쓰이니까 결국 신에게 봉사하는 것이 되고, 그렇게 된다면 모두가 기뻐하는 것도 당연하겠지요. 되풀이 말하지만, 당시는 십자군 시대였습니다. 전쟁이 일어나면 사람과 물자가 움직입니다. 물건을 생산하는 것은 수공업자이고, 생산된 물건을 움직이는 것은 상인입니다. 그리고 사람과 물자의 수송을 맡은 것은 배를 가지고 있었던 이탈리아의 해양 도시국가입니다. 아말피, 피사, 제노바, 베네치아 같은 해양 도시국가가 '십자군 특수(特需)'의 최대 수혜자가 된 것이지요. 게다가 수입의 10분의 1을 세금으로 미리 떼는 '십일조'는 로마 교황청에 저절로 큰돈이 모여들게 하는 체제였습니다. 기독교도의 돈이 자동적으로 들어오니까, 로마 교황청은 가만히 있어도 큰돈을 모을 수 있는 체제가 되어 있었지요. 피렌체의 번영은 교황청에 들어오는 자금 운용을 맡은 것에서 시작되었습니다. 상인이라는 말로 한데 묶을 수 없는 이들 신흥계급이 프란체스코파의 핵심을 이루게 되었습니다.

이런 사람들이 신도의 핵심을 이루고 있었는데도 청빈 정신에서 결코 벗어나지 않은 것이 프란체스코의 위대한 점입니다. 이 완고함은 결과적으로 예술 분야에서 르네상스로 가는 길을 열게 됩니다.

프리드리히가 왜 르네상스인인가

프란체스코는 신과 만나는 장소인 교회를 호화롭게 장식하면 안 된다고 생각했습니다. 하지만 글을 모르는 대다수 사람들에게 성서에 적혀 있는 내용을 이해시킬 필요는 있습니다. 기존 교회에서는 성서의 내용이나 성인들의 행적을 벽면에 그림으로 그려 설명했지만, 모자이크는 제작비가 많이 들고 호화로운 느낌을 주는 것을 피할 수 없습니다. 반쯤 마른 회반죽 위에 재빨리 그림을 그리는 프레스코 화법은 모자이크에 비해 제작비가 싸고, 회반죽이 마르기 전에 재빨리 그려야 하기 때문에 완성된 벽화도 대범하고 시원스러워서 소박한 인상을 주었지요.

성 프란체스코가 없었다면 프레스코 화법의 부흥은 이루어지지 않았을 거라고 말할 수 있을 정도입니다. 종교적 이유로 수요가 끊이지 않았기 때문이지만, 오늘날에도 볼 수 있는 걸작 프레스코화들은 대부분 프란체스코파 교회에 있습니다. 이것이 조토를 낳고, 르네상스 회화의 길을 개척하게 된 것입니다. 성 프란체스코를 빼

조토가 그린 「성흔(聖痕)을 받는 성 프란체스코」(아시시, 산 프란체스코 대성당). 이런 프레스코 화법은 모자이크에 비해 제작비도 싸고, 회반죽이 마르기 전에 재빨리 그려야 하기 때문에 완성된 그림을 보면 대범하고 시원스러운 인상을 받게 된다.

놓고는 르네상스를 이야기할 수 없는 까닭이 여기에 있습니다."

"아, 그렇군요. 르네상스에서 성 프란체스코가 어떤 위치를 차지하고 있는지는 알았습니다. 하지만 황제로서 정치 세계의 주민인 프리드리히 2세는 왜 르네상스인입니까? 이 사람은 중세 자체라고 말할 수밖에 없는 신성로마제국의 우두머리니까, 신체제 사람이 아니라 구체제에 속하는 사람일 텐데요."

"맞습니다. 프리드리히 2세는 출신으로 보나 사회적 지위로 보나 중세를 지배해온 구체제 쪽에 속해 있었습니다.

우선, 신성로마제국은 기독교 국가인 고대 로마 제국이 비잔틴 제국 또는 동로마 제국이라는 이름으로 아직 건재해 있던 시대에 서구에서 그와 비슷한 국가를 부흥시키기 위해 만든 조직이고, 프리드리히 2세는 그 제국의 황제였습니다. 하지만 '태양'은 교황이고, 황제는 '달'의 지위에 머물러 있어야 했습니다. 그것이 기독교회가 그에게 요구한 입장이었지요.

둘째, 프리드리히 2세는 '신이 그것(성지 탈환)을 원한다'는 한마디로 시작된 십자군에 대대로 참가한 가문에 속해 있습니다. 제2차 십자군을 이끈 콘라트 3세는 프리드리히 2세의 할아버지의 백부였고, 역사상 '붉은 수염'(바르바로사)이라는 별명으로 더 유명한 프리드리히 1세는 콘라트 3세의 조카이자 프리드리히 2세의 할아버지였고, 신성로마제국 황제로서 영국 왕 리처드 1세(사자왕) 및 프랑스 왕 필리프 2세(존엄왕)와 함께 제3차 십자군을 이끌었지요. 프리드리히 2세도 제6차 십자군의 총사령관을 맡게 됩니다. 물론 제6차 십자군은 두 조상이 이끈 제2차 십자군이나 제3차 십자군과는 의도도 성과도 전혀 달랐지만요.

따라서 프리드리히 2세는 구체제 속에 푹 잠겨 있었던 것처럼 보입니다. 하지만 황제의 아들과 상인의 자식으로 출신은 달라도 성 프란체스코와 많은 공통점을 갖고 있습니다.

첫째, 둘 다 '혼혈'이었다는 것. 앞에서도 말했듯이 성 프란체스코의 아버지는 이탈리아인이고, 어머니는 프랑스인이었습니다. 프리드리히 2세의 아버지는 바르바로사(프리드리히 1세)의 아들인 하인리히 6세니까 독일인이고, 어머니 콘스탄차는 노르망디 지방에서 이탈리아 남부의 시칠리아로 이주해 노르만 왕조를 연 왕가의 딸이니까 프랑스계 이탈리아인이라고 말할 수 있습니다.

두 번째 공통점은 둘 다 이탈리아에서 태어나 자랐다는 점입니다. 당시 이탈리아는 유럽의 어느 지역보다도 타문명에 개방적인 사회였습니다. 기독교 세계에서 어느 곳보다도 이질 분자의 유입이 왕성했기 때문에 '문화적 충격'을 받을 기회가 많았습니다. 게다가 두 사람은 거의 같은 시대에 살았던 동시대인입니다.

세 번째 공통점은 두 번째 공통점의 당연한 귀결이기도 하지만, 기성 개념에 의문을 품었다는 점입니다. 의문을 가지면, 그 의문을 풀어줄 무언가를 찾게 됩니다.

성 프란체스코는 '가난한 자에게 복이 있나니'라고 말한 예수에게 돌아가야 한다고 생각했고, 황제인 프리드리히 2세는 기독교 세계도 '신의 것은 신에게, 황제의 것은 황제에게'라고 말한 예수에게 돌아가야 한다고 생각했습니다.

네 번째 공통점은 둘 다 고등교육을 받지 않았다는 사실입니다.

아시시는 중부 이탈리아의 작은 도시에 불과하지만, 프란체스코의 아버지는 대규모로 장사를 했던 사람이니까 외아들에게 충분한 교육을 베풀 수 있는 재력은 갖고 있었을 겁니다. 게다가 아시시에서 그리 멀지 않은 볼로냐에 명문 대학이 있었는데도, 프란체스코는 대학 문을 두드리지 않았습니다.

11세기에 설립된 유럽에서 가장 오래되고 유명한 볼로냐대학. 12-13세기에 로마법과 교회법 연구의 본산이었으며 유럽 전역에서 학생들이 모여들었다. 아래 그림은 이 대학 해부학 교실 천장에 장식되어 있는 인체 조각상이다.

프리드리히 2세는 세 살 때 부모를 여의고 고아 신세가 되었지만, 신성로마제국 황제의 직계 자손입니다. 적절한 교육은 받았겠지만, 당시 라틴어로 '우니베르시타스'(universitas)라고 부른 대학에는 다닌 적이 없습니다. 교황 인노켄티우스 3세가 파리대학과 볼로냐대학에서 공부한 것과 비교해보세요.

교육은 인간의 성장에 필수불가결할 만큼 중요하지만, 부정적인 면도 없지 않습니다. 초등교육에서 중등교육으로, 다시 고등교육으로 수준이 올라갈수록 기성 개념을 주입시키는 경우가 많아진다는 사실입니다. 성 프란체스코도 프리드리히 2세도 교육의 폐해를 입지 않은 것이 그들의 인생 방향을 결정한 하나의 요인이 아니었을까 하는 생각마저 듭니다.

하지만 고등교육의 부정적인 면에서 해방되더라도 긍정적인 면을 흡수하지 못하면, 단순히 지력이 떨어지는 무지렁이로 끝나버릴 위험성이 있습니다. 프란체스코와 프리드리히는 둘 다 이 결함을 자력으로 극복했지만, 극복하는 방법은 역시 달랐습니다.

성 프란체스코는 선입견을 갖지 않은 순수한 태도로 성서와 마주해 예수 그리스도의 목소리를 들으려 했고, 자연과 마주하면 작은 새들의 지저귐에 귀를 기울일 뿐 아니라 새들에게 말을 걸기까지 했습니다. 사람들이 가까이 가는 것조차 꺼리는 나병환자를 끌어안고 보호하며, 무엇보다도 자신의 마음속 깊은 곳에서 들려오는 '목소리'를 소중히 여겼습니다.

한편 프리드리히 2세는 호기심이 끌리는 대로 수많은 책을 탐독하고, 외가 쪽 조상인 노르만 왕들의 개방정책 덕분에 당시 시칠리

조토가 그린 「새들에게 설교하는 성 프란체스코」(아시시, 산 프란체스코 대성당). 성 프란체스코는 선입견을 갖지 않은 순수한 태도로 성서와 마주해 예수 그리스도의 목소리를 들으려 했고, 자연과 마주하면 작은 새들의 지저귐에 귀를 기울일 뿐 아니라 새들에게 말을 걸기까지 하며, 무엇보다도 자신의 마음속 깊은 곳에서 들려오는 '목소리'를 소중히 여겼다.

아에 많이 살고 있던 아랍인이나 유대인과 어울리면서 편견에서 해방된 산 교육을 쌓았습니다. 그의 외조부 시대에 지어진 시칠리아의 몬레알레 대성당에 가본 적이 있는 사람은, 기독교 교회인데도 내부가 온통 아랍 양식의 모자이크 장식으로 뒤덮여 있는 것을 보고 눈이 휘둥그레졌을 겁니다. 프리드리히는 독일인인데도 페데리코(프리드리히의 이탈리아식 읽기)라는 이름이 통용되는 세계에서 자랐습니다. 성 프란체스코는 이탈리아어와 프랑스어를 자유롭게 구사했다지만, 프리드리히 2세는 그리스어와 라틴어·독일어·프랑스어·이탈리아어·아랍어를 완벽하게 읽고 쓰고 말할 수 있었다고 합니다.

시칠리아 왕도 겸하던 프리드리히 2세의 백성 가운데 아랍계도 섞여 있었지만, 그가 아랍어를 배운 것은 그 때문이라기보다 과학을 배울 필요가 있었기 때문입니다. 프리드리히가 특히 관심을 기울인 분야는 수학과 기하학과 천문학이었고, 그런 학문을 배우려면 당시에는 아랍어로 쓰인 책을 읽거나 아랍인한테 가르침을 받을 수밖에 없었으니까요.

하지만 이래서는 기독교 세계에서 이질 분자가 될 수밖에 없습니다. 이질 분자라도 이교도와의 교역을 토대로 번영한 베네치아 공화국의 상인이라면 별 문제가 없었겠지만, 프리드리히는 기독교를 지킬 책무를 누구보다 무겁게 짊어지고 있는 신성로마제국의 황제입니다. 제 마음속의 목소리에 충실히 따르기는 성 프란체스코가 훨씬 쉽지 않았을까요. 교황 인노켄티우스 3세가 인정한 뒤에는 프란체스코 수도회가 이단으로 단죄되어 파문당할 위험은 없었으니까요. 반대로 프리드리히는 평생 동안 파문의 위협에 시달리게 됩니다. 교황은 태양이고 황제는 달이라는 사고방식에 복종하기를 거부했다는 이유만으로.

르네상스는 '라이코'들이 일으킨 정신운동

프리드리히 2세가 살았던 시대로부터 800년이 지난 오늘날에도 유럽에는 종교에 대한 인간의 태도를 세 가지로 나누는 사고방식이 살아 있습니다. 이탈리아어로는 '아테오'(ateo)와 '크레덴테'(credente)와 '라이코'(laico)라고 부르는데, '아테오'는 신의 존재를 믿지 않는 무신론자를 가리킵니다. '크레덴테'는 신앙을 가진 자인데, 특히 '프라티칸테'(praticante)라는 형용사를 붙이면 계율을 충실히 지키고 일요일에는 반드시 교회 미사에 참석하는 사람을 말합니다. '라이코'는 신의 존재를 부정하지는 않지만, 종교가 관여하는 분야와 관여해서는 안되는 분야를 명확히 구분하는 사고방식을 가진 사람을 말합니다.

수도사인 성 프란체스코가 '크레덴테'이고 '프라티칸테'였던 것은 당연하지만, 프리드리히 2세도 결코 '아테오'였던 것은 아닙니다. 다만 그 시대에는 '라이코'도 '아테오'로 간주되었습니다. 교황청에서 금서 처분을 받은 정치사상가 마키아벨리도 '라이코', 지동설을 철회하라는 강요를 받은 과학자 갈릴레오도 '라이코'였습니다. 르네상스는 이 '라이코'들이 일으킨 정신운동이었다고 해도 좋습니다. 하지만 프리드리히 2세는 르네상스 초기에 살았기 때문에, 교황은 태양이고 황제는 달이라고 거리낌 없이 말하는 기독교회를

유스투스 수스테르만스가 그린 갈릴레오 갈릴레이(피렌체, 우피치미술관). 갈릴레이도 신의 존재를 부정하지는 않지만, 종교가 관여하는 분야와 관여해서는 안 되는 분야를 명확히 구분하는 사고방식을 가진 '라이코' 가운데 한 사람이었기 때문에 교권의 압력을 받을 수밖에 없었다.

상대해야 했습니다. 그것이 그의 불운이었지요."

"프리드리히 이외의 황제나 왕들은 달로 여겨져도 저항하지 않았습니까?"

"저항은 항상 있었습니다. 하지만 그것은 군주가 다스리는 나라에서 성무에 종사하는 고위 성직자의 서임권이 교황에게 있느냐 군주에게 있느냐를 둘러싼 항쟁이었고, 인사권은 권력의 요체니까 중요한 건 확실하지만, 그것을 둘러싼 싸움은 단순한 권력투쟁에

피렌체에서 생각한다 57

불과하다는 인상을 면할 수 없었습니다. 그런데 프리드리히가 로마 교회에 요구한 것은 좀더 근본적인 정교분리였고, 이것은 중세 체제에 대한 '라이코' 사상의 도전이었지요. 15세기의 마키아벨리나 18세기에 일어난 계몽주의를 예고하는 전조라고 말해도 좋습니다."

"프리드리히 2세의 '라이코' 정신은 구체적으로는 어떤 형태로 나타났습니까?"

"첫째, 법령 정비입니다. 고대 로마 제국을 염두에 두고 있던 그의 관점에서는 재정비라고 말하는 편이 더 적절할지도 모릅니다.

둘째, 최고 통치자인 황제를 보좌하는 관료기구를 조직한 것입니다. 프리드리히가 생각하는 제국은 중앙집권 자체였기 때문에, 황제의 수족 같은 기능을 맡을 관료체제는 필수 불가결한 것이었지요."

"중국의 과거(科擧) 같은 시험제도라도 만들었습니까?"

"그런 건 만들지 않았습니다. 프리드리히는 남의 판단보다 자신의 판단을 더 신뢰하는 사람이었으니까요.

셋째는 세제를 정비한 것입니다. 오랫동안 방치되어 있던 국가가 다시 기능을 발휘하려면 반드시 물적·인적 기반을 새로 구축해야 합니다. 거기에 필요한 비용을 염출하기 위한 세율이 상당히 높았던 모양입니다. 물론 공정한 세제를 실현할 수는 있었지요.

당시에는 봉건 제후들이 누구한테서나, 어디에서나 세금을 받을 수 있는 만큼 받아내는 것이 보통이었습니다. 하지만 프리드리히는 모든 것에 무거운 세금을 부과하지는 않았습니다. 가장 쉽게 세금을 징수할 수 있는 관세는 오히려 세율을 낮췄어요. 경제력 향상이 제국 통치의 요체라고 인식했기 때문이겠지요. 물산이 활발하게 유통되어야만 경제가 진흥할 수 있고, 그러려면 관세를 낮게 억제하는 것이 효과적이었기 때문입니다.

넷째는 통화 정비인데, 이것도 역시 경제력 향상을 목적으로 한 정책입니다.

중세의 국제 통화는 비잔틴 제국이 발행한 솔리두스나 이슬람 세계의 통화인 디나르였습니다. 유럽의 통화는 모두 악화(惡貨)로 여겨져서 신용도가 낮았고, 유럽에 사는 사람조차도 자국 화폐는 되도록 빨리 솔리두스나 디나르로 바꿨을 정도입니다. 이래서는 언제까지나 유럽 통화의 신용도가 개선되지 않습니다. 신용도가 낮은 통화를 사용하는 한, 경제 진흥은 꿈으로 끝날 수밖에 없지요. 프리드리히는 악화 대신 양화(良貨)를 부흥시키기로 마음먹고 실천했습니다.

그는 새로 만든 금화에 '아우구스탈레'(아우구스트식)라는 이름을 붙였습니다. 로마 시대 금화에 비하면 무게는 3분의 2밖에 안 되지만, 혼합물이 없는 순금이라는 점에서는 로마 제국의 금화와 같습니다. 황제의 옆얼굴을 새기고 그 주위에 문자 메시지를 새긴 것으로 보아, 그가 로마 제국의 화폐제도를 정비한 초대 황제 아우구스투스를 본받을 작정이었던 것은 분명합니다. 이 금화가 유통된 뒤에야 비로소 오리엔트 사람들도 서방의 화폐를 받게 되었다고 합니다. 악화가 양화를 구축한다는 말이 있지만, 그것은 단기간에 국한된 이야기고, 장기적으로는 양화가 악화를 몰아낼 겁니다.

비잔틴 제국의 동전들

악화를 마구 찍어내 눈앞의 이익을 탐하는 것밖에 생각지 않는 왕이나 제후가 태반이었던 당시, 양화의 진정한 이익을 알고 있었던 프리드리히는 특별한 존재였습니다. 외국과의 교역으로 부를 쌓게 된 이탈리아의 해양 도시국가인 제노바나 베네치아가 신용도가 높은 양질의 금화를 발행하기 시작한 것은 프리드리히의 본거지였던 남부 이탈리아에서 '아우구스탈레'가 주조된 지 반세기가 지난 뒤였습니다.

프리드리히 2세의 학문·예술운동

프리드리히 2세가 강행한 '라이코' 색채의 다섯 번째 정책은 학문과 예술 분야의 개혁이라고 말할 수 있습니다.

그는 남부 이탈리아의 나폴리에 대학을 세웁니다. 표면상의 이유는 자국의 우수한 젊은이가 학문을 닦으러 외국 대학에 가야 하는 현실을 통치자로서 참을 수 없다는 것이었지만, 진짜 이유는 다른 데 있었습니다. 자기 백성이 교황청의 영향을 받고 있는 볼로냐대학에서 기독교적 법학을 배우는 것이 못마땅했기 때문입니다. 나폴리대학은 볼로냐대학에 대항하는 학부로 설립된 셈이지요. 요즘의 '법학교'(로스쿨)라 해도 좋은 나폴리대학에서 가르치는 법률은 기독교와는 무관한 키케로 시대의 로마법이었으니까요. 현대에도 나폴리대학의 공식 명칭은 프리드리히를 이탈리아식으로 읽은 '페데리코 2세대학'입니다.

나폴리와 가까운 살레르노에는 유럽에 하나뿐인 의학교가 있었는데, 프리드리히 2세는 이 의학교를 좀더 개방적인 학부로 개혁합니다. 민족이나 종교에 관계없이 누구나 배울 수 있는 학부로 만든 것이지요. 아랍인이나 유대인은 물론 여자 의학도까지 있었다고 합니다.

시칠리아의 팔레르모는 프리드리히가 태어나 자란 곳이고 자기 궁정을 두고 있던 도시인데, 그 팔레르모 궁정 안에 연구소를 세웁니다. 그곳에 그리스어와 라틴어뿐만이 아니라 아랍어로 쓰인 문헌까지 모았습니다. 이탈리아와 독일을 비롯해 에스파냐·프랑스·아라비아·유대에서 철학자와 과학자 및 문학자들이 모여들었다니까. 이것도 고대의 유명한 연구기관이었던 이집트 알렉산드리아의 '도서관'(무세이온)을 모방한 게 아닐까 하는 생각이 듭니다.

프리드리히는 당시의 로마 교회가 교류를 금지하고 있던 이집트와 튀니지의 술탄에게 편지를 보내, 우수한 학자를 초빙하고 싶으니 중개자 역할을 맡아달라고 부탁하기도 했습니다. 이 황제 직속 연구소에서 이루어진 업적은 당시 유럽의 지적 용어이자 국제어였던 라틴어로 발표되었고, 명실공히 '연구소장'인 프리드리히 자

안드레아 델 카스타뇨가 그린 단테 초상(피렌체, 우피치미술관). 시인 단테는 언어야말로 이성과 감성과 오성을 명확히 하고 그것을 표현하는 최고의 도구라는 인식하에 라틴어가 아닌 이탈리아어를 시어(詩語)로 선택함으로써 이탈리아어가 수백 년 동안 서유럽에서 문학어로 쓰이게 되는 데 기여했다.

신도 몇 권의 저술을 발표했는데, 그 가운데서도 가장 유명한 것은 그의 취미인 매사냥을 고찰한 저서입니다. 이 저서는 단순히 취미로 매사냥을 즐기는 애호가의 경지를 완전히 넘어선 과학서로서, 근대 조류학의 효시로 알려져 있습니다.

연구원들 가운데는 학자만이 아니라 문인도 적지 않았습니다. 이들은 고대 라틴어를 속어로 변형한 데 불과했던 이탈리아어를 개량하기 시작했습니다. 조악한 언어라는 이유로 지식인들에게 외면받고 서민들의 속어에 머물러 있던 이탈리아어가 언어로서의 완성도를 높이는 계기가 프리드리히의 궁정에서 마련된 셈이지요.

언어로서 이탈리아어의 완성도가 떨어지면, 완성도가 높은 라틴어에 계속 의존할 수밖에 없습니다. 당시 라틴어는 기독교 성직자의 전매특허라고 말할 수도 있었습니다. 이런 상태가 지속되는 한, 지적인 분야일수록 로마 교회의 영향에서 벗어나기가 어려워집니다. 고매한 사상도 섬세한 감정도 충분히 표현할 수 있는 이탈리아어를 만들어내려 한 프리드리히의 집념은 100년도 지나기 전에 시인 단테를 통해 꽃을 피우게 됩니다. 태초에 말이 있었다는 표현은 성서에도 나오지만, 참으로 언어는 이성과 감성과 오성을 명확히 하고 그것을 표현하는 최고의 '도구'입니다. 프리드리히는 언어도 신의 것이 아니라 인간의 것이어야 한다고 확신했습니다."

"말씀을 듣고 보니, 프리드리히 2세는 18세기 계몽군주들의 선구자 같은 느낌마저 듭니다. 그런데 그런 그가 당시에는 어디보다도 활기 있었던 이탈리아 북부와 중부의 작은 도시에서는 왜 그렇게 격렬하고 집요한 저항을 받았던 것일까요."

"계몽군주는 개혁이라는 뚜렷한 목표를 가진 사람을 말하니까, 자기가 무엇을 하고 싶은지를 명확하게 알고 있는 지도자라는 뜻이기도 합니다. 하고 싶은 일을 실현하려면, 모든 사람이 그 필요성을 깨닫고 납득할 때까지 기다릴 수 없습니다. 목표를 실현하려면 강권을 행사하는 것은 피하기 어렵고, 따라서 전제적인 지도자가 되는 것은 계몽군주의 숙명이기도 합니다.

고대 그리스의 도시국가 아테네에 페리클레스가 30여 년 동안 군림한 시대를 동시대의 역사가 투키디데스는 이렇게 평하고 있습니다. 겉보기에는 민주정체였지만, 실제로는 한 사람이 통치한 국가였다고.

문예부흥이라는 면에서 아테네와 자주 비교되는 피렌체 공화국에서도 메디치가(家)의 코시모가 정국을 손아귀에 넣은 시기부터 비로소 페리클레스가 아테네에서 실현한 것과 같은 정국 안정에 성공했습니다. 코시모는 평생을 일개 시민으로 보냈지만, 그가 등장했을 때부터 손자인 로렌초가 죽을 때까지를 메디치의 시대라고 부르기까지 합니다. 역사에서 메디치가의 참주 시대라고 부르는 이 시기는 정치에서 문화에 이르기까지 메디치 가문이 주도권

고촐리가 그린 「동방박사들의 행렬」 부분(피렌체, 메디치 리카르디궁전). 메디치가의 주문으로 그려진 이 그림에는 메디치 집안 사람들이 왕의 수행원들과 함께 묘사되어 있는데, 오른쪽의 갈색 말 위에 탄 사람이 코시모 데 메디치로 알려져 있다. BENOTII라는 글자가 새겨진 빨간 모자를 쓴 사람이 메디치가 사람들 가운데 배치되어 있는데 이는 화가 베노초 고촐리 자신이며, 그 앞에 있는 두 젊은이는 로렌초와 줄리아노 형제로 알려져 있다.

을 행사한 시대였습니다.

하지만 일개 상인에서 벼락 출세한 코시모 데 메디치와 신성로마제국 황제의 혈통을 이어받은 프리드리히를 비교할 수는 없습니다. 출신만 다른 것이 아니라, 그들이 살았던 시대도 13세기 전반과 15세기 전반으로 200년이나 차이가 납니다. 13세기 전반은 교황청 세력이 강대했던 시대고 15세기 전반은 내리막길로 접어든 시대라는 차이도 무시할 수 없습니다. 로마 제국형 국가를 부흥시키겠다는 프리드리히 2세의 야망을 단순한 시대착오로 단정하는 것은 지난 역사를 돌이켜보는 후세인들이 저지르기 쉬운 잘못이라고 말할 수 있을 것입니다. '콘스탄티누스의 기진장'이 로마 교회에서 위조한 문서라는 사실을 로렌초 발라가 밝혀낸 것은 15세기 전반이라는 점을 잊어서는 안됩니다. 그때까지는 로마 교황이 이 '기진장'을 방패 삼아 휘두르는 '성무금지령'과 '파문'이라는 무기가 사람들을 꼼짝 못 하게 묶어놓고 있었습니다. 이렇게 강대한 로마 교황청에 대항하려면 강력한 세속 국가를 확립할 수밖에 없다고 프리드리히는 생각했을 것입니다.

이탈리아 중북부 상인층의 반발

그런데 여기서 프리드리히는 치명적인 실수를 저지릅니다. 남부 이탈리아에서 경제활동까지 통제해 경제부흥에 성공했기 때문에, 북부와 중부에서도 그 정책을 실시하려 든 것입니다. 하지만 밀라노를 중심으로 하는 북부와, 피렌체를 중심으로 하는 중부에서는 경제인들이 국가의 도움을 받지 않고 독자적인 활동으로 실적을 올리고 있었고, 따라서 제 능력에 자신감을 갖고 있었습니다. 그들이 황제의 통제경제 정책에 반발한 것은 당연합니다.

고대 로마인이라면 이런 경우 그 도시들을 자유도시로 인정하고, 도시국가의 내정에 대해서는 자치를 허용했을 겁니다. 중앙집권만으로는 광대한 영토를 통치할 수 없고, 설령 중앙집권을 이루었다 해도 오래가지 못합니다. 중앙집권과 지방분권의 교묘한 병립이 이루어져야만 광대한 제국도 기능을 발휘할 수 있습니다. 고대 로마인의 이런 지혜를 프리드리히는 깨닫지 못했을까요. 아니면, 이 지혜를 발휘할 수 있었던 시대의 로마인들은 거대한 종교세력인 로마 교황청과 무관할 수 있었지만 자기는 그 교황청을 상대로 싸워야 한다는 생각 때문에 다른 분야에서는 유연했던 그가 여기서만은 강경한 태도를 취했던 것일까요.

어쨌든 이탈리아 북부와 중부의 상인층이 반발하고 나서자, 그때까지 프리드리히의 '라이코'적 언행에 대해 불만과 분노를 주체하지 못하고 있던 로마 교황청이 끼어드는 바람에 문제가 더욱 복잡해지고 말았습니다."

"역사 교과서에도 나오는 구엘프와 기벨린의 투쟁이군요."

"그렇습니다. 구엘프는 교황파를 가리키고, 기벨린은 황제파를 의미했으니까요.

다만 이탈리아에서 일어난 구엘프와 기벨린의 투쟁은 유럽의 다른 나라에서 성직자 서임권을 둘러싸고 일어난 교황과 국왕의 대립과는 다른, 이탈리아만의 역사적 현상입니다. 이탈리아 상인들은 교황 편에 서긴 했지만, '교황은 태양이고 황제는 달'이라고는 믿지 않았으니까요. 그들의 사상은 교황보다는 오히려 프리드리히와 가까웠습니다. 그들이야말로 종교가 속계에 개입하는 데 반대한 프란체스코파 교단의 핵심을 이루고 있던 사람들이니까요. 다시 말해서 이탈리아 북부와 중부의 경제인들은 프리드리히 사상의 정교분리에 반발한 것이 아닙니다. 프리드리히가 강행하려고 든 통제경제 정책에 반발한 것이지요. 경제적 이해관계는 오히려 교황 쪽과 일치했습니다.

로마 교황청에는 '십일조'라는 명목의 종교세에다, 각지에 흩어져 있는 광대한 영지에서 들어오는 수입과 신자들의 헌납 등으로 막대한 돈이 모이게 되어 있었습니다. 신도를 위해 쓴다는 것이 그렇게 막대한 돈을 거두어들이는 명목이었지만, 성직자 집단인 교황청은 그 돈을 운용할 능력이 없었습니다. 그 운용을 도급 맡은 것이 피렌체와 밀라노의 금융업자고, 고위 성직자 계급의 호사 취미를 위해 물품을 조달해준 것이 이탈리아 북부와 중부의 상인들이었지요.

구엘프와 기벨린의 투쟁은 사상의 차이에서 생겨난 싸움이 아닙니다. 현실적인 이해관계의 충돌에서 비롯된 분쟁에 불과합니다. 실제로 피렌체는 구엘프 편에 섰지만, 피사와 아레초는 기벨린을 편들었습니다. 이웃해 있는 나라인 만큼 평소부터 사이가 나빴기 때문이지요. 베네치아 공화국은 이 분쟁에 끼어들지 않고 줄곧 중립을 유지했는데, 그것은 베네치아 상인들의 거래처가 교황청이 아니라 오리엔트의 이교도였기 때문입니다.

그렇긴 하지만 이렇게 직접적인 이해관계가 얽혀 있는 세계에 분쟁의 씨를 뿌려버린 것은 곤란합니다. 아무리 할아버지 ― 바르바로사(붉은 수염) ― 가 착수한 일이라고는 하지만, 아무런 의문도 품지 않고 그대로 계승하다니, 프리드리히의 현실 감각을 의심할 수밖에 없습니다. 다른 분야에서는 날카로운 현실 감각을 발휘한 프리드리히조차도 신성로마제국 황제의 권위를 과신하고 있었던 게 아닐까 하는 생각이 듭니다. 프리드리히에 비하면, 성 프란체스코의 현실 감각은 뛰어납니다. '제3계급'을 창설해 경제활동을 종교의 속박으로부터 해방시킨 것은 상인의 아들로 태어나 경제인의 속성을 잘 알고 있었기 때문이 아닐까요."

"문득 생각이 났는데, 종교인인 성 프란체스코와 황제인 프리드리히 2세는 둘 다 성지에 가서 평화를 호소했다는 점에서도 공통점을 갖고 있군요."
"성 프란체스코는 이슬람교도를 개종시켜 팔레스타인 땅에 평화를 확립하려고 생각했지만, 프리드리히 2세는 이교도를 개종시킬 생각은 전혀 하지 않았습니다. 그리고 자발적으로 성지에 간 성 프란체스코와는 달리, 프리드리히는 어쩔 수 없이 갔을 뿐입니다.

황제와 교황의 대립
'신이 그것을 원한다'는 한마디로 시작된 십자군 원정에 대해 프리드리히는 찬성하기는커녕 싫어했습니다. 예루살렘은 기독교도만이 아니라 이슬람교도에게도 성지였으니까, 그것을 기독교도가 '탈환'하는 것이 과연 정당한 처사인지에 대해 의문을 품고 있었기

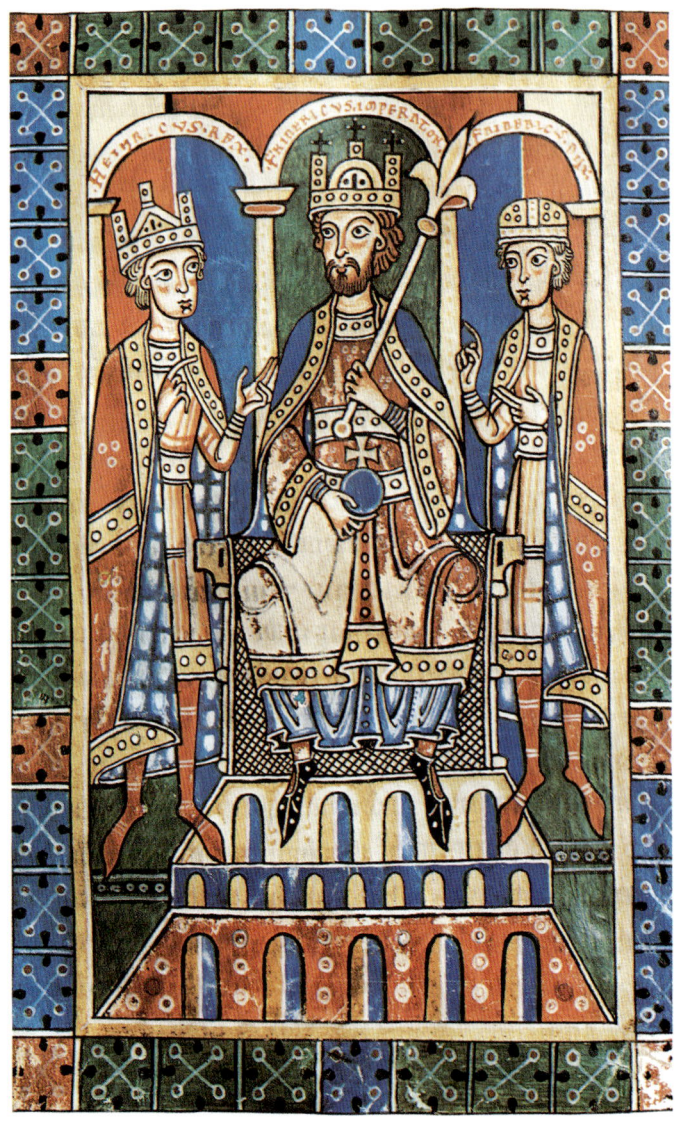

붉은 수염(바르바로사) 왕 프리드리히 1세와 그의 아들들

때문이겠지요.

 하지만 그는 기독교 세계에서는 속계의 제일인자인 신성로마제국 황제입니다. 십자군을 이끄는 것이야말로 황제의 첫 번째 책무로 여겨지고 있던 시대였지요. 교황청은 프리드리히에게도 성지 탈환을 위한 십자군을 지휘하라고 거듭 요구했지만, 프리드리히는 이런저런 핑계로 거절하고 있었습니다. 독일 제후들을 아직 완전히 장악하지 못했다거나, 북부 이탈리아에서 일어난 구엘프당의 반란을 먼저 진압해야 한다는 따위의 구실을 내세워 차일피일 미루고만 있었지요. 이렇게 십자군 원정이 계속 지연되자, 화가 난 로마 교황은 프리드리히에게 당장 원정을 떠나라고 명령하고, 더 이상 미루면 파문하겠다고 위협했습니다.

 32세의 황제는 어쩔 수 없이 이탈리아 남부의 브린디시 항구에서 군대를 이끌고 출항했습니다. 그런데 배 안에 전염병이 발생했다는 이유로 일주일도 지나기 전에 귀환해버렸어요. 로마 교황은 격분했지요. 이번만은 정말로 프리드리히를 파문하고, 이탈리아 남부 전역의 성직자들에 대해서는 성무금지령을 내렸습니다.

 젊은 황제도 당장 굴복하지는 않았습니다. 자기 영토 안의 성직자들에게는 종전처럼 성무를 수행하라고 강요하고, 명령에 따르지 않으면 사형에 처하겠다고 위협했습니다. 그와 동시에 로마 교황청이 '콘스탄티누스의 기진장'을 방패 삼아 세속 권력을 침해하는 것을 비난했습니다. 하지만 기독교회와 정면으로 충돌하고 싶지는 않고, 종래와 같은 십자군 원정은 피하고 싶었습니다. 그 후 1년도 안 되는 기간에, 기독교도인 황제와 이슬람교도인 술탄의 서한이 시칠리아의 팔레르모와 이집트의 카이로 사이에 가로놓인 지중해를 수없이 오갔습니다.

종교인인 성 프란체스코와는 달리, 정치인인 프리드리히는 사랑의 가치에 상대가 귀 기울일 것이라고 믿지 않았습니다. 이쪽의 요구를 상대가 받아들이는 것은 그것이 상대에게 이익이 되는 경우뿐입니다. 대다수의 서구인들과는 달리 이슬람 세계의 사정에 밝았던 그는 오리엔트의 이슬람 군주들이 대규모 전쟁을 수행할 수 있는 상태가 아니라는 사실을 알고 있었습니다. 그래서 피를 흘리지 말고 문제를 해결하자고 제안한 것입니다. 마침 그 무렵, 프리드리히는 첫 아내를 사별하고 두 번째 아내를 맞아들였습니다. 두 번째 아내는 예루살렘 왕—이름뿐이긴 하지만—의 외동딸이어서, 이 결혼으로 그는 예루살렘 왕이라는 칭호도 얻게 되었습니다. 이집트의 술탄은 예루살렘 왕을 겸한 신성로마제국 황제가 이끄는 십자군과 대결하기를 꺼렸기 때문에 프리드리히의 제안을 받아들였습니다.

이를 확인한 뒤에야 비로소 프리드리히는 배를 타고 팔레스타인으로 떠났습니다. 이것이 제6차 십자군 원정입니다. 전염병을 핑계로 되돌아온 지 열 달 뒤인 1228년 6월의 일이었지요. 내막을 모르는 로마 교황은 겨우 안심하고, 그 반항아도 이제 제2차 십자군을 이끈 콘라트 3세나 제3차 십자군을 이끈 바르바로사의 자손답게 이교도를 상대로 화려한 전투를 벌일 거라고 기대했습니다.

하지만 이슬람 쪽과는 이미 교섭이 성립되어 있었습니다. 투구와 갑옷으로 온몸을 무장한 기사와 수많은 병사들을 거느리고 상륙하긴 했지만, 전쟁터에 간다기보다 퍼레이드를 벌이러 가는 분위기입니다. 그들을 맞는 이슬람 진영도, 카이로에서 달려온 술탄의 대리인을 앞세워 귀빈이라도 영접하듯 황제를 기다리고 있었습니다.

성지에서의 첫날 밤을 이슬람 양식의 호화로운 궁전에서 보낸 프리드리히는 이튿날 인사하러 나타난 이슬람 고관들에게 묻습니다.

'오늘은 무에진(이슬람 사원의 뾰족탑 위에서 큰 소리로 신자들에게 기도 시간을 알리는 사람)의 목소리가 들리지 않았는데, 어찌 된 일이오?'

그러자 정좌한 고관은 기독교 세계에서 속계의 우두머리인 황제에게 예의를 지키기 위해 황제가 팔레스타인에 머무는 동안은 무에진이 기도 시간을 알리는 것을 중단했다고 대답합니다. 33세의 황제는 이 말에 껄껄 웃으면서 이렇게 말했습니다.

'그럼 당신네 이슬람교도가 유럽을 방문하면 우리 기독교도는 교회의 종을 울릴 수 없게 되잖소.'

이 말에 안심했는지 무에진에 대한 금지령이 해제되었고, 이슬람교의 기도 시간이 되자마자 성지에 있는 이슬람 사원의 모든 첨탑에서 일제히 무에진들이 낭랑한 목소리로 외치기 시작했습니다. 그런데 이슬람 고관들은 무에진이 기도 시간을 알려도 땅바닥에 엎드려 기도를 올리지 않았습니다. 황제 앞이라 조심스러웠기 때문이지요. 하지만 그들은 눈앞에서 벌어진 광경을 보고 제 눈을 의

심합니다. 프리드리히가 거느리고 온 신하들 가운데 적지 않은 사람이 무에진의 목소리가 울려 퍼지기 시작하자마자 황제에게 엉덩이를 돌리는 것도 아랑곳하지 않고, 메카 쪽을 향해 무릎을 꿇고 이마를 땅에 대는 이슬람식 기도를 올리기 시작한 겁니다. 그것을 바라보는 황제의 얼굴도 평소와 다름이 없고, 불쾌감은 전혀 찾아볼 수 없었습니다. 성지의 이슬람교도들은 그때 비로소 신성로마제국 황제 프리드리히의 신하들 가운데 이슬람교를 신봉하는 사람이 적지 않다는 사실을 알았지요.

단명으로 끝난 프리드리히 2세의 평화협정

그때까지는 카이로의 술탄이 내린 엄명 때문에 어쩔 수 없이 프리드리히에게 예의를 차리고 있었지만, 이때부터는 그것이 자발적인 감정으로 바뀌었습니다. 프리드리히의 성지 체류 일정이 아무런 지장 없이 진행된 것은 당연합니다. 이듬해 초에 34세의 황제는 예루살렘의 성분묘(聖墳墓) 교회에서 정식으로 예루살렘 왕위에 올랐습니다.

이슬람 쪽과의 평화협정도 순조롭게 진행되고 있었습니다. 그 내용은 다음과 같습니다.

첫째, 팔레스타인 지방에서도 예수 그리스도와 인연이 깊은 예루살렘과 베들레헴, 나사렛은 신성로마제국 황제이자 예루살렘 왕인 프리드리히 2세의 주권이 미치는 지역으로 한다. 다만 예루살렘에 있는 이슬람교 성소의 주권은 이슬람 측에 있고, 여기에 참배하는 이슬람교도에 대해 기독교 측은 종교의 자유와 신변 안전을

십자군의 평화협정. 1229년 3월 17일 프리드리히 2세가 예루살렘의 성문 앞에서 술탄과 화해의 악수를 하고 있다.

존중하고 보장해야 한다.

둘째, 성지에는 주권자인 황제의 군대가 주둔하지만, 군대의 주둔 목적은 성지를 순례하러 오는 기독교도만이 아니라 같은 목적으로 예루살렘을 찾아오는 이슬람교도를 보호하는 것이기도 하다.

셋째, 기독교 측은 앞으로 이집트를 포함한 오리엔트의 이슬람 영토 전역에 대해 침략행위를 하지 않는다.

이상 세 가지 조항을 핵심으로 한 평화협정은 카이로의 술탄과

피렌체에서 생각한다 75

프리드리히의 서명 날인으로 성립됩니다. 그리고 이 제6차 십자군 원정에 참가한 군대의 일부는 그대로 성지에 남아서, 예루살렘을 찾는 순례자들의 경호를 맡게 되었습니다. 프리드리히는 알고 있었습니다. 이 평화협정에 불만을 품고 협약을 깨는 행동을 할 사람은 이슬람교도가 아니라 지금까지 팔레스타인에 살면서 줄곧 이슬람 쪽과 적대해온 광신적인 기독교도라는 사실을. 실제로 팔레스타인에 주재하는 성직자들은 화평에 반대해, 프리드리히가 이교도에게 굴복했다고 비난하는 편지를 로마 교황에게 계속 보내고 있었습니다.

이탈리아로 돌아온 프리드리히를 맞이한 것도 파문 해제가 아니라 파문 연장 조치였지요. 이교도를 한 명도 죽이지 않은 십자군은 인정할 수 없다는 것이 로마 교황의 주장이었습니다. 평화협정이 성지 순례의 자유와 안전을 보장할 수는 있지만, 그것이 이교도를 격퇴해 얻은 성과가 아니라면 성지 탈환이라는 십자군의 목적을 달성했다고 볼 수 없고, 따라서 프리드리히는 황제의 책무를 게을리했다는 겁니다.

너무 일찍 태어난 르네상스인

결국 이슬람 쪽의 비협조 때문이 아니라 팔레스타인과 유럽 기독교도의 협력 거부로 프리드리히의 평화협정은 단명으로 끝나고 말았습니다. 이슬람 진영과 기독교 진영은 다시 예루살렘을 둘러싸고 싸우기 시작해, 프리드리히의 화평이 성립된 지 불과 15년 뒤에는 예루살렘도 베들레헴도 나사렛도 모두 이슬람군에 점령되었

제7차, 8차 십자군을 이끌었던 프랑스 왕 루이 9세의 흉상. 그는 죽은 후 로마 교회의 시성을 받아 성인의 명부에 올라 성 루이로 불리게 된다.

습니다. 그로부터 4년 뒤, 다시 성지를 탈환하기 위해 결성된 제7차 십자군은 프랑스 왕 루이 9세의 지휘로 6년 동안 싸웠지만 결과는 패배였습니다. 루이가 다시 시도한 제8차 십자군은 팔레스타인과는 거리가 먼 북아프리카의 튀니스에 겨우 상륙할 수 있었을

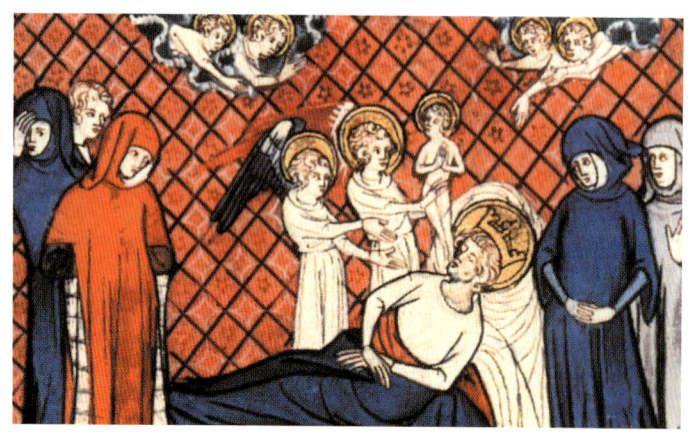
임종을 맞는 루이 9세(『성 루이 일대기』에 실린 삽화)

뿐입니다. 게다가 이들은 이슬람군의 반격을 받아 참패를 당하고, 루이 9세는 이를 괴로워하다가 병사하고 맙니다. 1291년에는 기독교 진영의 마지막 보루였던 아콘(오늘날의 아코 또는 아크레)에서도 패퇴함으로써, 십자군을 마지막 한 명까지 지중해로 쏠어냈다는 이슬람 진영의 호언대로, 1096년부터 시작된 십자군 원정은 종말을 맞았습니다. 그 무렵에 프리드리히는 이미 이 세상 사람이 아니었습니다. 역시 이 세상 사람이 아닌 프랑스 왕 루이 9세는 로마교회의 시성을 받아 성인의 명부에 오르게 됩니다. 역사에서 말하는 성 루이는 바로 이 사람입니다. 루이 9세가 성인이 된 것은 기적을 행했기 때문도 아니고, 성 프란체스코처럼 많은 사람에게 구원을 가져다주었기 때문도 아니고, 이교도와 싸우다 죽었기 때문입니다."

"오늘날 예루살렘을 둘러싸고 벌어지고 있는 유대인과 팔레스타인인의 투쟁을 생각하면, 뭐라고 말해야 좋을지 모르겠다는 생각이 드는군요."

"문제 해결을 생각하는 사람이 없는 것은 아닙니다. 그 생각을 실현하고 속행(續行)하는 데 반드시 필요한 협력자를 얻을 수 없을 뿐이죠. 성지 탈환을 기치로 내건 십자군은 기독교도에게 성지 순례의 자유와 안전을 보장해주는 것이 원래 목적이었고, 그 목적만 달성되었다면 십자군도 성공한 셈이 되었을 겁니다. 하지만 적대 상태가 계속될수록 처음에는 수단이었던 것이 목적으로 변해버립니다. 즉 성지 순례의 자유와 안전을 확보하기보다는 성지 팔레스타인에 사는 이슬람교도를 몰아내는 데 목적을 두게 되지요. 프리드리히 2세는 수단을 목적화하는 폐해에서 자유로웠던 인물입니다. 그런 사람은 당시에는 아주 드물었지요. 아니, 현대까지 시야를 넓혀보면 '당시에는'이라는 말을 '어느 시대에나'로 바꾸는 편이 타당할지도 모릅니다.

성 프란체스코는 생전에 이미 신도가 계속 늘어났고 죽은 지 불과 2년 뒤에는 성인의 반열에까지 올랐으니 역사상의 승자라고 말할 수 있다면, 프리드리히는 로마 교황청에 반항하는 것으로 56년의 생애를 보냈지만 결국은 실패했고 호엔슈타우펜 왕조도 아들 만프레디(콘라트 4세) 대에서 끝나게 되어 역사상으로는 패자라고 말할 수밖에 없습니다. 하지만 조금이라도 지각이 있는 사람이라면, 중세에서 벗어나고 있던 유럽에서 프리드리히가 실현하려고 애쓴 제국이 훗날 유럽 국가들의 형성에 영향을 준 '라이코'적 국

이탈리아의 풀리아 지방에 우뚝 솟은 카스텔 델 몬테. 1240년 시칠리아 왕국 북쪽을 방어하기 위해 프리드리히 2세가 세운 것으로 여덟 개의 요새와 여덟 개의 탑으로 이루어져 있다.

가의 모델이라는 사실을 이해할 수 있었을 겁니다. 또한 진정한 국가는 정치나 군사만으로 성립되지 않으며, 경제·학문·문화도 중요하게 생각해야만 비로소 문명국가라고 말할 수 있다는 것도 프리드리히가 이룩한 수많은 업적을 통해 배웠을 것입니다. 프리드리히가 구현한 지도자 상(像), 재생하고 자립한 인간이야말로 르네상스가 낳은 인간형입니다.

아시시에는 오늘날에도 많은 신자들이 세계 각지에서 찾아옵니다. 그것은 좋은 일이고 가치도 있습니다. 그러나 남부 이탈리아의 풀리아 지방에 우뚝 솟아 있는 '카스텔 델 몬테'(山城)라는 성채를 방문해본다면, 그 성채가 무슨 목적으로 세워졌는지, 그런 특이한 성채를 지은 사람의 머릿속에는 도대체 무슨 생각이 들어 있었는

금화에 새겨진 프리드리히 2세. 그는 기독교 사회에서 이단자 취급을 받았기 때문에 그의 초상은 회화로나 조각으로 존재하지 않는다.

지 궁금해질 겁니다.

프리드리히 2세에 대한 이야기는 그가 어떤 육체의 소유자였는가를 말하는 것으로 끝내겠습니다.

기독교회에서 줄곧 이단자 취급을 받았기 때문에 프리드리히의 초상은 회화로도 조각으로도 존재하지 않습니다. 오늘날까지 남아 있는 것은 저서 한 귀퉁이에 그려진 세밀화와 황제용 인장에 새겨진 돋을새김, 그리고 금화에 새겨진 옆얼굴뿐입니다. 할아버지를 닮아서 빨간 머리였다는 기록은 있지만, 키가 컸는지 작았는지를 알려주는 사료는 없습니다. 다만 그가 팔레스타인에 갔을 때 그를 본 아랍인의 증언이 있습니다. 그 증언에 따르면, 신성로마제국 황제는 노예시장에서는 싼값밖에 받지 못할 만큼 체구가 빈약했다고 합니다.

생애와 업적으로 보면 당당하고 잘생긴 대장부였을 것 같은데,

중세의 위대한 반항아가 실제로는 노예시장에 내놓아도 살 사람이 나서지 않을 만큼 빈약한 체구의 소유자였다니, 재미있지 않습니까.

하지만 육신은 부모한테 물려받아도 정신은 스스로 만들어가는 것입니다. 나는 중세의 푸른 하늘을 등지고 지금도 햇빛을 가득 받으며 하얗게 솟아 있는 카스텔 델 몬테, 아름답고 명석하게 설계된 그 성채를 프리드리히의 대표적인 초상으로 생각합니다. 너무 일찍 태어난 르네상스인이었기에 중세 최대의 반항아가 될 수밖에 없었던 사나이의 모습을 그리워하기 위해서라도 말입니다."

자주 도시국가 베네치아와 피렌체

"이제 드디어 르네상스에서도 커다란 꽃망울이 피어나는 시대로 들어가게 되는데, 르네상스라는 이 정신운동이 왜 이탈리아에서 일어났을까요?"

"구체제의 본거지라 해도 좋은 로마 교황청이 바로 옆에 존재했다는 것이 첫 번째 이유입니다. 멀리 떨어져 있으면 결점이 눈에 띄기 어렵지만, 가까이 있으면 싫어도 눈에 들어옵니다. 교황청 따위는 스위스로 옮겨버리라고 쓴 마키아벨리, 죽기 전에 보고 싶은 것 세 가지 가운데 하나는 정치에 참견하지 않는 성직자들이라고 쓴 구이차르디니 같은 인물은 동시대의 프랑스나 독일, 영국에서는 태어나지 않았습니다. 어쨌든 교역으로 번영한 베네치아나 제노바를 제외하면, 피렌체를 비롯한 이탈리아 도시국가들은 로마 교황청의 재정 업무를 도급 맡는 것으로 경제발전의 토대를 만들었습니다. 유럽 전역에서 교황청으로 모여드는 막대한 돈을 운

피렌체의 정치가이자 저명한 역사가인 구이차르디니

용하는 역할을 맡은 것이 이탈리아의 금융업자였기 때문인데, 인간 관계에서도 돈이 개재되면 인간의 본색이 드러날 수밖에 없습니다. 이탈리아의 경제인들은 돈벌이에 정력을 쏟으면서도 성직자 계급의 실태를 똑똑히 보고 있었습니다.

두 번째 이유는 주민 자치를 기치로 내건 '코무네'(comune)라는 주민 자치 공동체가 이탈리아에서 생겨나고 있었다는 점입니다. 이 '코무네'가 혁명 시대의 프랑스에 이식되면 '코뮌'이 됩니다.

14세기에는 아직 수많은 '코무네'가 난립해 있는 느낌을 주었지만, 15세기에는 밀라노 공국과 베네치아·제노바·피렌체 공화국, 그리고 교황청과 나폴리 왕국 같은 강대국에 차례로 통합됩니다.

이제는 자치단체의 의미가 강한 '코무네'가 아니라, 각국의 실정에 맞는 통치조직을 가진 '도시국가'가 되어간 것이지요. 밀라노 공국은 공작이, 나폴리 왕국은 왕이, 교황청은 로마 교황이 통치하고, 제노바 공화국은 네 개의 유력 가문이 두 파로 나뉘어 교대로 다스리는 체제였고, 피렌체 공화국은 메디치가 주도의 참주정치로 결말이 났고, 베네치아 공화국만이 과두정치라고 불리는 소수지배체제의 공화정을 계속 유지하는 상태에 있었습니다.

다만 도시국가라는 이름에 걸맞은 것은 베네치아와 피렌체뿐이었습니다. 그것은 지도만 보아도 금방 알 수 있습니다. 이 두 공화국만이 '코무네'의 자주독립 정신을 더 강하게 계승했고, 그것을 오랫동안 유지했기 때문입니다. 르네상스도 처음에는 피렌체, 다음에는 베네치아에서 꽃을 피우게 됩니다."

"도시국가는 왜 이탈리아에서만 생겨났고, 게다가 번영했습니까?"

"그 질문에 답하려면 먼저 도시국가란 무엇인가를 대강이라도 밝혀둘 필요가 있겠군요.

고대 그리스의 폴리스만 상기해보아도 알 수 있듯이, 도시국가는 '처음에 도시가 있고', 도시에서 시작해 그 주변을 차례로 통합해간 국가 형태를 의미합니다. 코무네나 도시국가가 생겨나기 전의 중세는 토지를 자산으로 하는 경제구조 밑에서 그 토지를 소유하는 봉건 영주가 주도권을 잡고 권력을 휘두른 시대였지요. 반면에 토지는 없지만 두뇌를 가진 사람들이 모여서 만든 것이 도시국가입니다. 도시는 곧 두뇌집단이라고 해도 좋을 정도지요. 정신면에서도 봉건 영주와 도시 두뇌집단의 차이는 분명합니다. 그때까지의 '노빌레'(귀족)는 혈통의 문제였지만, 단테의 말마따나 '피가 노빌레를 결정하는 것이 아니라 정신의 고귀함이 노빌레를 결정하는' 시대로 바뀌어갑니다. 소유하는 땅의 넓이와 먼 옛날까지 거슬러 올라가는 혈통 대신, 풍부한 재능과 강한 기력이 인간을 평가하는 기준이 된 것이지요.

정신운동을 낳은 도시의 두뇌집단

나는 르네상스가 '중세의 가을'이냐 아니면 '근대의 봄'이냐 하는 논쟁(르네상스의 역사적 위상에 대한 견해는 흔히 '단절설'과 '연속설'로 양분된다. 부르크하르트는 르네상스를 중세와 단절된 근대의 출발점으로 보았고, 호이징가는 르네상스를 중세의 가을, 즉 중세 문화의 결실기라고 주장했다 - 옮긴이)에는 전혀 흥미가 없습니다. 어느 시점에서 선을 긋고, 여기까지는 중세고 여기서부터는 근대라고 단정할 수는 없습니다.

그렇긴 해도 13세기가 경계가 된 것은 사실일 겁니다. 성 프란체스코도 프리드리히 2세도 13세기 전반에 살았던 사람들입니다. 또한 이 시기에 이탈리아는 인구가 급격히 증가합니다. 흑사병(페스트)이 퍼져서 인구가 급격히 줄었음에도 단기간에 회복됩니다. 사회복지 덕분에 약자도 쉽게 생존할 수 있게 된 현대와는 다릅니다. 그 시대에 인구가 증가한 원인은 단지 먹고 살 수 있게 되었기 때문입니다. '십자군 특수'에 따른 경제력 향상은 해운과 교역, 금융과 수공업만이 아니라 그 밖의 업종에도 영향을 미쳤을 겁

14세기 중반 유럽에서는 전쟁이 지속되고 페스트가 창궐하고 기근이 이어지면서, 나이나 신분에 상관없이 누구에게나 찾아오는 '죽음의 춤'의 이미지가 사람들의 마음속 깊숙이 파고들게 되었다. 그림은 피테르 브뢰헬의 「죽음의 승리」(마드리드, 프라도미술관)

니다.

그 중심이 된 것이 두뇌집단인 도시의 주민들입니다. 그들의 1인당 생산성은 아주 높아서, 르네상스 전성기인 15세기에는 봉건 영주나 수도원의 소유지에서 일하는 사람들보다 생산성이 무려 40배나 높았다고 주장하는 학자도 있습니다. 실제로 피렌체와 베네치아는 영토의 크기만으로는 중간 정도의 국가라고 말할 수밖에 없지만, 경제력에서는 프랑스나 영국이나 터키를 완전히 압도하고 있었으니까요.

교역은 이질 분자와 교류하지 않고는 성립되지 않습니다. 이질 분자와 교류하면 순수 배양될 때에는 없었던 자극을 받게 됩니다. 생산성이 뛰어난 두뇌집단이 이런 자극을 받았으니, 경제적으로 성공하지 못하는 게 오히려 이상하지요.

경제대국으로 발전하고 있던 이탈리아 도시들의 훌륭한 점은 학문 분야에 대한 투자도 잊지 않았다는 사실입니다. 이 분야에서도 선수를 친 것은 역시 프리드리히 2세였습니다. 세계에서 가장 오래된 볼로냐대학에 이어, 프리드리히가 단순한 의술을 가르치는 의학교에서 의학을 연구하는 학부로 탈바꿈시킨 살레르노대학 의학부, 프리드리히가 신설한 나폴리대학, 그리고 베네치아가 도와준 덕에 최고 수준의 학부가 된 이탈리아 북부의 파도바대학 등, '우니베르시타스'라고 불리는 최고 학부는 13세기 전반에 집중적으로 창설되었습니다. 여기에다 같은 시기에 활동을 시작한 파리대학과 옥스퍼드 및 케임브리지 대학을 추가하면, 오늘날에도 건재하고 있는 유럽의 주요 대학은 13세기에 이미 '유니버시티'가 되어 있었습니다. 더욱 흥미로운 것은 14세기에 들어서자마자 이탈리아의 여러 대학과 파리대학에 아랍을 배우는 학과가 설치되었다는 점입니다.

서기 1270년에는 마지막 십자군이 패배했고, 1291년에는 십자군의 마지막 병사까지 격퇴되어 팔레스타인에서 그 모습을 감춥니다. 요컨대 동방에 대한 서방의 군사운동인 십자군은 서방 진영의 완패로 끝난 셈인데, 패배한 유럽은 이제 오리엔트도 이슬람교도 아랍인도 다 잊어버리고 싶다고 생각하기는커녕 좀더 잘 알고 싶다고 생각했으니, 정말 대단합니다. 베트남 전쟁이 끝난 뒤 미국의 대학들에 일제히 동아시아를 배우는 학과가 설치되었다면, 그것과 비슷했을 텐데요.

십자군 원정에 병사나 해운업자나 무역업자로 참가한 남자들은 오리엔트를 피부로 알고 있다고 말할 수 있었을 겁니다. 하지만 피부로 알고 있는 것만으로는 개인의 지식이 되기는 할망정 모든 사람의 공유재산이 되지는 않습니다. 과학적으로 탐구하고 그 결과를 언어로 공표해야만 비로소 실제로 경험한 적이 없는 사람도 공유할 수 있는 지식이 되지요. 또한 과학적으로 냉철하게 탐구하는 정신은 편견을 뒤엎는 데 가장 좋은 무기이기도 합니다. 탐구벌레라 해도 좋은 레오나르도 다 빈치를 끌어낼 필요도 없이, 만족할 줄 모르는 탐구심이야말로 르네상스 정신의 기본입니다. 두뇌집단이었던 중세의 대학과 도시들은, 목적은 달라도 그 목적을 추구하는 수단은 뜻밖에 비슷했다는 생각이 듭니다.

로마 교황청이나 봉건 제후들처럼 이질 분자의 유입에 따른 '문

레오나르도 다 빈치의 초상(토리노 왕립 도서관). 우리 후세인들이 르네상스를 생각할 때 맨 먼저 떠오르는 사람이 레오나르도가 아닐까! 그는 죽은 지 500년이 가까운 오늘날에도 '천재'나 '만능인'으로 불리고 있다.

화적 충격'을 꺼리고 순수 배양을 계속한 조직은 중세 말기에 위기에 빠졌고, 바로 그것이 르네상스라는 정신운동을 낳는 실마리가 되었습니다. 르네상스는 그 이전의 중세와 비교해도, 그 이후의 근대와 비교해도 양보다는 질의 시대였다는 게 특징입니다. 따라서 그 시대에 가장 적합한 국가 형태는 두뇌집단으로 확립된 도시국가였지요. 시대의 흐름에 맞지 않으면, 아무리 우수한 조직도 성공을 바랄 수는 없습니다."

로마의 질서와 조화를 새롭게 재현

"르네상스가 이탈리아에서 처음 일어난 이유는 그밖에도 또 있습니까?"

"고대 로마 제국의 본국이 이탈리아고 수도는 로마였기 때문에, 다른 나라 사람들보다 로마 제국을 친근하게 느낄 수 있었다는 점도 무시할 수 없습니다. 현대 유럽을 대표하는 도시들인 런던·파리·쾰른·빈은 지금은 로마와 어깨를 나란히 하거나 그보다 훨씬 규모가 큰 대도시로 발전했습니다. 하지만 그런 도시들의 박물관에 전시되어 있는 로마 관계 유물의 양과 질은, 영국박물관조차도 로마의 일개 미술관에 미치지 못합니다. 이들 대도시는 로마 시대에 38개나 존재한 속주의 수도나 군단기지에 불과하지만, 로마는 '세계의 수도'(카푸트 문디)라고까지 불린 제국의 수도였으니까요. 로마 제국이 건재했던 시대에 로마를 찾은 파리 사람은 오늘날 텍사스주의 카우보이가 뉴욕 맨해튼을 방문했을 때와 같은 기분을 느꼈을 게 분명합니다.

1천 년 동안 계속된 중세에는 로마도 이탈리아도 무너지고 매몰되었습니다. 오랜 세월의 풍상에 시달린데다, 값싸고 손쉽게 건축자재를 구할 수 있는 채굴장이 되어버렸기 때문이지요. 하지만 워낙에 압도적인 양과 질을 자랑하고 있었기 때문에, 방치되어 있던 세월이 길고 또한 엄청난 훼손이 가해졌음에도 남아 있는 유물의 양과 질은 여전히 압도적이었습니다. 중세에는 그것을 배척해야 할 이교도의 유물이라는 이유로 무시했지만, 이제 그 기나긴 중세도 끝나고 르네상스 시대가 시작되었습니다. 르네상스 시대에는 이교도의 유물이라도 배울 가치가 있으면 배워야 한다고 생각하게 되었고, 그 결과 고대 로마의 유물이 다시금 조명을 받게 되었지요."

"르네상스의 특징 가운데 하나는 고대의 부흥이라고 하는데요."

"부흥은 부흥이지만, 고대를 단순히 복원하거나 모방한 것은 아닙니다. 피렌체 제일의 교회인 '산타 마리아 델 피오레'(꽃의 성모 마리아 성당)를 지은 건축가 브루넬레스키가 둥근 지붕(돔)을 어떻게 만들까 고민하다가, 친구인 조각가 도나텔로와 함께 판테온을 비롯한 로마 시대 건축물을 둘러보고 힌트를 얻었다는 것은 그 당시부터 이미 유명한 일화였습니다. 하지만 두 건물을 비교한 그림을 보면 알 수 있듯이, 로마 시대와 르네상스 시대의 돔은 같지 않습니다. 판테온의 경우에는 지붕 꼭대기가 열려 있어서 바깥의 푸른 하늘을 볼 수 있는 반면, 유럽 교회 최초의 돔 건축물인 '산타 마리아 델 피오레'는 지붕 꼭대기가 대리석 '란테르나'(꼭대기 탑)로 닫혀 있고, 게다가 그 위에는 황금색으로 칠한 구리공이 얹혀 있는 구조로 되어 있습니다.

피렌체의 상징인 산타 마리아 델 피오레 대성당의 돔

오늘날까지 온전한 형태로 남아 있는 유일한 로마 시대의 건축물 판테온

 이래서는 무게나 진동을 견딜 수 있도록 돔의 구조를 바꾸지 않을 수 없습니다. 판테온처럼 위쪽으로 갈수록 시멘트 지붕 두께를 얇게 하고, 시멘트에 섞는 경석(輕石)의 수를 늘려서 무게를 줄이는 방식은 채택할 수 없습니다. 돔 상부의 중량이 줄어들면 오히려 꼭대기 탑의 무게로 돔이 무너질 게 뻔합니다. 그래서 브루넬레스키는 경사도를 높이고 지붕 부분을 8개의 능선으로 보강하고 둥근 덮개 전체를 이중 구조로 만들어, 이 어려운 문제를 해결했습니다. 기독교적 사고방식으로는, 지붕을 개방해 하늘이 보이도록 설계한 구조는 기도하는 장소인 교회의 구조로 부적절했겠지요. 브루넬레스키는 판테온의 지붕 구조를 이런 식으로 개조해,

르네상스 건축의 선구자인 브루넬레스키의 흉상. 그는 수학적 재능이 풍부해 구조상 불가능하게 여겨진 돔(둥근 지붕) 건축을 실현했다.

로마 건축의 특색인 질서와 조화를 부활시키면서 동시에 기독교의 요구에도 맞는 르네상스 양식의 건축을 창조할 수 있었던 것입니다.

이것은 회화의 경우에도 마찬가집니다. 폼페이가 발굴되어 비로소 로마 시대 벽화가 다시 햇빛 아래 모습을 드러내게 된 것은 19세기였습니다. 따라서 15세기에 살았던 르네상스 시대 화가들은 그것을 보지 못했습니다. 그들이 볼 수 있었던 것은 유적에 불과한 트라야누스 목욕탕 밑에 오랫동안 묻혀 있던 네로 황제 궁전 — '도무스 아우레아'(황금궁전) — 의 벽화입니다. 오늘날에는 색을 재현하기도 어려울 만큼 심하게 훼손되었지만, 500년 전인 르네상스 시대에는 아직 선과 색채가 상당히 남아 있었을 겁니다. 화가들은 이 벽화를 보고, 고대 로마 시대에 이미 원근법이 활용되고 있었다는 것을 알았습니다.

조각 분야도 사정은 같았습니다. 처음 얼마 동안 사람들은 저택을 짓기 위해 땅을 파다가 우연히 발견된 조각품을 깨끗이 씻어서 자기 집에 놓아두었습니다. 그것은 고고학적 흥미도 아니고 예술품 애호도 아니었습니다. 그런데 그런 조각품이 사람들 눈에 띄게 되고, 메디치 가문 같은 신흥 재벌이 고대 미술품을 사들이는 데 돈을 아끼지 않는다는 사실이 널리 알려지자, 서민들까지 테베레강 바닥을 뒤지고 고대 경기장 터나 로마 가도 주변을 파내게 되었겠지요. 어쨌든 긴 중세를 거치는 동안 꺼림칙한 사교(邪敎)의 유물로 배척해온 물건들이 큰돈으로 바뀌는 시대가 된 것입니다. 이렇게 되면 저택 주인도 손님들에게 그것을 자랑스럽게 보여주게 되고, 메디치 집안 정도의 수집가는 피렌체의 산 마르코 성당 회랑에 소장품을 진열해 젊은 예술가들이 마음대로 견학할 수 있게 해주었습니다. 한 시대 전만 해도 기독교도가 보기에는 어울리지 않는 추잡한 물건이라며 배척에 앞장섰던 로마 교황청의 분위기도 바뀌어, 구입하거나 몰수해 모은 고대의 나체 조각품 사이를 성직자들이 오가는 광경을 흔히 볼 수 있게 되었습니다. 고대 미술품이 진열되어 있는 곳은 미술관 형태를 취하지 않더라도 보고 싶은 사람은 누구나 가서 볼 수 있도록 개방되어 있었습니다.

인체와 언어의 아름다움을 재발견

 어떤 선입견이나 고정관념으로 눈이 흐려져 있지만 않으면, 땅속에서 모습을 드러낸 고대 그리스나 로마의 조각품을 본 사람은 그것이 얼마나 훌륭한 예술품인가를 당장 이해했을 게 분명합니다. 르네상스인의 인체 재발견이 곧 나체의 아름다움에 대한 재발견이었던 것은 옷을 입은 중세 조각품을 보는 데 길들여진 뒤였기 때문입니다. 그것은 '문화적 충격'이라 해도 좋을 만큼 강렬한 충격이었을 겁니다. 중세 사람들이 본 나체상은 십자가에 매달려 괴로워하는, 비쩍 마른 그리스도뿐이었으니까요."

 "하지만 베수비오 화산 폭발로 1500년 넘게 지하에 매몰되어 있었던 폼페이는 그렇다 처도, 고대 로마의 유적과 유물은 방치되어 반쯤 땅속에 묻힌 상태일망정 줄곧 사람들 눈에 띄었을 텐데요. 어쨌든 로마 제국이 붕괴한 뒤 르네상스까지는 1천 년이 걸렸습니다. 그렇게 장구한 세월 동안 사람들이 계속 장님이었다는 게 납득이 가질 않습니다."

 "인간은 보고 싶지 않다고 생각하다 보면 정말로 보이지 않게 되고, 생각하고 싶지 않다고 계속 생각하다 보면 정말로 생각할 수 없게 되는 법입니다. 적절한 예가 될지는 모르겠지만, 일반 독일인과 강제수용소에 끌려가서 죽은 유대인을 생각해보세요. 강제수용소가 존재한다는 사실은 독일인도 대부분 알고 있었습니다. 어제까지 친하게 지내던 친구가 하루아침에 사라진 것도 몰랐을 리가 없습니다. 하지만 그런 것은 보고 싶지도 않고 생각하고 싶지도 않다고 줄곧 여기다 보니, 실제로 보이지 않게 되고 생각할 수도 없게 되어버린 것입니다. 전쟁이 끝난 뒤에 독일인들은 한결같이 말했습니다. 우리는 몰랐다고. 그것은 알고 싶지 않다고, 줄곧 그렇게 생각했기 때문입니다.

율리우스 카이사르는 이런 말을 했습니다.

〈사람은 누구나 모든 현실을 볼 수 있는 것은 아니다. 대부분의 사람은 자기가 보고 싶은 현실밖에 보지 않는다.〉

인간성의 진실을 이보다 더 잘 간파한 말은 없다면서 이 말을 자신의 저서에 소개한 사람은 마키아벨리였습니다. 율리우스 카이사르는 고대 로마인, 마키아벨리는 그로부터 1500년 뒤인 르네상스 시대의 피렌체인이었지요. 카이사르의 말을 '부흥'시킨 중세인은 아무도 없었습니다. 중세 1천 년 동안, 카이사르 같은 사고방식은 누구의 주의도 끌지 못했다는 뜻이겠지요.

이 사례가 보여주듯, 르네상스인은 인체의 아름다움을 재발견했을 뿐 아니라 인간의 언어도 재발견했습니다. 그러면 그것은 어떤 경로를 통해 가능했을까요.

기독교도의 읽을거리로는 부적절하다는 이유 때문에, 고대 그리스인이나 로마인의 저작은 필사되기는 했지만 수도원 도서관 귀퉁이에서 오랜 세월 동안 잠을 자고 있었습니다. 그런데 이런 저술이 인문학자에게 발견되어 햇빛을 보게 됩니다. 키케로의 저술을 찾아낸 페트라르카는 그 가운데 한 사람에 불과합니다. 이런 저술을 읽은 사람들은 거기에 사용된 평이한 어휘와 명석하고 간결하며 논리적인 문장 구성에 눈을 크게 뜹니다. 같은 라틴어인데도, 성직

고대 로마의 가장 뛰어난 지도자였던 율리우스 카이사르

페트라르카와 그의 연인 라우라의 초상. 페트라르카는 고대 로마의 문필가인 키케로의 저술을 발견한 것을 비롯해 세네카와 베르길리우스 및 그리스의 호메로스와 플라톤 등의 고전 연구에 크게 이바지했다.

자의 입에서 나오는 복잡하고 젠체하는 중세풍 라틴어와 지금 새롭게 발견된 고대 라틴어는 똑같은 것을 말할 때에도 표현방식에 차이가 있다는 사실을 알게 될 것이지요.

언어는 단순히 의사를 전달하는 수단만은 아닙니다. 언어를 사용해 표현하는 과정은 생각을 명쾌하게 하는 기능도 갖고 있습니다. 명석하고 논리적으로 말하고 글을 쓸 수 있게 되면, 사고의 방식도 명석하고 논리적이 됩니다. 다시 말해서 생각과 표현은 동일선상에 있고, 게다가 서로 영향을 주고받는 상호작용 관계에 있습니다. 또한 흐름이 이렇게 바뀌면 제 눈으로 보고 제 머리로 생각하고 제 언어로 말하고 쓰는 매력에 눈을 뜨는 것도 당연한 귀결입니다. 중세는 신을 통해서 보고, 신의 뜻에 따라 생각하고, 성서의 언어로 말하고 쓴 시대였습니다. 그것을 생각하면, 르네상스가 곧 '인간의 발견'이었다는 부르크하르트의 고찰은 옳습니다. 게다가 언어가 인간의 것이 되면 인간이기 때문에 느낄 수 있는 미묘한 감정도 표현할 수 있는 기회가 찾아옵니다. 생각과 감성과 언어가 성직자의 독점에서 벗어난 이상, 그것을 되도록 많은 동포에게 널리 퍼뜨리고 싶어지는 것도 당연합니다. 이리하여 라틴어권의 일개 방언에 불과했던 이탈리아어는 민족의 언어로 성장해갔습니다.

현대 이탈리아어의 기본은 14세기부터 16세기에 걸쳐 피렌체에서 씌어진 수많은 저술을 통해 완성된 것으로 알려져 있습니다. 단테에서 마키아벨리에 이르는 피렌체의 문인들이 이탈리아어를 하나의 언어로 완성한 것입니다. 그 증거로, 그들의 작품에 대한 '현대어 번역'은 존재하지 않습니다. 예스러운 표현을 해설하는 '주'(注)의 도움을 받으면, 초등학생도 그들의 작품을 원문으로 충분히 읽을 수 있습니다. 피렌체 영화관의 스크린 위에 있는 벽화에는 시인이기도 했던 로렌초 데 메디치의 시구가 원문으로 새겨져 있습니다. 내일은 어떻게 될지 모르니까 오늘을 즐기자는 뜻의 유명한 구절입니다. 이것만 봐도 이탈리아에는 고문(古文)이 존재하지 않는다는 사실을 알 수 있습니다. 또한 이탈리아어는 애초에 성직자의 독점물이 아니라 속인의 것이었기 때문에 후세까지 이해할 수 있는 국어를 형성할 수 있었을 것입니다. 그리고 이런 경향이 확립되고 확대되는 데 이바지한 것이 갓 발명된 활판인쇄술이었

「로렌초 일 마니피코와 화가들」(부분, 피렌체, 피티궁). 피렌체만이 아니라 이탈리아와 유럽의 스타였던 로렌초는 할아버지 코시모 데 메디치와 마찬가지로 학문과 예술을 장려하는 데에도 열심이었지만, 그의 집안과 조국 피렌체를 위대하게 만드는 일에 모든 관심을 쏟았다.

습니다.

르네상스를 만든 한 출판인

단테, 보카치오, 마키아벨리, 레오나르도, 미켈란젤로, 라파엘로의 이름을 아는 사람은 많겠지만, 알도 마누치오라는 이름을 아는 사람은 별로 없을 것입니다. 하지만 이 출판인은 르네상스 문화의 창조와 보급에 위대한 공을 세운 사람입니다. 이 인물에 관해서는 졸저 『이탈리아 견문』의 '어느 출판인 이야기'라는 제목의 장에서 이미 기술했기 때문에 여기서는 그 내용을 요약하는 것으로 그치겠지만, 현대식으로 말하면 구텐베르크의 발명품을 기업화하는 데 성공한 사람이라고 말할 수 있습니다.

구텐베르크가 활판인쇄술을 발명한 것은 1455년으로 알려져 있는데, 그것이 옳다면 알도 마누치오는 그보다 6년 전 이탈리아 남부 나폴리 근교에서 태어났습니다. 그는 성장하면서 인문학자(umanista)가 되고 싶다는 꿈을 품었는지, 우선 로마로 나가 라틴어를 배웁니다. 이어서 이탈리아 북부의 페라라로 거처를 옮깁니다. 당시 이탈리아에서 가장 유명했던 그리스어 학자가 페라라 영주인 에스테 집안에서 가정교사로 일하고 있었기 때문이지요.

서른 살 무렵에는 알도 마누치오도 소영주이긴 하지만 교양인으로 알려져 있던 피코 가문의 가정교사가 됩니다. 당시 지식인이나 학식자라고도 불린 인문학자의 양대 직업은 비서와 가정교사였으

1502-1504년경 알브레히트 뒤러가 채색장식하고 알도 마누치오가 최초로 편집한 테오크리토스의 『목가』의 일부

활판인쇄술을 발명한 독일인 구텐베르크. 그가 발명한 활판인쇄술은 인류문명사에서 지식과 정보를 저장하고 전파하는 데 지대한 기여를 했다.

니까요. 교황이나 왕후(王侯), 공화국 정부의 비서관이 되거나 유력자 자제의 교육을 담당하는 가정교사가 되는 것이지요. 하지만 가정교사라도 주군의 비서 역할까지 겸하는 경우가 많아서, 요즘 말하는 가정교사보다는 활동의 폭이 넓었습니다.

미란돌라의 영주인 피코 가문은 메디치 가문이 주재해 유명해진 '플라톤 아카데미'의 일원인 피코 델라 미란돌라를 낳은 집안인데, 장서의 양과 질도 상당했던 모양입니다. 알도는 피코 집안의 장서를 정리하고 수집하는 일도 맡고 있었습니다. 이 일에 종사한 10년 동안, 30대의 알도는 출판업에 대한 인식과 노하우를 터득했을 것입니다.

구텐베르크의 『42행 성서』. 구텐베르크 이후 인류는 역사상 처음으로 하나의 책을 원하는 부수만큼 생산해낼 수 있었는데, 그 최초의 시도가 『42행 성서』의 간행이었다. 이것은 쪽의 행수가 그대로 책명으로 붙여진 것이다.

출판업을 시작하기로 결심한 알도는 사업장을 베네치아에 두기로 결정합니다. 1490년, 그가 마흔한 살 되던 해였습니다. 왜 그는 피렌체나 밀라노나 로마가 아니라 베네치아를 선택했을까요.

첫째, 베네치아에는 이미 출판업의 '이정표'가 세워져 있었습니다. 구텐베르크가 인쇄술을 발명한 지 20년 뒤, 베네치아에서 판형(版型)을 제작하는 두 직인(職人)이 이탈리아 최초의 인쇄본인 『키케로 서간집』을 출판했습니다. 이 책을 100부 인쇄하는 데 무려 넉 달이 걸렸지만, 그래도 종래의 필사본에 비하면 훨씬 능률적이었지요. 최초의 시도가 이루어지면, 그다음은 훨씬 쉬워집니다. 재판을 인쇄할 때도 기간은 역시 넉 달이 걸렸지만, 부수는 600부로 늘어났습니다.

둘째, 베네치아에는 언론의 자유가 보장되어 있었기 때문입니다. 당시 언론의 자유는 곧 기독교회의 간섭이나 탄압에서 자유롭다는 것입니다. 동방 이교도와의 교역에 경제의 기반을 두고 있던 이 바다의 도시는 다른 지방에서는 위력을 발휘한 교황의 '성무금지령'이나 '파문'에도 꿈쩍하지 않았습니다. 어쨌거나 베네치아 시민들은 '베네치아인이 먼저, 기독교도는 그 다음'이라고 호언했고, 로마 교황도 '나는 어디에서나 교황이지만 베네치아에서는 다르다'고 탄식할 수밖에 없었지요.

같은 시대에 에스파냐나 프랑스나 독일에서 맹위를 떨친 이단재판이나 마녀재판도 베네치아 공화국에서는 전혀 일어나지 않았습니다. 로마 교황청에 항의하자마자 금서로 지정된 루터의 저서도, 정교분리를 주장했기 때문에 금서로 취급된 마키아벨리의 저서도 베네치아에서는 얼마든지 구할 수 있었다는 사실은 당시 프랑스에

루카스 크라나흐가 그린 루터의 초상(파리, 프로테스탄트 도서관). 로마 교회의 타락에 의문을 품고 있던 루터는 1517년 독일에서 면죄부 판매가 시작되자 이에 항의하다 로마 교회로부터 파문당했다.

서 온 여행자의 편지에도 기록되어 있습니다.

언론의 자유가 없는 곳에는 출판의 자유도 없습니다. 게다가 언론의 자유가 보장된다 해도, 당시에는 유력한 개인에게 보호받는 경우가 많았습니다. '콘스탄티누스의 기진장'이 교황청이 몰래 만든 가짜라는 사실을 입증한 로렌초 발라는 분노한 성직자의 고발로 하마터면 이단재판소에 끌려갈 뻔했지만, 주군인 나폴리 왕이 보호해 준 덕택에 그것을 면할 수 있었지요. 하지만 아무리 유력자라도 개인의 보호에는 한계가 있고, 항구성이 보장되지도 않습니다.

언론의 자유를 보호하는 데 이런 한계가 있었던 시대에 국가 차원에서 교회의 간섭을 계속 거부한 나라가 바로 베네치아 공화국이었습니다. 르네상스 말기인 16세기 후반에는 종교개혁에 대항해 일어난 반종교개혁의 물결이 이탈리아를 덮칩니다. 로마 교황청도 반종교개혁파에 좌지우지되고, 그 가운데서도 특히 전투적이었던 예수회의 이단자 사냥이 맹위를 떨쳤지요. 이런 시대에도 다행히 탈옥에 성공한 자들에게 도움의 손길을 뻗친 사람들은 있었고, 그들은 한결같이 충고했습니다. 베네치아로 도망가라고. 언론의 자유는 단지 언론을 직업으로 삼고 있는 사람에게만 의미를 갖는 것은 아닙니다. 언론의 자유는 다른 모든 자유의 '어머니'이기도 합니다.

언론자유가 보장된 베네치아

알도 마누치오가 베네치아를 선택한 이유는 그것만이 아닙니다. 어지러운 세상인데도 베네치아만은 국내 정세가 안정되어 번영을 누리고 있었기 때문에 우수한 직인을 모으기가 쉬웠다거나, 1453년에 비잔틴 제국이 멸망한 뒤 많은 그리스 학자가 베네치아로 망명했기 때문에 이들이 가져온 고전 사본을 참고할 수 있

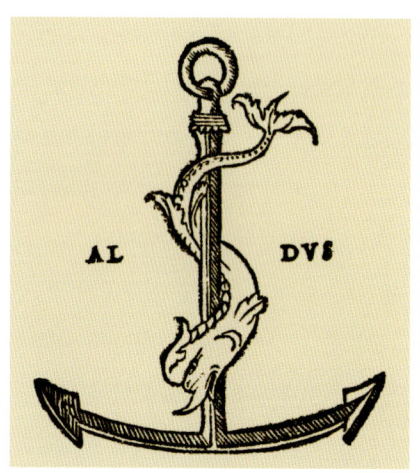

알도 출판사의 표장

었다거나, 그밖에도 수많은 이점을 들 수 있겠지요. 하지만 무엇보다도 중요한 이점은 역시 언론의 자유가 보장되어 있었다는 것입니다. 이것이 알도 마누치오를 선두로 해 시작된 베네치아 출판업이 짧은 시일 안에 유럽에서 가장 큰 규모로 성장한 요인입니다.

알도 출판사의 표장은 돌고래가 닻을 휘감고 있는 모양을 형상화한 것입니다. 이 표장이 인쇄된 첫 번째 책은 1494년에 간행된 『그리스 시집』입니다. 라틴어 대역(對譯)이 딸려 있는 것은, 라틴어라면 학생을 포함한 지식층이 이해할 수 있고, 당시 유럽에서는 라틴어가 국제어였기 때문입니다. 이것을 보면, 알도 출판사가 유럽 전역을 판매 시장으로 상정하고 있었다는 것을 알 수 있습니다. 출판 당시부터 기념비적인 대사업으로 평판이 난 '아리스토텔레스 전집' 출판이 완료된 것은 1498년입니다. 알도 출판사는 고대 그리스와 로마의 문학작품 이외에도 단테와 페트라르카, 보카치오 등의 이탈리아 문학, 에라스무스의 『라틴 격언집』 등 당시의 현대문학까지 망라했습니다. 1495년부터 1497년까지 유럽 전역에서 1,821점의 서적이 출간되었는데, 그 가운데 무려 447점이 베네치아에서 출판되었습니다. 제2위인 파리는 181점에 불과합니다. 베네치아는 인쇄술 발명국인 독일을 훨씬 앞지른 출판 왕국이 된 것입니다.

출판인 알도의 성공 요인은 여러 가지가 있지만, 첫째는 지금도 '이탤릭체'라고 불리는 서체를 발명한 것입니다. 고딕체와 비교하면 장식성은 다소 떨어지지만, 일목요연하고 훨씬 읽기 쉽습니다. 게다가 이탤릭체를 사용하면 한 페이지에 더 많은 문자를 인쇄할 수 있습니다.

두 번째 성공 요인은 '문고'(文庫)를 발명한 것입니다. 종이를 여덟 번 접기 때문에 흔히 '8절판'(옥타보)이라고 불린 이 판형은 이른바 '포켓판'의 효시입니다. 르네상스 시대의 복장에는 주머니가 없어서 블라우스와 그 위에 덧입는 조끼 사이에 끼우고 다녔지만.

어쨌거나 이 문고판은 대성공을 거두었습니다. 요즘 말로 하면 대박을 터뜨린 것이지요. 문고판은 베네치아 인근의 파도바 대학생들만이 아니라 일반인 사이에도 널리 보급됩니다. 값이 저렴할 뿐만 아니라 휴대하기가 편리했기 때문인데, 이로써 크기가 큰 필사본 시대는 종말을 고합니다. 값이 비싸고 수가 적은 필사본 시대가 끝났다는 것은 성직자가 지식을 독점하던 시대가 끝났음을 의

중세의 고딕체

고딕체에 비해 장식성은 떨어져도 가독성이 뛰어난 이탤릭체

한스 홀바인이 그린 에라스무스의 초상(바젤공립미술관). 르네상스의 대표적 인문학자인 에라스무스는 종교를 비판해 종교개혁에 큰 영향을 주었지만, 루터와는 대립해 나중에 결별했다.

미합니다. 판단을 내릴 때 필요한 지식이 교회나 수도원의 울타리를 넘어 시중에 널리 보급되기 시작합니다. 출판업을 언급하지 않고는 인간의 재발견이기도 한 르네상스를 말할 수 없습니다. 1515년, 알도 마누치오는 66세의 나이로 세상을 떠납니다. 교회로 운구되는 유해 주위를 장식한 것은, 다른 사람들처럼 조화(弔花)가 아니라 그가 출판한 수많은 책이었습니다."

피렌체인의 비판정신 기질

"말씀을 들어보면 중세와 분명히 구별되는 르네상스라는 정신운동은 이탈리아의 어디에서 일어나도 이상하지 않았을 것 같은데, 실제로는 피렌체에서 시작되었습니다. 그 이유는 무엇입니까?"

"먼저 피렌체인의 기질을 들 수 있겠지요. 피렌체인은 자신이 상처를 입는 것도 불사할 만큼 강렬한 비판정신을 갖고 있었습니다. 다른 도시국가라면 국내 분쟁이 일어나도 교황파와 황제파로 양분되는 정도인데, 피렌체에서는 같은 기간에 교황파가 다시 백파(비앙키)와 흑파(네리)로 분열됩니다. 정국 안정을 생각하면 참으로 부적절한 기질이라고 말할 수밖에 없지만, 개인주의의 도가니라해도 좋은 이 성향이 학문·예술 분야에는 가장 적절한 토양이 됩니다. 도나텔로는 파도바에 초빙되어 제작한 걸작 기마상인「가타멜라타 장군상」으로 북부 이탈리아 전역에 명성을 떨쳤습니다. 그러자 베네치아와 밀라노에서 서로 끌어가려고 야단이었지만, 도나텔로는 고향인 피렌체로 돌아가버립니다. 친구가 왜 그곳에 남아

흑파가 백파의 코를 검으로 잘라내면서 두 파 간 대립의 근원이 되었던 1300년 5월 1일의 싸움. 다른 도시국가와는 달리 피렌체에서는 구엘프와 기벨린의 투쟁에서 더 나아가 구엘프 내의 백파·흑파 간의 정치적 암투 또한 치열했다. 이 시기의 단테는 추방당하는 백파였고 빌라니는 흑파의 일원이었지만, 빌라니는 단테에 대해서는 최고의 시인이자 철학자라고 평했다.

서 일을 계속하지 않았느냐고 묻자, 조각가는 이렇게 대답합니다. 그곳에서는 피렌체 사람의 거리낌없는 험담을 들을 수 없기 때문이라고.

그 시대의 공방(보테가)은 오늘날 '첸트로 스토리코'(역사적 도심)라고 불리는 피렌체 중심부에 모여 있었고, 건물 1층의 안뜰과 그것을 둘러싸고 있는 방에서 작업이 이뤄졌습니다. 또한 '보테가'(bottega)라는 말은 공방이나 작업장 이외에 가게라는 의미도 갖고 있습니다. 가게이기도 하니까 누구나 들어올 수 있지요. 개중에는 물건을 살 마음이 있는 사람도 있지만, 살 생각도 없이 눈요기

도나텔로가 제작한 「가타멜라타 장군상」(파도바, 산토 광장). 이탈리아 르네상스를 대표하는 조각가인 도나텔로는 고대 조각에 관한 지식에서는 당대 최고의 인물로 꼽혔다.

15세기의 피렌체 전경

만 하러 오는 사람도 있습니다. 그런데 피렌체 사람은 그냥 구경만 하는 것이 아니라 거리낌 없는 비판을 퍼붓습니다. 예술가란 본디 오만불손하지 않으면 일류가 될 수 없는 직업이니까, 아직 완성하지도 않은 작품을 보고 구경꾼이 비판을 퍼부으면 아마추어는 잠자코 있어라, 잘 알지도 못하면서 무슨 말이 그렇게 많으냐는 대꾸 정도는 했을 겁니다. 하지만 뛰어난 예술가일수록 탐욕스럽기도

한 것이 예술가의 특질입니다. 자기 작품에 유익한 충고라면 악마의 충고에도 귀를 기울이는 것이 예술가라는 족속입니다. 비판자가 떠난 뒤에는 몰래 붓이나 끌을 잡고 작품을 수정했을지도 모르지요.

또한 당시의 공방이 미를 추구하는 일이라면 무슨 일이든 가리지 않고 맡는 체제였던 것도 피렌체인의 기질에 맞았을 것입니다.

피렌체에서 생각한다

공방에서는 회화나 조각만 제작된 것이 아니라 축제에 사용되는 깃발이며 부인용 의상과 장신구, 탁상용 장식품, 대규모 건축물의 도면을 그리거나 디자인을 생각하거나 금·은·구리를 녹이는 등, 온갖 종류의 일이 이루어지고 있었습니다. 그 일을 진행하는 방식도 전문 분야별로 나뉘어 있지 않았습니다. 특히 견습 기간에는 필요하면 무슨 일이든 거들어야 합니다. 그림물감을 조합하다가 금속을 녹이는 화로 앞에서 풀무질을 하는 식이죠.

레오나르도와 미켈란젤로도 그렇게 성장했습니다. 그리고 강렬한 비판정신은 강렬한 호기심과 표리 관계를 갖고 있습니다. 견습 기간에 그림만 그리게 하거나 조각만 시키면 피렌체 사람은 만족하지 못했을 게 분명합니다. 뭐든지 해야 하는 공방이라는 학교에서 일을 배운 뒤에는 독립해서 제 공방을 차리고, 자기가 가장 잘하는 분야에서 재능의 꽃을 피우는 것이 피렌체 예술가의 코스였습니다. 물론 독립한 뒤에도 회화와 조각, 도시 계획, 인체 해부, 기계 공작 등 광범위한 분야에 손을 댄 레오나르도나, 이탈리아 전역을 걸작 회화와 조각과 건축으로 메운 듯한 느낌을 주는 미켈란젤로처럼 전문 분야를 분류할 수 없는 사람도 있습니다. 분류할 수 없기 때문에 '만능인'(uomo universale)이라고 부를 수밖에 없는 천재들이죠. 화가는 그림, 건축가는 건축에만 전념한 베네치아인과는 전혀 다릅니다."

"하지만 레오나르도나 미켈란젤로 같은 위대한 천재는 별문제로 하고, 그보다 수준이 떨어지는 창작자라면 베네치아 방식이 더 효율적이지 않았을까요?"

"베네치아에서 전문화가 이루어진 것은 효율성을 중시했기 때문이 아니라, 피렌체파가 성공을 거둔 뒤에 베네치아파 회화가 대두했기 때문일 겁니다. 전문화는 상당한 성과가 이루어진 뒤에야 비로소 효과를 발휘할 수 있는 시스템이니까요. 반대로 초기에는 오히려 분화되지 않은 쪽이 새로운 것을 창조하기에 적합합니다. 새로운 발상은 반드시 기존의 테두리에서 벗어났을 때 태어나는 법이니까요. 비판정신이 강한 피렌체 사람인 만큼, 기존의 테두리를 제거해버리는 데 대한 저항감도 다른 지방의 이탈리아인보다 훨씬 약했을 겁니다.

르네상스를 일으켜 세운 피렌체의 경제력

르네상스가 피렌체에서 태어난 두 번째 이유는 피렌체의 경제적 번영 때문이라고 대답할 수밖에 없습니다. 나날의 양식을 걱정해야 할 형편이라면 학문이나 예술에 관심을 가질 여유가 없습니다. 요컨대 피렌체는 부자가 되었고, 그에 비례해 학문과 예술에서의 '내수'(內需)도 늘어난 것입니다. 창작자도 배우나 음악가와 마찬가지로 박수갈채를 받아야 성장합니다. 그리고 내수 증대는 창작자에게 금전적인 이익만이 아니라 사회적 지위도 안겨줍니다. 돈도 벌 수 있고 사회적 지위도 높아지고 명성도 얻는 '수지맞는 직업'이라면, 부모들도 자진해서 아들을 공방에 도제로 들여보내게 됩니다. 우수한 소질을 가진 사람이 더 많이 모여들게 된 것이지요. 그리스 아테네에서도 경제적 융성이 문화적 융성보다 먼저 이루어졌습니다. 이탈리아의 피렌체도 같은 경로를 밟은 것입니다."

14세기 말의 이탈리아 은행의 모습. 르네상스가 피렌체에서 일어난 이유 중 하나는 바로 피렌체의 경제적 번영 때문이다. 피렌체의 몇몇 가문은 재벌이라 불릴 정도로 유럽 전역에 고객이 퍼져 있었고, 이런 가문들에서 돈을 빌려주지 않으면 영국 왕도 프랑스 왕도 전쟁을 수행하지 못할 정도였다.

"메디치가를 말하는 건가요?"

"아니, 메디치가는 15세기에 접어든 뒤에 번영했습니다. 그런데 피렌체의 르네상스는 분명 14세기에 시작되었습니다. 메디치 가문이 대두하기 오래전부터 피렌체의 경제력은 강대해지고 있었지요.

피렌체 경제를 떠받치는 양대 지주는 금융업과 직물업이라고 답변할 수밖에 없지만, 학문이나 예술과 마찬가지로 명쾌하게 분류할 수 없는 것이 피렌체 경제의 특징입니다. 14세기 피렌체의 양대 문벌인 바르디 집안과 페루치 집안은 금융업·수공업·무역업 등 광범위한 분야에 손을 댔기 때문에, 재벌이라고 부를 수 있을 정도입니다. 고객도 유럽 전역에 퍼져 있었고, 영국과 프랑스 및 나폴리 왕가와 교황청이 최대 고객이었지요. 바르디 가문이 돈을 빌려주지 않으면 영국 왕도 프랑스 왕도 전쟁을 수행하지 못할 정도였습니다. 대출에 대한 담보는 왕의 영토에서 들어오는 관세였습니다. 그런데도 파산을 면치 못했으니, 왕에게 돈을 빌려주는 것은 '고위험 고수익' 대출이었을 겁니다. 당시의 이런 경제적 실리를 추구하는 사람들이 성 프란체스코 지지자였고, 이들이 르네상스 회화의 첫 번째 주자인 조토에게 활약할 기회를 주게 됩니다. 피렌체의 산타 크로체 교회에 있는 바르디 가문의 예배당은 성 프란체스코의 생애를 묘사한 조토의 걸작으로 메워져 있습니다. 어쩌면 피렌체가 경제대국이었던 시대는 14세기였고, 15세기는 피렌체의 정치적 성숙기라고 해도 좋을지 모릅니다."

"그렇다면 메디치가는 경제 융성기의 경제인이 아니라 정치 성숙기의 경제인입니까?"

조토가 바르디 가문의 예배당에 성 프란체스코의 생애를 묘사한 그림 가운데 「성 프란체스코의 죽음」을 다룬 부분(피렌체, 산타 크로체 교회)

 "경제적 융성이 아무리 자연발생적이라 해도, 정치적 배려에 따른 조정이 이루어지지 않으면 그 번영이 오래가기를 바랄 수는 없습니다. 그 사실을 알았다는 점에서 메디치가는 정치 감각이 뛰어난 경제인이었다고 말할 수 있지요. 메디치 가문을 크게 일으킨 코시모는, 앞으로는 이탈리아 안의 열강이 서로 싸우는 시대가 아니라고 보고 세력균형 정책을 실현하기 위해 애썼습니다.

 그렇기는 하지만 정신운동은——르네상스든 뭐든——세상이 격렬하게 움직이는 격동기에 태어나는 법입니다. 정치의 성숙은 이것과는 반대로 세상을 차분하게 안정시키는 것을 목적으로 삼고 그것을 실현하는 것입니다. 그래서 싹도 자라고 꽃도 피지요. 피렌체를 예로 들면 격동기는 13세기 후반부터 14세기 전반, 세상이 차분해지기 시작한 것은 14세기 후반부터였고, 15세기 중엽부터 반세기 동안은 확실히 정치의 성숙에 따른 사회 안정을 만끽한 시기라고 해도 좋을 것입니다. 로마는 하루아침에 이루어지지 않았다지만, 르네상스 역시 하루아침에 이루어지지 않았습니다."

"그렇다면 1300년 무렵은 아직 격동기였군요. 그 시기에 살았던 르네상스인으로 당신의 명단에 오른 인물들은 베네치아 사람인 마르코 폴로를 제외하면 치마부에, 아르놀포 디 캄비오, 단테, 조토, 페트라르카, 보카치오 등 모두 피렌체 사람인데요. 화가인 치마부에는 조토의 재능을 발견한 사람이라는 이유만으로도 이름이 오른 것을 납득할 수 있습니다. 단테와 페트라르카와 보카치오는 이탈리아 문학사만이 아니라 서양 문학사에 오른 문인이니까 역시 납득할 수 있습니다. 하지만 아르놀포 디 캄비오라는 조각가 겸 건축가만은 대표적인 르네상스인의 반열에 오른 이유를 알 수가 없군요. 그 시대의 교회 건축에 없어서는 안 될 석공이었습니까?"

인간과 인간이 만나는 건축

"중세의 건축은 곧 교회 건축이라 해도 좋을 정도입니다. 사람들의 실생활에 필요한 '인프라'는 로마인이 남긴 것을 별로 수리도 하지 않고 그대로 사용하고 있었지요. 그런데 교회 건축의 목적은 신의 집을 짓는 데 있습니다. 교회를 짓는 사람은 그것으로 신에게 봉사하는 것이니까, 제 이름을 기록하는 것은 불손한 행위가 됩니다. 중세의 장인이나 예술가들의 이름이 알려져 있지 않은 것은 창작 행위 자체가 신앙이었기 때문이죠.

순수한 신앙심으로 신에게 봉사하는 행위이기 때문에 자기 이름을 남기지 않는다면 아주 좋은 일 같지만, 한 가지 나쁜 면도 있습니다. 제작 당사자가 이름을 남기지 않기 때문에 책임도 그 사람에게는 돌아가지 않는다는 겁니다. 경제력에 자신감을 갖게 된 피렌체인들이 '내가 전력을 기울여 제작했으니까, 결과에 대한 책임도 내가 지겠다'고 생각하게 된 것은 당연하지 않을까요. 더구나 그 무렵은 신과 인간이 만나는 장소만이 아니라 인간과 인간이 만나는 장소도 짓는 방향으로 건축의 영역이 확대되기 시작한 시대였습니다.

아르놀포 디 캄비오는 이 두 시대 사이의 틈바구니에 살았던 사람입니다. 그래서 그의 이름은 남아 있는 경우도 있고, 남아 있지 않은 경우도 있습니다. 그리고 이 사람은 단순한 건축가가 아니었습니다. 르네상스 시대 조각가와 건축가의 열전을 쓴 조르조 바사리도 말했듯이, '뒤따라오는 이들에게 완성을 향해 나아가는 길을 가르쳐준' 사람이기도 합니다. 그것은 그가 도시 계획자이기도 했기 때문입니다. 바꿔 말하면 피렌체 사람들에게 그들이 살 공간을 주었기 때문이지요.

도시로서의 피렌체를 낳은 어버이는 다름 아닌 율리우스 카이사르입니다. 그 전에 술라가 휘하 병사들을 이주시켰지만 정착하지 못했고, 게다가 기원전 63년에 카틸리나의 반란에 가담해 거의 다

『르네상스 예술가 전기』를 써 유명해진 조르조 바사리의 자화상(피렌체, 우피치미술관)

죽어버렸기 때문에, 그로부터 4년 뒤 집정관에 취임한 카이사르가 이주자에게 땅을 빌려주는 법률을 정비하는 등 여러 가지 노력을 기울여 도시화한 겁니다. 그렇게 기원전 59년에 피렌체가 탄생했습니다. 측량 결과 도시 건설 부지로 정해진 지역의 한복판에서 신

미켈란젤로 광장에서 내려다본 오늘날의 피렌체 전경

들의 가호를 기원하는 의식이 거행된 것은 '꽃 축제'(ludi florales)라는 축제일이었습니다. 이 축제는 로마 시대에는 봄이 한창일 때 열렸지요. 피렌체(Firenze)의 옛 이름인 플로렌티아(Florentia)는 여기서 유래한 것입니다. 피렌체를 '꽃의 도시'라고 부르는 데에도 역사적인 이유가 있어요.

사회간접자본 정비에서는 타민족의 추종을 허락하지 않은 로마인이 만든 도시인 만큼, 피렌체도 완벽한 로마식 도시로 건설되었지요. 아르노강을 끼고 있고, 전체 모양이 네모꼴이고, 네 개의 문

에서 곧게 뻗은 길이 중앙에서 교차하고, 가도를 통해 시외와 연결되고, 피렌체와 아르노강 건너편을 잇는 다리와 상하수도, 공중목욕탕, 중앙 광장인 포룸, 반원형 극장과 원형 경기장 등 로마인이 도시에 필요하다고 생각한 '인프라'가 모두 갖추어졌습니다. 2천 년 뒤인 오늘날에도 로마 시대의 도시 형태를 완전히 파악할 수 있습니다. 과거의 포룸은 이제 '공화국 광장'(피아차 레푸블리카)으로 이름을 바꿨지만.

하지만 아르놀포 디 캄비오가 본 피렌체는 카이사르나 그 후 피렌체를 더욱 아름답게 바꾸고 확대한 하드리아누스 황제 시대로부터 1천 년 이상의 세월이 지난 피렌체입니다. 무너진 로마 시대의 도시 위에 유력자들이 저마다 멋대로 지은 탑들이 난립해 있는, 그야말로 중세 자체라는 느낌을 주는 도시였지요. 그것을 피렌체의 '카포 마에스트로'(군이 번역하면 '수석 장인') 지위에 있던 아르놀포가 개조해, 도시로서의 질서를 차츰 회복해갑니다. 포룸은 시장으로 활용해 공간을 보존하고, 로마 시대의 사각형 한 귀퉁이에 '꽃의 성모 마리아'(Santa Maria del Fiore) 성당을 짓기로 결정하고, 반대쪽 귀퉁이에는 바깥쪽에 있었던 반원형 극장의 유적을 덮어 가리는 형태로 '팔라초 베키오'라는 정부 청사를 짓습니다. 로마 시대의 다리는 아마 교각도 다 무너져 있었을 것이고, 중세에 놓은 목조 다리가 그 근처에 있었지만, 아르놀포는 그 목조 다리를 로마 시대의 다리처럼 석조로 바꿀 뿐만 아니라, 상류에 다리를 또 하나 놓습니다. '폰테 베키오'(옛 다리)와 '폰테 델라 그라치아'(감사의 다리)지요. 아르놀포는 로마 시대의 피렌체에서 조금 떨어진 곳에 산타 크로체 교회를 지은 사람이니까, 좀더 확대된 피렌체의 미래 모습까지 꿰뚫어보고 있었던 게 분명합니다. 교회든, 정부 청사나 광장이나 다리 같은 속계의 '인프라'든, 지역을 활성화하는 역할을 한다는 점에서는 마찬가지입니다.

1400년대에 들어오면 이제는 루첼라이, 피티, 메디치, 스트로치 같은 유력한 시민들이 앞다투어 짓는 참신하고 아름다운 대저택(팔라초)들이 피렌체를 활성화하는 주역을 맡게 됩니다. 하지만 피렌체를 르네상스 시대의 다른 어떤 도시들보다도 아름답고 활기에 넘치는, 게다가 질서 있는 도시로 만든 최초의 인물은 장인의 우두머리에 불과했던 아르놀포 디 캄비오입니다.

라틴어가 아닌 이탈리아어로 작품을 쓴 단테

같은 시기에 피렌체 시정에 깊이 관여한 조반니 빌라니는 힘찬 걸음을 내딛기 시작한 조국 피렌체를 자랑스럽게 서술한 『연대기』를 쓰기 시작합니다. 그리고 단테도 『신곡』을 쓰기 시작하지요. 1300년 무렵에는 혼란과 동요에 차 있었을지 모르나, 그 때문에 오히려 새로운 시대의 숨결이 모든 분야에서 나타나기 시작한 것입니다.

고대 로마의 연대기 작가들이 자기네 일상어로 글을 썼듯이 자기도 일상어인 이탈리아어로 글을 쓰겠다고 공언한 조반니 빌라니. 성직자가 쓰는 라틴어를 싫어해 이탈리아어로 글을 쓴 단테. 그들의 기백은 얼굴 표정이나 자세에 그대로 드러나 있지 않았을까 하는 생각이 듭니다.

빌라니의 객관적이고 냉철한 서술은 당시 지식인의 뛰어난 문장력을 보여줍니다. 하지만 단테의 『신곡』은 언어를 통한 표현의 가능성이 얼마나 깊은가를 보여주는 유례없는 작품입니다. '지옥편'의 한 에피소드에서 단테는 음탕한 죄로 지옥에 떨어져 있는 파올로와 프란체스카를 만납니다. 두 사람은 사랑해서는 안 될 사이인데, 단둘이 방에 있을 때 파올로가 아서왕 이야기를 읽고 프란체스카는 거기에 귀를 기울이게 됩니다. 아서왕의 아내 귀네비어와 원탁의 기사 가운데 하나인 랜슬롯의 로망스는 그것을 읽고 듣는 두

루카 시뇨렐리가 그린 단테의 초상. 14세기 이탈리아에서 단테는 타의 추종을 불허하는 명성을 누렸는데, 그의 작품은 많은 채식장식가들에게 풍부한 영감을 주었다.

사람에게 가슴속 깊은 곳에 숨어 있던 연정을 깨닫게 합니다. 두 사람은 떨면서 입을 맞춥니다. 여기까지 털어놓은 파올로는 단테에게 마지막으로 말합니다. '그날 우리는 더 이상 읽어나가지 못했다.' 단 한 줄이지만, 그 후 두 사람이 겪은 불행을 생각나게 만드는, 얼마나 절절한 말입니까. 속어라고 경멸당했던 이탈리아어가 벌써 이만한 수준에 도달해 있었습니다. 후세의 이탈리아 국어가

르네상스기의 인문학자 크리스토포로 란디노의 주석이 붙은 란디노판 『신곡』(1497)

700년 전인 이 시대의 피렌체 사람에 의해 이루어졌다고 말하는 것도 당연하다고 생각될 정도입니다."

"계속 상승하던 피렌체도 1348년에 페스트의 유행으로 호된 타격을 받게 되지요."

"인구가 3분의 2로 줄어들었다니까, 그야말로 지옥이었겠지요. 조반니 빌라니도 그때 죽었습니다."

"이탈리아의 다른 도시들은 어땠습니까?"

"대동소이했을 겁니다. 다만 역병의 피해는 인구가 집중해 있는 대도시일수록 커지게 마련입니다. 당시 이탈리아에서 가장 인구가 많았던 곳은 로마도 아니고 나폴리도 아닙니다. 바로 피렌체와 베네치아였어요.

베네치아 공화국에서는 흑사병의 전염 경로가 동쪽이라는 것을 알고, 재빨리 해안에 방역 시스템을 확립합니다. 동쪽에서 오는 배는 선적이 베네치아든 아랍이든 관계없이 라구나(석호) 속에 수없이 많은 섬에 정박시키고, 페스트균의 잠복기간인 40일이 지나기 전에는 베네치아에 입항하지 못하게 했습니다. 오늘날에도 공항에 도착한 사람은 'Quarantine'을 통과해야 합니다. '검역'으로 번역되는 이 영어 단어는 '40일간'을 뜻하는 베네치아 방언 'Quarantin'에서 유래했습니다. 복식부기나 외교관 상주제도와 마찬가지로 '검역'도 베네치아 공화국에서 비롯된 것입니다. 하지만 피렌체의 경우에 보카치오라는 현장 목격자가 쓴 『데카메론』이라는 증언이 남아 있지만, 베네치아에는 그런 증언이 남아 있지 않아서 페스트의 실상은 잘 알 수 없습니다. 다만 베네치아에서는 공적 기관이 기능을 발휘하고 있었으니까, 페스트는 역시 피렌체 쪽에서 더욱 맹위를 떨쳤을지도 모릅니다. 보카치오도 『데카메론』 첫머리에서 페스트의 위력을 묘사하고 있습니다."

페스트 이후에는 생산의 질을 더 중시

"그것은 아마 문자 그대로의 지옥이었을 겁니다. 그래서 『데카메론』이라는 문학작품은, 페스트 창궐에 절망한 나머지 찰나적이 되어 향락밖에는 생각지 않게 된 남자 셋과 여자 일곱이 도시를 버리고 시골 저택에 틀어박혀 서로 이야기를 나누면서 시간을 보낸다는 구성으로 되어 있지요."

"그래요. 데카메론은 '열'을 나타내는 그리스어인 'deka'와 '날'을

『데카메론』의 작가 보카치오. 그는 페트라르카와 함께 르네상스 인문주의의 토대를 마련했고, 속어인 이탈리아어 문학을 고대 고전문학의 위치와 수준으로 끌어올렸다(안드레아 델 카스타뇨 그림, 피렌체, 우피치미술관).

『데카메론』의 삽화. 『데카메론』에서 보카치오는 자신이 당시 만연하던 미사여구에서 벗어난 생동감 있고 빠른 전개, 그리고 긴장감 넘치는 이야기체와 구어의 대가임을 보여주었다.

나타내는 'hemera'의 합성어로, 열흘 동안의 이야기라는 뜻이지요. 지옥을 제 눈으로 본 사람이라면 누구나 처음 얼마 동안은 절망해 자포자기할 겁니다. 하지만 보카치오는 페스트의 위력을 묘사할 때에도 철저한 사실주의로 일관했고, 페스트를 피해 시골 저택으로 달아난 사람들 사이에 오가는 이야기를 쓸 때에도 필치를 바꾸지 않습니다. 그 가운데서도 특히 성직자의 거짓과 허위를 폭로하는 이야기에서 보카치오는 인간성의 본질에 대한 깊고도 날카로운 통찰력을 보여줍니다. 현실에서 도피한 사람은 결코 그런 통찰력을 보여줄 수 없지요. 보카치오도 그 지옥 속에서 지옥을 냉철하게 관찰한 사람 가운데 하나였습니다.

물론 피렌체 당국도 페스트의 맹위에 굴복해 그냥 손을 놓고 있었던 것은 아닙니다. 페스트의 세력이 일단 수그러들자 위생 상태를 개선하려고 애쓰기 시작했고, 시내 요소요소에 35개나 되는 크고 작은 병원이나 진료소를 설치합니다. 1348년 봄에 시작된 페스트가 알프스를 넘어 북유럽으로 번질 무렵, 피렌체에서는 페스트가 완전히 진정되었다고 합니다. 하기야 그것은 1년 동안 흑사병이 맹위를 떨친 뒤였지만."

"불과 1년 사이에 인구가 3분의 2로 줄어드는 참상을 체험했으니, 피렌체 사람들이 그것을 신이 내린 징벌로 여겨 반성하고 이제 막 벗어나기 시작한 기독교적 가치관으로 되돌아왔을까요?"

"그런데 뜻밖에도 그렇지 않았습니다. 단기간에 사상 유례없는 참사를 겪고 그 뒤처리에 몰두해야 했기 때문에, 천벌이 내렸다고 한탄하고 있을 여유가 없었는지도 모르지요. 또한 페스트는 성직자와 속인을 구별하지 않고 죽음으로 몰아넣었습니다. 그리고 흑사병이 크게 번진 것은 비록 대참사이기는 했지만 인재(人災)는 아니었습니다. 당시로서는 천재지변이라 해도 좋았지요. 따라서 방역체계를 확립하는 따위의 구체적인 대비책을 세웠을 뿐, 자신들의 생활방식까지 반성할 필요는 없었습니다. 만약 이때의 페스트가 유럽의 다른 나라에서 일어났다면, 현세를 긍정하는 르네상스적 흐름에 대한 기독교회의 반격이 성공했을지도 모릅니다. 그러나 이탈리아, 특히 고대 로마의 영광을 이어받을 나라는 로마가 아니라 피렌체라고 확신했던 14세기 중엽의 피렌체 사람들에게는, 신이 천벌을 내렸다는 주장이 뚫고 들어갈 틈은 없었던 것 같습니다.

그리고 인구가 갑자기 줄어들면, 사람들은 효율성을 추구하는 쪽으로 관심을 돌릴 수밖에 없습니다. 그 전에는 도시로 흘러드는 풍부한 인력에 의지했던 피렌체 경제도 페스트 이후에는 질을 중시하고 개개인의 생산성을 향상시키는 방식으로 바뀌어갑니다.

베네치아도 마찬가집니다. 1348년부터 1349년까지 계속된 페스트가 경제대국이었던 이탈리아 도시국가에 경제의 구조조정을 강요한 게 아닐까 하는 생각이 들 정도입니다. 하지만 베네치아 공화국이 서서히 착실하게 사회개혁을 진행한 반면 피렌체는, 단테가 병고에 시달리며 침상 위에서 계속 몸을 뒤척이는 환자 같다고 묘사할 만큼, 일곱 번 넘어지고 여덟 번 거꾸러지는 듯한 느낌으로 숱한 고비를 겪으면서 진행합니다.

1378년에는 '촘피의 난'이라는 이름으로 유명한 폭력 사태까지 일어납니다. 빈부 격차가 더욱 커지는 데 불만을 품은 직공들이 파업을 하면서 불만을 폭발시킨 것이지요. 처음에는 자본가와 노동자, 다음에는 자본가와 자본가의 대립으로 나아가던 피렌체 공화국에서 경쟁국인 베네치아 같은 국내 화합이 이루어진 것은 페스트가 물러간 지 거의 100년 뒤인 1434년이었습니다. 하지만 유력한 가문들이 서로 추방하고 추방당하는 일을 되풀이한 시대에도 르네상스 정신은 계속 발달하고 있었으니까, 격동의 시대와 새로운 가치관의 창조는 공생할 수 있는 것인지도 모릅니다.

고전 연구에 나선 인문주의자들

1300년대 후반부터 1400년대 전반까지는 브루넬레스키와 기베르티, 도나텔로가 건축가나 조각가로 활약한 시대고, 또 한편으로

계관시인의 영광에 빛나는 서정시인 페트라르카(안드레아 델 카스타뇨 그림, 피렌체, 우피치미술관)

페트라르카의 『시들』(Rime) 사본. 이 시집은 2부로 되어 있는데, 제1부는 '라우라 생전의 시들'이고, 제2부는 '라우라 사후의 시들'이다. 이 책에서 그는 시들이 자신의 영적 성장에 관한 이야기를 보여주도록 배열했는데, 그의 연인인 라우라와 사랑에 빠지는 묘사부터 성모 마리아에게 바치는 마지막 기도, 젊은 날의 과오로부터 '모든 세속적 쾌락은 한낱 덧없는 꿈'이라는 깨달음, 이 세상에 대한 사랑으로부터 신에 대한 최후의 신뢰에 이르기까지 아주 폭넓다.

는 페트라르카로 시작된 고전 연구가 정점에 도달하는 시기이기도 합니다.

 단테나 보카치오와 어깨를 나란히 하는 페트라르카는 세 사람 가운데 유일하게 계관시인의 영광에 빛나는 서정시인입니다. 하지만 그의 진수는 시보다 고전 연구에 있습니다. 고대 로마에서 손꼽히는 문필가인 키케로의 저술을 수도원 도서관에서 찾아낸 것은 페트라르카였습니다. 이것이 르네상스인의 고대 부흥에 하나의 이정표가 됩니다. 페트라르카의 뒤를 이은 사람이 레오나르도 브루니와 포조 브라촐리니를 비롯한 피렌체의 인문주의자들이었지요.

 재미있는 것은 이 고전 연구자들이 대부분 피렌체 공화국 정청(政廳)에 근무하는 관료, 다시 말해서 학문 세계의 주민이 아니라 실무 세계의 주민이었다는 점입니다. 피렌체의 이 전통은 먼 훗날까지 남아서, 사상가인 마키아벨리도 관료 출신이었고, 장대한 『이탈리아 역사』를 쓴 그의 친구 구이차르디니도 역시 관료 출신 역사가였습니다. 이것은 저술을 남긴 사람이 대부분 공직 경험자였던 고대 로마와 똑같습니다. 관념의 세계에 사는 성직자들이 지식을 독점했던 중세가 완전히 과거가 된 것이지요."

정치대국과 경제대국을 만든 메디치 가문

 "내분이 끊이지 않았던 피렌체가 겨우 국내 화합을 이룩한 1434년은 메디치가의 코시모가 참주정을 확립한 해입니다. 참주정은 사실상 전제군주정이니까, 자유가 보장되어야만 가능한 학문·예술

레오나르도 브루니의 묘(베르나르도 로셀리노 작, 피렌체, 산타 크로체 교회). 브루니는 키케로풍의 우아한 문체로 플라톤과 아리스토텔레스, 플루타르코스 등의 수많은 그리스 고전을 라틴어로 번역해 서구의 그리스 문학 연구를 진보시키는 데 이바지했으며, 단테와 페트라르카 및 보카치오의 전기를 이탈리아어로 썼다.

분야의 활동을 저해하는 요인이 되지는 않았습니까?"

"정치 안정을 이룩하는 방식은 두 가지밖에 없습니다. 하나는 고대 로마나 르네상스 시대의 베네치아처럼 반대파를 흡수해 국내 통일을 이룩하는 방식이고, 또 하나는 고대 아테네나 피렌체처럼 두 파벌로 나뉘어 주도권을 다툰 결과 승리한 쪽이 패자를 배제하고 국내를 통일하는 방식이지요. 양대 정당이 선거 결과에 따라 교대로 정권을 잡는 방식은 20세기에 들어선 뒤에야 확립되었고, 더군다나 이 방식이 제대로 기능을 발휘하는 나라는 오늘날에도 손가에 꼽을 정도밖에 없습니다.

페리클레스는 아테네의 정치 안정에 성공했을 뿐만 아니라 이를 통해 문화의 전성기를 이룩했습니다. 하지만 역사가 투키디데스는 페리클레스 시대의 아테네에 대해 이렇게 말하고 있습니다. 겉모습은 민주정이지만 실제로는 일인이 통치한 나라였다고. 형식은 공화정이지만 실제로는 참주정을 편 메디치가에 대해 구이차르디니는 이렇게 말합니다. 메디치는 '티란노'(전제군주)였지만, '유쾌한'(피아체볼레) 전제군주였다고 말입니다. 영명한 한 사람이 지도자가 되면, 서로 모순되고 대립하는 개념인 자유와 질서도 손을 맞잡을 수 있지요.

이 메디치 가문의 참주정이 기능을 발휘한 60년 동안, 즉 15세기 후반에 피렌체의 르네상스는 전성기를 맞이합니다. 그 당시 활약한 예술가들의 이름을 일일이 열거하기도 지겨울 만큼 많은 예술가가 배출됩니다. 이 책 앞에 있는 명단을 보아도 알 수 있듯이, 언덕 위에 올라서면 한눈에 내려다보일 만큼 좁은 피렌체 시내에서, 한 세기에 한 명 태어나기도 어려운 천재들이 서로 기량을 뽐내며 경쟁을 벌이고 있었습니다. 차례로 밤하늘을 향해 쏘아 올려지는 화려한 불꽃놀이가 60년 동안 계속된 것이나 마찬가지지요. 피렌체 공화국은 금융업과 직물업에서 이미 유럽의 손꼽히는 세력이었는데, 메디치 가문의 지배를 통해 정치까지 성숙하면서 정치대국과 문화대국으로 발전해갑니다. 이렇게 되면 이제는 걱정할 게 없습니다. 재능이 있다고 자부하는 인재는 일부러 부르지 않아도 제 발로 피렌체를 찾아옵니다. 창작욕에 불타는 사람이라면, 뛰어난 경쟁자들한테 자극을 받고 그들과 경쟁하는 것이 자신의 창작행위에 무엇보다 큰 도움이 된다는 사실을 알고 있으니까요."

"피렌체를 그렇게 만든 사람이 메디치가의 어른인 코시모라는 거군요."

"잠깐만요. 인간은 아무것도 없는 곳에서는 좀처럼 새로운 것을 창출해내지 못하는 존재이기도 합니다. 다만 기존의 것 가운데 쓸데없는 것은 버리고 필요한 것은 살릴 수 있는 사람, 다시 말해서 재구축 작업을 할 수 있는 인재는 적지 않습니다. 코시모는 피렌체 공화국을 재구축한 사람입니다.

그의 생애와 업적은 그의 손자인 로렌초의 생애나 업적과 마찬가지로 방대합니다. 그 전체를 조명하려면 책 한 권을 다 할애해도 모자랄 겁니다. 그러니까 여기서는 중요한 부분에만 조명을 맞춰보겠습니다.

피렌체 공화국의 재구축

1389년에 피렌체에서 태어난 코시모는 혼자 힘으로 메디치 재벌을 일으킨 사람은 아닙니다. 100년쯤 전에 메디치 가문은 화가 조토의 고향이기도 한 무젤로라는 시골에서 피렌체로 나와 장사를 시작했는데, 코시모는 그런 메디치 집안의 경제 규모를 크게 확대했다는 점에서는 창업자라 해도 좋은 인물입니다. 경제대국이 된 피렌체에는 이미 유럽 전역에 알려진 유력한 상인들이 우글거리는 상태였고, 메디치 가문은 후발주자들 가운데서 선두에 서 있었을 뿐입니다. 사실 유력한 상인들은 대자본가의 이익을 지키기 위해

폰토르모가 그린 코시모 데 메디치. 코시모는 피렌체를 지배한 메디치 가문의 중심 인물로 죽은 후 피렌체 의회로부터 '국부'(Pater Patriae)라는 칭호를 받는데, 중세와 르네상스를 통틀어 이 칭호를 받은 사람은 그뿐이다.

똘똘 뭉쳐 있었지만, 메디치 집안은 대두하는 과정에서 이미 민중파에 속하는 자본가로 여겨지고 있었지요. 메디치 집안이 민중파의 핵심인 노동자 계급에 동조했기 때문은 결코 아닙니다. 이 경제인은 시대를 읽는 재능도 탁월했습니다.

피렌체 공화국이 좋은 의미에서나 나쁜 의미에서나 격동기를 겪고 있을 때 청소년 시절을 보낸 코시모는 고명한 가정교사에게 교육을 받은 것도 아니고 당시의 유명한 대학에 다닌 것도 아니지만, 집안일을 거들면서 그 일과 관련해 유럽 각지를 널리 여행했습니다. 장사는 현실을 직시하지 않으면 실패할 수밖에 없는 성질을 갖고 있습니다. 거래처와 상담하면서 여행하는 것은 현실을 똑바로 인식하기에는 더없이 좋은 기회입니다. 게다가 그 자신의 재능도 남달리 뛰어났습니다. 장사라는 직업, 여행, 뛰어난 재능, 이 세 가지가 코시모를 시대를 읽을 줄 아는 경제인으로 키웠을 겁니다.

경제의 본질은 이윤 추구에 있으니까, 자발적이고 경쟁적이 아니면 융성을 이룰 수 없습니다. 하지만 도가 지나치면 스스로 파멸할 위험을 내포하고 있지요. 그것을 바로잡는 것이 바로 정치입니다. 정치는 도가 지나친 행위를 시정해 경제 번영을 오래 지속시키는 지혜라고 바꿔 말해도 좋습니다. 그러려면 정치의 성숙을 통한 정국 안정이 필수조건입니다. 이탈리아에서 유일하게 이것을 실현한 나라가 베네치아 공화국인데, 코시모는 유력한 상인 집단과 싸우다가 조국에서 추방되었을 때 베네치아 공화국에 머물렀습니다.

1434년, 45세의 코시모는 베네치아 공화국에서 돌아옵니다. 그

코시모 데 메디치에게 산 로렌초 교회의 모형을 선보이는 브루넬레스키(조르조 바사리 그림, 피렌체, 팔라초 베키오)

가 조국으로 돌아올 수 있었다는 것은 그를 추방한 세력이 후퇴했다는 뜻입니다. 이를 기회로 메디치 가문의 참주정이 시작됩니다. 하지만 코시모는 이런 경우 흔히 볼 수 있는 보복행위를 하지 않았습니다. 반대파의 주요 인물 가운데 몇 명은 국외로 추방되었지만, 구체제파를 뿌리 뽑듯 모조리 궤멸시키지는 않았지요. 그의 이런 방식은 그때까지의 피렌체를 생각하면 특기할 만합니다. 어쨌든 마음에 안 드는 사람은 가차 없이 추방하는 것이 그때까지 피렌체 공화국의 관례였으니까요. 심지어는 단테도 추방자였고, 페트라르

도메니코 디 미켈리노가 그린 「피렌체에서 '신곡'을 설명하는 단테」(피렌체, 산타 마리아 델 피오레 대성당). 단테는 1302년에 피렌체에서 멀리 떨어진 곳으로 추방당해 그곳에서 『신곡』을 썼는데, 스스로 『신곡』을 가리켜 "하늘과 땅이 동시에 만든 성스러운 시"라고 정의했다.

카는 추방자의 아들이었답니다.

코시모는 피렌체의 국정을 각 계층에 널리 개방했습니다. 계급이 아니라 능력을 기준으로 국정을 담당할 인재를 등용했지요. 게다가 그 자신이 고액 소득자였는데도 누진과세제도까지 생각해냈습니다. 누진세를 채택한 것은 아마 유럽에서도 피렌체가 처음일 겁니다. 공정한 세제야말로 선정의 근간임을 인식하는 역사 연구자가 드물어서 여기에 대한 연구가 진행되어 있지 않기 때문에 자세한 것은 알 수 없지만, 소득에 부과되는 이 직접세는 4퍼센트에서 33.5퍼센트까지 단계별로 세율이 정해져 있었던 모양입니다.

물론 누진과세제도를 궁리하고 실행한 코시모의 머릿속에는 유력한 경제인 집단에 타격을 주려는 의도가 숨어 있었을 테지만, 국민의 80퍼센트가 중산층인 베네치아 공화국도 염두에 두었을 게 분명합니다. 당시 베네치아만큼 국내 분쟁을 피하는 데 성공한 나라는 없었습니다. 정국을 안정시키는 것이 왜 베네치아에서는 쉽고 피렌체에서는 어려운 일이었을까요.

코시모의 정치

메디치 은행의 지점들이 어디에 있었는지를 보면 당장 알 수 있듯이, 피렌체인의 거래처는 육로로 갈 수 있는 북유럽입니다. 따라서 다리도 튼튼하고 상담도 잘하는 사람이 더 많은 돈을 버는 것은 당연하지요. 직공들이 처우 개선을 요구하며 파업을 벌이면, 파업 따위는 생각지도 않는 직공들이 사는 지역으로 공장을 옮겨버릴 수도 있습니다. 피렌체에서는 자본가와 노동자의 이해득실이 일치하지 않았고, 자본가끼리의 이해관계도 일치하지 않았습니다.

반면에 베네치아인의 '발'은 배입니다. 특히 범선을 주로 이용하는 제노바와는 달리 베네치아의 배는 돛과 노를 둘 다 사용하는 갤리선입니다. 노는 당시의 모터여서, 바람이 없을 때나 항구에 드나들 때 도움이 되었지요. 불확정 요소인 바람에만 의존하기를 싫어하고 확실한 것을 좋아하는 베네치아인다운 선택입니다. 노의 기능을 중시하는 것은 곧 최하급 선원인 노잡이를 중시한다는 뜻이기도 합니다. 바다에서 태풍이라도 만나면, 선장의 적절한 판단과 함께 노잡이를 포함한 선원 전체가 충분히 협력해야만 침몰을 면할 수 있습니다. 베네치아인에게 공동운명체 의식이 깊이 배어들어 있었던 것도 당연한 일입니다.

베네치아 정부도 이런 의식을 확립하려고 애씁니다. 자기 소유의 배를 가질 만한 재력이 없는 사람도 해외 무역에 참여할 수 있도록 '발'의 주력인 갤리선은 모두 국유였습니다. 선장에서 노잡이에 이르는 모든 선원들은 급료를 받을 뿐만 아니라, 일정한 양의 짐을 배에 실을 권리도 인정받고 있었습니다. 이 짐을 도착지에서 팔아서 얻은 이익은 그 사람 몫이었지요. 또한 '콜레간차'라는 일종의 주식제도가 있어서, 직접 교역에 참가하지 않는 사람도 간접적으로 교역에 투자할 수 있었습니다. 따라서 봄에 출항한 배가 가을에 무사히 귀항하는 것은 그들에게도 남의 일이 아니었습니다. 게다가 베네치아 공화국은 국내만이 아니라 자국의 경제 번영에 영향을 미치는 외국까지도 이 공동운명체에 끌어들였습니다. 그런 나라에는 선박수리소나 공관(公館)이나 상관(商館)을 두었습니다. 공관은 베네치아 상인들에게 정보를 제공하는 곳이기도 했고, 상관은 상인들이 거래처와 상담할 장소를 제공해주었지요. 그 대신 베네치아는 그런 나라에 경제 원조를 아끼지 않았을 뿐 아니라, 그 지방 남자들을 선원으로 고용해 생활도 보장해주었습니다. 이 외국인 선원들의 노고에 보답할 셈인지, 베네치아의 주요 항구조차도 '리바 델리 스키아보니'(슬라브인의 선착장)라고 불렸지요.

이 베네치아 공화국의 정치를 장악하고 있었던 것은 유력한 상인들이었습니다. 피렌체의 코시모가 유력한 상인들을 적대한 것과는 딴판입니다. 물론 베네치아의 유력한 상인들은 노잡이까지 공동운명체의 일원으로 인식하고 있었던 대자본가였지만요.

피렌체인의 기질인 개인주의는 학문이나 예술에서는 필수불가결한 요소입니다. 하지만 개인주의를 방임하면 사회 안정은 이룰 수 없습니다. 코시모는 베네치아적 요소를 도입해 피렌체의 장점은 살리고 단점은 시정하려고 애쓴 게 아닐까요. 다만 베네치아에서는 독재가 필요하지 않았지만 피렌체에서는 독재를 할 필요가 있었습니다. 그래도 이 방식으로 손자 대까지 60년 동안 계속 권력을 유지할 수 있었으니까, 성공했다고 말할 수밖에 없습니다. 코시모가 누진세에만 열을 올린 것이 아니라 납세자들의 경제력을 향상시키는 데에도 열심이었던 것이 성공 요인이었지요.

코시모가 택한 경제 진흥책 가운데 하나는 농업 진흥이었습니다. 그 목적은 도시와 농촌의 경제력 격차를 줄이는 것이었고, 도시와 농촌의 건전한 공존이 최대 목표였습니다. 중세에는 거의 돌보지 않고 방치해둔 '인프라'를 정비하기 위해 애쓴 것이 그 증거입니다. 코시모가 정비한 '인프라' 가운데 하나가 아르노강입니다. 고대 로마 이래 처음으로 아르노강에는 다시금 짐을 실은 배들이 다닐 수 있게 되었지요.

코시모는 경영 능력도 탁월했기 때문에 메디치 가문의 재산은 계속 늘어났습니다. 하지만 피렌체 공화국 전체의 경제력도 동시에 증강되었습니다. 메디치 가문의 남자들은 피렌체가 있기 때문에 메디치 가문이 있다고 생각했고, 피렌체 사람들은 메디치 가문이 있기 때문에 피렌체가 있다고 생각하게 되었으니까, 코시모는 목적을 달성했다고 말할 수밖에 없습니다.

게다가 코시모는 국내만이 아니라 대외적으로도 평화 확립이 가장 중요하다는 사실을 알고 있었습니다. 1453년에 콘스탄티노플 함락으로 동로마 제국이 멸망하고 터키 제국이 대두해 서구 세계에 큰 타격을 주었지만, 코시모는 이탈리아의 평화를 확립하는 데 이것을 활용합니다. 당시 이탈리아반도의 5대 세력인 밀라노 공국·베네치아 공화국·피렌체 공화국·로마 교황청·나폴리 왕국이 싸움을 그만두고 강화를 맺자고 제창한 겁니다. '로디의 강화'라는 이름으로 실현된 이 정책은 세력균형의 선구라 해도 좋습니다. 게다가 코시모의 외교는 터키에까지 미칩니다.

피렌체는 오리엔트에 별로 이권을 갖고 있지 않았습니다. 지켜야 할 이권이 적으면 이권이 큰 베네치아보다 홀가분하게 움직일 수 있습니다. 코시모는 이런 입장을 이용해 서방(옥시던트)과 동방(오리엔트) 사이에 다리를 놓는 중재자로 활약합니다. 자국 상인의 권익을 확대하기 위해서라기보다 서방 각국에 은혜를 입히기 위해서였지만, 그래도 그 결과 메디치 집안과 터키의 술탄은 아주 좋은 관계가 되었고, 게다가 이 우호관계는 오래 지속됩니다.

코시모가 죽은 지 14년이나 지난 1478년에 '파치가의 음모'라는 이름으로 유명한 쿠데타가 일어납니다. 실패로 끝나기는 했지만, 이 쿠데타의 표적이 된 것은 코시모의 손자인 로렌초와 줄리아노 형제였지요. 로렌초는 재난을 모면했지만, 줄리아노는 살해되고 맙니다. 이 음모에 가담한 사람들 가운데 하나가 터키로 도망쳤

콘스탄티노플 최후의 날. 1453년 5월 29일 정복자 무하마드 2세가 이끄는 터키 군대가 콘스탄티노플에 입성해, 과거 강력한 군대조차 패했던 바로 그곳에서 승전했다. 콘스탄티누스 11세는 동로마제국을 구하려는 최후의 일전을 벌였으나, 도시는 적의 수중에 떨어지고 말았다. 이로써 1123년간의 서사시가 막을 내린다.

는데, 터키의 술탄인 무하마드 2세는 그 사람을 붙잡아서 아무 교환 조건도 달지 않고 피렌체로 송환했습니다."

문화대국 없이 정치대국·경제대국 없다

"경제, 정치, 외교에서 메디치가의 코시모가 탁월한 능력을 발휘한 것은 알겠지만, 학문과 예술을 장려하는 면에서도 큰 업적을 쌓았습니까?"

"그렇습니다. 현재 우피치미술관 건물에 둘러싸인 광장 주위에는 피렌체가 낳은 천재들의 입상이 늘어서 있는데, 미술관 입구에는 메디치 집안의 두 남자, 즉 코시모와 그 손자인 로렌초의 입상이 좌우에 서 있습니다. 미술관 안에 있는 예술품도, 바깥 광장에 늘어서 있는 천재들도 대부분 이들 두 사람이 지원한 결과니까 그만한 대우는 당연하다고 생각합니다.

동시대인의 증언에 따르면, 코시모는 남들보다 월등한 학식을 가진 사람도 아니고 예술을 깊이 이해한 사람도 아니었지만 넓은 안목을 갖고 있었다고 합니다. 학문과 예술을 장려하는 데에는 오히려 제 자신의 감각이나 취향, 관점에 집착하지 않는 그런 사람이 어울립니다. 게다가 코시모는 메디치 재벌의 재력을 갖고 있었습니다. 작품을 사주는 것만큼 예술가에게 자극을 주는 것은 없지요. 코시모가 '내수'(內需)의 선도자 역할을 떠맡은 것은 문화가 주는 영향을 잘 알고 있었기 때문입니다. 아무리 경제대국, 정치대국이 되어도 그것만으로는 다른 나라를 이끄는 선진국이 될 수 없습니다. 경제력만으로는 다른 나라를 납득시킬 수 없으니까요. 코시모는 피렌체를 문화대국으로 만들기로 작정하고, 그것을 실현했습니다.

코시모는 피렌체 교외의 카레지라는 곳에 있는 메디치가의 별장을 제공해 '아카데미아 플라토니카'(플라톤 아카데미)를 창설하고, 고전학자인 마르실리오 피치노를 학장 자리에 앉힙니다. 하지만 단순히 학문 연구소를 창설한 것은 아닙니다. 명칭이 보여주듯, '아카데미아 플라토니카'는 고대 아테네에 플라톤이 창설한 '아카데미아'의 부활입니다.

기원전 4세기 말, 아테네 교외의 숲속에 창설된 '플라톤 학원'은 그리스가 로마의 패권 밑에 들어간 뒤에도 계속 최고 학부로 남아 있었습니다. 여기서 공부한 사람들 가운데 로마인인 키케로, 그리스인인 플루타르코스, 유대인인 필론 같은 유명인사도 있었습니다. 로마 제국은 인종 차별을 하지 않았기 때문에, 그곳의 연구자들도 이렇게 다국적 집단이었지요. 하지만 서기 6세기에는 이 학원이 기독교도에게 해를 끼친다는 이유로 동로마 제국 황제가 폐교시켜버립니다. 그것을 코시모가 1천 년 뒤에 부활시킨 것이지요. 대학이라기보다 대학을 졸업한 이들의 연구기관 같은 느낌을 주는 피렌체의 '아카데미아 플라토니카'에는 피렌체만이 아니라 이탈리아 전역에서 사람들이 모여들었고, 이것이 도화선이 되어 로마와 나폴리에도 '아카데미아'가 생겨났습니다. 이리하여 고대는 이탈리아 르네상스 속에 부활한 것입니다.

코시모 데 메디치가 예술을 얼마나 철저히 지원했는지를 일일이

(뒤) 르네상스 회화를 세계 최고 수준으로 소장하고 있으며, 플랑드르·네덜란드·독일·프랑스 거장들의 회화·조각 및 골동품들이 소장되어 있는 피렌체의 우피치미술관

거론하면 한이 없으니까, 그의 말을 인용하는 것으로 대신하겠습니다.

〈나는 이 도시의 기분을 알고 있다. 우리 메디치 집안이 쫓겨날 때까지는 50년도 걸리지 않을 것이다. 하지만 사람은 가도 '물건'은 남는다.〉

그로부터 500여 년이 지난 지금, 피렌체를 가득 메우고 있는 관광객을 볼 때마다 코시모의 이 말이 생각나곤 합니다. 세계 각지에서 찾아온 이들이 감상하는 피렌체 시가지와 거기에 있는 예술품의 절반 이상은 메디치 집안이 주문 제작하거나 수집한 '물건'과, 메디치 집안의 수범에 자극을 받은 다른 피렌체인들이 주문하거나 수집한 '물건'들이니까요.

피렌체의 '국부' 코시모

코시모가 플라톤 학원의 학장인 고전학자 마르실리오 피치노에게 연금을 주어 생활을 보장해준 것은 알려져 있지만, 예술가에게도 그는 이런 배려를 잊지 않았습니다.

조각가인 도나텔로는 코시모가 특히 아낀 예술가였고, 당시에도 이미 유명해 주문이 끊일 날이 없었지만 몰이해한 고객과 자주 충돌하는 사람이기도 했지요. 이런 도나텔로가 생계를 걱정하지 않고 창작에만 전념할 수 있도록, 코시모는 피렌체 교외의 카파졸로라는 곳에 있는 농장을 도나텔로에게 주라는 유언을 남겼습니다. 물론 충분한 수입이 보장되는 농장이었지요. 메디치 집안을 이어받은 코시모의 아들 피에로는 이 유언을 지킵니다. 도나텔로도 이

제 몰이해한 고객들과 다투지 않아도 되고, 가난 속에서 죽을까 걱정하지 않아도 된다면서 기꺼이 농장을 받았답니다. 정식으로 증여계약서도 주고받았지요.

그런데 얼마 지나기도 전에 도나텔로가 피에로를 찾아와서, 농장을 돌려주고 싶다고 말합니다. 왜 그러냐고 묻는 피에로에게 예술가는 대답합니다.

'거의 사흘마다 바람이 불어서 비둘기집 지붕이 날아가버리고, 세금을 내기 위해 가축을 처분해야 하고, 태풍이 불면 포도밭이 엉망진창이 되지 않을까, 과수원은 어떻게 되어 있을까 하는 걱정 때문에 안심하고 창작에 전념할 수가 없습니다. 이럴 바에는 차라리 가난 속에서 죽는 편이 낫습니다.'

메디치 집안의 가장은 이 말에 껄껄 웃으면서 도나텔로가 돌려준 농장을 받았습니다. 하지만 매달 농장에서 들어오는 수입을 계산해, 그보다 조금 많은 돈을 매달 말일에 메디치 은행에 개설한 도나텔로 명의의 계좌에 입금시키라고 지시했습니다. 예술가가 이번에야말로 진심으로 만족한 것은 두말할 나위도 없습니다.

피렌체를 대표하는 조각가였던 도나텔로는 1466년에 세상을 떠나면서, 코시모의 무덤 곁에 묻어달라는 유언을 남깁니다. 피에로는 이 유언도 지킵니다. 지금도 산 로렌초 교회에 있는 메디치 집안의 묘지에는 코시모의 무덤 옆에 도나텔로의 무덤이 있습니다.

하지만 이 감동적인 일화도 그들의 독창은 아닙니다. 로마 제국 초대 황제인 아우구스투스의 친구 가운데 마이케나스라는 사람이 있는데, 이 사람은 시인인 베르길리우스와 호라티우스의 후원자로

파올로 우첼로가 그린 「다섯 명의 르네상스의 대가」 가운데 '도나텔로' 부분(파리, 루브르미술관). 피렌체를 대표하는 조각가 도나텔로는 코시모 데 메디치가 살아 생전 가장 아꼈던 예술가로, 자기가 죽으면 코시모의 무덤 옆에 묻어달라는 유언을 할 만큼 자기의 예술적 후원자에 대한 고마움을 잊지 않았다.

도 유명합니다. 호라티우스는 자기한테 별장을 주어 창작에 전념할 수 있게 해준 마이케나스에게 늘 고마움을 느끼고 있다가, 죽기 전에 마이케나스의 무덤 근처에 묻어달라는 유언을 남깁니다. 그후 학문과 예술을 후원하는 것을 '마이케나스'라고 부르게 되었는데, 프랑스어로는 '메세나'(mécénat)라고 합니다. 도나텔로도 피에로도 이 이야기를 알고 있어서, 한쪽은 유언을 남기고 또 한쪽은 그 유언을 지켰습니다. 고대는 마치 혈관 속을 흐르는 피처럼 르네상스인의 마음속에 살아 있었다고 할까요.

코시모 데 메디치는 도나텔로가 죽기 2년 전인 1464년에 75세의 나이로 세상을 떠났습니다. 군주의 칭호도 없고 군주처럼 호화로운 생활도 하지 않았지만 실질적인 군주라고 로마 교황이 평했듯이, 코시모는 피렌체의 한 시민으로 평생을 마쳤고 한 시민으로

도나텔로의 청동 「다비드 상」(부분, 피렌체, 바르젤로국립박물관)

브루넬레스키가 설계한 산 로렌초 교회 내부. 이 교회 안에 있는 메디치 집안의 묘지는 미켈란젤로의 작품이다.

묻혔습니다. 장례식도 외국에서 온 조문객은 한 사람도 없이 조촐하게 치러졌지요. 하지만 피렌체 의회는 코시모에게 '국부'(Pater Patriae)라는 칭호를 줍니다. 그에게 주어진 이 칭호는 율리우스 카이사르 이후의 로마 황제들이 원로원으로부터 받은 칭호입니다. 중세와 르네상스 시대를 통틀어 이 칭호를 받은 사람은 코시모뿐입니다.

화려하고 당당한 손자 로렌초

피에로는 병약했기 때문에 메디치 가문과 피렌체 공화국을 5년밖에 이끌지 못했고, 그의 아들 로렌초가 20세의 젊은 나이에 그 뒤를 잇게 되었습니다. 로렌초에 관해서는 『나의 친구 마키아벨리』의 제1부 제2장 「메디치가의 로렌초」와 제3장 「파치가의 음모」, 그리고 제4장 「꽃의 도시 피렌체」에서 상당히 자세하게 다루었습니다. 그것은 1469년생인 마키아벨리의 청소년 시절이 로렌초가 피렌체만이 아니라 이탈리아와 유럽의 '스타'였던 시기와 겹치기 때문입니다. 그래서 여기서는 간단히 언급하고 넘어가겠습니다. '일 마니피코'(위대한 사람 또는 화려한 사람)라는 칭호가 보여주듯 로렌초는 할아버지인 코시모와는 달리 매사에 화려하고 당당했습니다. 할아버지의 평화 노선을 계승해 세력균형 정책을 추진한 일급 정치가였지만, 할아버지라면 표면에 나서지 않고 뒤에서 손을 썼을 텐데 로렌초는 정상회담에서 결정을 내리는 쪽을 더 좋아했지요. 마키아벨리의 『피렌체 역사』에 나오는 다음 구절이 '로렌초 일 마니피코'의 가장 큰 공적입니다.

〈피렌체인은 로렌초 데 메디치가 죽은 1492년까지는 최대의 행복 속에서 지냈다. 로렌초는 이탈리아에 전쟁이 일어날 기미가 보이면 자신의 사려와 권위로 전쟁의 싹을 미리 잘라내는 데 성공했기 때문이다. 그는 자신과 조국 피렌체를 위대하게 만드는 데 모든 관심을 쏟았다.〉

할아버지와 마찬가지로 학문과 예술을 장려하는 데에도 열심이었지만, 그의 성격을 반영해서인지 플라톤 아카데미도 변화하기 시작합니다. 기원전 3세기의 플라톤보다는 신플라톤주의자라고 불린 서기 3세기의 철학자 플로티노스에 대한 연구에 주력하게 된 것이지요. 그와 동시에 기원 전후에 살았던 철학자 헤르메스 트리

조르조 바사리가 그린 로렌초 일 마니피코의 초상(피렌체, 우피치미술관). 마키아벨리는 자기의 저서 『피렌체 역사』에서 로렌초를 두고 "그는 운명으로부터, 그리고 신으로부터 최대한의 사랑을 받은 사람이다"라고 쓰고 있는데, 실로 로렌초만큼 일생이 행운으로 채색된 인물도 드물다. 무엇보다도 그는 물려받은 것부터가 다른 사람과 달랐다.

스메기스토스의 사상도 우주와 지구와 인간의 동일성을 제창했다는 이유로 주목을 받게 됩니다. 트리스메기스토스의 사상을 통틀어 『헤르메스 문서』라고 부릅니다. 요컨대 관념론이 주류가 된 셈인데, 인간은 원래 모든 현상을 설명할 수 있는 원리를 탐구하는 데에는 항상 매료되는 법이지요. 이렇게 되면 천문학은 더 매력적으로 보이는 점성술이 되고, 화학은 연금술 쪽으로 가버립니다."

"당신은 르네상스를 다룬 모든 저술에서, 로렌초 시대의 플라톤 아카데미에 대해서는 냉담하게 여겨질 만큼 무관심하더군요."

"그것은 내가 로렌초 시대의 피렌체에 살면서도 플라톤 아카데미에는 드나들지 않은 사람들 쪽에 관심이 있었기 때문일 겁니다. 그 대표자는 레오나르도 다 빈치입니다. 레오나르도는 볼 수 없는 것을 논하는 것은 의미가 없다면서, 초대에 한 번 응하기는 했지만 그 후로는 아카데미에 발을 들여놓지 않았습니다. 마키아벨리는 아직 소년기를 막 벗어날 무렵이었으니까, 카레지의 별장에서 열리는 심포지엄에 초대받았을 리가 없습니다. 하지만 설령 10년 일찍 태어나서 초대를 받았다 해도, 마키아벨리 역시 레오나르도와 같은 생각을 가졌을 겁니다. 마키아벨리의 평생 관심사는 하나의 원리로는 해석할 수 없는 인간성의 다양한 모습이었으니까요.

그리고 나는 철학이라면 곧 그리스 철학이고, 그 이후의 철학은 기독교와 철학을 일체화하려는 노력의 반복이었다고 생각합니다. 이 노력은 결국 헛수고로 끝날 수밖에 없지만, 부질없는 노력의 반복이라는 말이 너무 과격하다면 그리스 철학이 제시한 명제에 각

시대마다 해답을 주려는 노력의 반복이라고 바꿔 말해도 좋습니다.

종교는 믿는 것이고, 철학은 의심하는 것입니다. 종교와 철학은 유일한 원리를 탐구하는 과정도 전혀 다릅니다. 철학에서는 원리를 세웠다가 파괴하는 작업을 되풀이합니다. 일단 세운 원리를 신성불가침한 것으로 고수해서는 탐구가 이루어지지 않습니다. 그리스는 다신교 세계였기 때문에, 신성하고 불가침하지 않으면 성립되지 않는 일신교의 규제를 받지 않을 수 있었습니다. 그래서 철학이 곧 그리스 철학이라고 할 만큼 발달한 것이지요.

내가 플라톤 아카데미에 냉담한 또 다른 이유는, 한때는 유럽 전역의 학계에까지 영향을 미치면서 화려하게 꽃을 피운 그들의 사상이 로렌초가 죽은 지 불과 2년 뒤에 맥없이 무너진 사실을 중요하게 생각하기 때문입니다.

1492년에 로렌초가 죽습니다. 플라톤 아카데미는 든든한 후원자를 잃은 셈이죠. 게다가 그로부터 2년 뒤에는 메디치 은행이 파산합니다. 마키아벨리의 저서를 인용하면 이렇습니다.

〈로렌초는 장사에서는 정말 불운했다고 말할 수밖에 없다. 그 원인은 그가 실무를 맡긴 각지의 지사장들이 못났기 때문이다. 지사장들은 사기업이 아니라 공기업 경영자처럼 행동했다. 그 결과 서구 각지에 투자된 메디치 가문의 재산을 대부분 잃어버렸다.〉

메디치 은행의 파산과 피렌체의 영락

'위대한' 로렌초는 할아버지 코시모와는 달리 경영자로서는 별로 위대하지 않았던 모양입니다.

메디치 은행의 파산은 피렌체인들에게는 단순히 한 은행의 파산으로 끝나지 않았습니다. 메디치 집안이 있기 때문에 피렌체도 있다고 믿으면서 60년을 지냈는데, 메디치 재벌의 주력 사업인 메디치 은행이 파산하자 피렌체의 장래에 불안을 느끼지 않을 수 없었지요. 피렌체인들의 기분이 암담해진 것도 당연합니다.

그런데 같은 해, 가뜩이나 우울한 피렌체인들에게 더욱 강한 타격을 주는 수도사 사보나롤라의 설교가 불을 뿜습니다. 피렌체인의 현세적인 생활 방식을 개탄하고, 회개하지 않으면 천벌이 내릴 거라고 설교한 것이지요. 게다가 그해에 프랑스 왕의 대군이 이탈리아로 쳐들어왔습니다. 물론 사보나롤라는 이것이야말로 피렌체에 내려진 천벌이라고 외칩니다.

피렌체의 서민들만이 아니라 플라톤 아카데미의 지식인까지도 여기에 굴복합니다. 모든 것의 중심은 인간이라는 르네상스적 사상을 높이 받들고 있던 피코 델라 미란돌라조차도 사보나롤라 지지파로 돌아섰습니다. 플라톤 아카데미의 단골이고 로렌초 시대의 피렌체를 가장 아름답게 표현했다는 찬사를 들었던 화가 보티첼리마저 회개하고, 화풍을 환희에서 비애로 180도 바꾸어버립니다. '아카데미아 플라토니카'는 와해되었습니다. 관념론은 다른 관념론과 맞부딪치면 뜻밖에 약한 법이죠. 15세기 말이라는 이 시기를 마지막으로 피렌체의 르네상스는 사실상 막을 내립니다. 이전까지 외국에서 일하다가도 작업이 끝나면 피렌체로 돌아오던 예술가들은 이제 국내보다 외국에서의 작업량이 훨씬 많아졌고, 일이 끝나도 고국으로 돌아오지 않게 됩니다. 그 전까지는 피렌체로 각지의

사보나롤라의 처형을 기념하는 명판

인재가 모여들었지만, 이제는 피렌체의 인재들이 밖으로 나가게 된 것이지요.

끝으로, 문인으로서도 상당한 재능이 있었던 로렌초 데 메디치의 시를 소개하는 것으로 르네상스의 '피렌체 편'을 마무리하고 싶습니다.

로렌초는 무척 바쁜 사람이었을 텐데도, 43년도 채 안 되는 일생 동안 남긴 시문과 단편소설은 뜻밖에 많아서 세 권이나 됩니다. 500년 세월이 지난 오늘날에도 계속 출판되고 있는 그의 작품은 '기쁨의 시' '사랑의 시' '영혼의 시'처럼 내용으로 분류할 수 있다는 점이 우선 재미있습니다. 마치 르네상스 전성기의 피렌체를 충

프라 바르톨로메오가 그린 사보나롤라의 초상(피렌체, 산마르코미술관). 그리스도교 설교가 사보나롤라는 메디치가와 피렌체를 조락으로 이끈 장본인으로, 그의 가르침은 피렌체 일반 시민뿐 아니라 피코 델라 미란돌라, 보티첼리, 구이차르디니 등 많은 문인 및 예술가들의 마음을 움직였다. 바르톨로메오도 사보나롤라가 죽자 슬픔에 빠져 그림 그리기를 그만두었다.

실하게 반영하고 있는 듯한 느낌입니다. 마키아벨리가 '로렌초만큼 운명과 신의 사랑을 받은 자는 없었다'고 말한 것도 수긍이 가지 않습니까.

여기에 소개하는 시는 이탈리아 문학사에 남을 작품으로, 중학생도 배우고 영화관 스크린 위에도 새겨질 만큼 대중적인 「바쿠스의 노래」라는 시의 첫 부분입니다. 술의 신 바쿠스에게 바치는 이

(뒤) 보티첼리의 「세 왕의 경배」(피렌체, 우피치미술관). 피렌체의 가장 유명한 르네상스 화가 가운데 한 사람인 보티첼리는 1490년대에 사보나롤라가 대두하자 종교로 기울어져 화풍이 완전히 달라졌고, 나중에는 붓을 꺾고 가난 속에서 죽었다(오른쪽 끝에 화면 밖을 응시하고 있는 사람이 보티첼리 자신이다).

시는 술을 마시며 야단법석을 떠는 소동으로 끝나는 것이 보통인 사육제용 시로, 실제 사육제 시즌 노래로 불렸습니다. 뜻만이 아니라 소리로도 원작의 느낌을 따라갈 수 있도록 원문 그대로 소개하겠습니다. 이탈리아어 발음은 로마자를 읽는 것과 비슷하니까, 읽기가 그리 어렵지는 않을 것입니다.

「바쿠스의 노래」
Quant'è bella giovinezza,
che si fugge tuttavia!
(chi vuol esser lieto, sia:
  di doman non c'è certezza.
청춘은 얼마나 아름다운가
하지만 순식간에 지나가버린다
(즐기고 싶은 자는 어서 즐겨라
  확실한 내일은 없으니까.

이 시는 8연까지 있는데, 제1연의 마지막 두 행이 나머지 일곱 연에서도 마지막에 후렴처럼 되풀이되는 구성으로 되어 있습니다. 그래서 낭독하기보다 류트의 반주에 맞추어 노래로 부르기에 적당한 시였고, 이것도 당시 이 시가 큰 인기를 얻은 이유였을 겁니다. 오늘날의 영화관 벽에 새겨져 있는 것도 후렴처럼 되풀이되는 마지막 두 행입니다.

마키아벨리의 현실주의 사상

 로렌초는 요절이라 해도 좋은 42세에 죽었는데도, 마키아벨리는 그가 좋을 때 죽었다고 말합니다. 로렌초보다 20년 뒤에 태어난 르네상스 제일의 이 경세(警世) 사상가는 로렌초의 죽음을 고비로 무너져가는 피렌체를 다시 일으켜 세우려고 애쓴 사람이었으니까, 로렌초가 좋을 때 죽었다는 말에는 깊은 의미가 담겨 있습니다. 행복한 피렌체를 구현할 수 있었던 이에 대한 부러움과 이제 과거가 되어버린 이에 대한 아쉬움이 느껴지지 않습니까.

 피렌체 사람인 니콜로 마키아벨리의 대표작은 세계의 명저 시리즈에서는 빠질 수 없고 현대에 이르기까지 많은 독자를 얻고 있는 『군주론』입니다. 이것은 지도자란 모름지기 어떠해야 하는가 하는 구체적인 지도자론을 통해, 당시에는 획기적이었던 완전한 정교분리를 제창한 작품입니다. 로렌초 데 메디치의 정치는 정교분리로 일관했고, 마키아벨리는 『피렌체 역사』에서 이런 로렌초를 칭찬합니다. 따라서 『군주론』에서도 로렌초를 누구보다 많이 언급하고 모델로 삼아도 이상하지 않았을 겁니다. 그런데 『군주론』에는 로렌초를 언급한 부분이 하나도 없습니다. 마키아벨리는 로렌초를 시대에 맞는 지도자의 모델로 삼지 않았습니다. 그가 계속 변화하는 이탈리아에 적합한 지도자로 꼽은 사람은 많은 면에서 로렌초와는 대조적인 체사레 보르자였습니다. 무엇 때문일까요.

 당시 유럽에서는 분명 선진국이었던 이탈리아의 베네치아, 밀라노, 피렌체, 로마, 나폴리 사이에서는 코시모나 로렌초가 추진한 세력균형 정책이 유효했습니다. 이미 세력을 가진 나라들 사이에서

마키아벨리가 그의 주저 『군주론』을 집필했던 산탄드레아 산장의 서재

는 이 정책이 기능을 발휘할 수 있었습니다. 하지만 이 가치관은 개발도상국—아직 세력을 갖지 못한 나라—에는 통하지 않습니다. 세력균형 정책은 현상유지 정책이기 때문이죠. 그런데 현상유지로는 만족하지 못하는 나라가 현상유지 정책을 택한 나라의 전체 인구와 맞먹는 대군을 이끌고 쳐들어오면 어떻게 될까요. 15세기 말에 프랑스 대군이 쳐들어왔을 때, 이탈리아 각국은 바로 이 문제에 직면했습니다. 여기에 대답하려고 애쓴 것이 마키아벨리의 『군주론』입니다. 시대는 변했습니다. 지도자상도 변할 수밖에 없습니다.

프랑스에 파견된 피렌체 공화국의 외교 사절단 앞에서 프랑스의 루이 12세는 이렇게 말합니다.

'이탈리아인은 전쟁을 모른다.'

마키아벨리의 초상(피렌체, 팔라초 베키오). 이것은 마키아벨리의 풍모를 잘 보여주는 그림으로, 그는 균형이 잘 잡힌 약간 마른 체격에다 머리는 작고 이마는 넓으며, 머리칼은 검은색이고 광대뼈가 튀어나와 있다. 검은 눈동자에는 생기가 돌고 입술은 얇다.

그러자 사절단 말석에 앉아 있던 30세의 마키아벨리가 감히 대꾸합니다.

'프랑스인은 정치를 모릅니다.'

그러나 군사대국인 동시에 정치대국은 오직 로마 제국뿐이었고, 그 전에도 후에도 그런 나라는 존재하지 않은 것이 인간 세계의 현실입니다. 이 현실을 직시하지 않을 수 없었던 마키아벨리가 보기에, 정치는 잘했지만 군사를 중요시하지 않은 로렌초는 이탈리아의 현재를 논한 『군주론』에 언급할 가치가 없는 과거의 인물이었을 겁니다.

그렇기 때문에 피렌체의 '과거'를 서술한 『피렌체 역사』에서는 로렌초를 높이 평가했고, 그것은 당연합니다. 로렌초와 마키아벨리는 본질적으로는 비슷한 인간이 아니었을까요. 둘 다 다른 어느 나라도 아닌 피렌체에서만 태어날 수 있는 인간이라는 점에서."

르네상스는 곧 레오나르도와 미켈란젤로

"피렌체에서만 태어날 수 있는 인간이라면, 레오나르도 다 빈치야말로 그 전형이 아닙니까? 우리 후세인들이 르네상스를 생각할 때 맨 먼저 머리에 떠오르는 사람이 레오나르도입니다. 아니, 르네상스는 곧 레오나르도라는 느낌까지 듭니다. 르네상스의 '피렌체 편'은 역시 레오나르도 다 빈치로 마무리하는 편이 좋을 것 같은데요."

"무슨 뜻인지 잘 알겠습니다. 이탈리아 르네상스는 수많은 천재를 배출했지만, 천재를 뛰어넘는 거인이라면 역시 레오나르도와 미켈란젤로를 들 수밖에 없습니다. 창조한 작품의 양으로는 미켈란젤로, 사색과 관련된 분야의 다채로움은 레오나르도라고 말할 수 있을까요. 영국 철학자인 버트런드 러셀의 저서 가운데 『서양의 지혜』(*Wisdom of the West*)라는 책이 있는데, 거기에 이런 말이 나옵니다.

〈철학(philosophy)은 과학(science)과 마찬가지로 누군가가 극히 일반적인 의문을 품었을 때 시작된다. 이런 종류의 호기심을 최초로 민족적인 규모로 가진 것이 그리스인이었다. 현대의 우리가 알고 있는 철학과 과학은 고대 그리스인의 창조물이다. 그리스 문명은 이 지적 운동의 폭발이며, 이만큼 화려한 이벤트는 역사에 존재하지 않는다. 그 전에도 그 후에도 이 그리스와 견줄 수 있는 지(知)의 폭발은 일어나지 않았다. 2세기라는 짧은 기간에 그리스인은 예술과 문학, 과학, 철학의 각 분야에 걸쳐 엄청난 양의 걸작을 창출했다. 그리고 이것이 그 후 서양 문명의 기초와 체계를 형성하게 되었다.〉

유럽연합(EU)에서는 해마다 하나의 문화 도시를 선정합니다. 첫 번째 해는 그리스의 아테네, 두 번째는 이탈리아의 피렌체였지요. 세 번째부터는 어디였는지 기억나지 않습니다. 언론도 더 이상 다루지 않았습니다. 아직 계속되고 있다 해도, 이제는 원래의 의의를 잃어버렸기 때문이겠지요.

버트런드 러셀의 말을 소개한 것은 아테네가 대표하는 그리스에 이어 피렌체를 선두로 하는 이탈리아에서도 '지(知)의 폭발'이 일

야코비노 델 몬테가 그린 미켈란젤로의 초상(피렌체, 카사 부오나로티). 미켈란젤로는 창조한 작품의 양으로나 그 질로 보나 살아 있는 동안에는 물론 현대에 이르기까지 가장 위대한 예술가의 한 사람으로 추앙받고 있다. 수많은 그의 회화·조각·건축 작품들은 현존하는 가장 유명한 작품들로 손꼽힌다. 그 가운데 오늘날 가장 잘 알려진 것은 시스티나 예배당의 천장화임에도 불구하고 미켈란젤로는 스스로를 무엇보다도 조각가라고 여겼다. 그는 평생 대리석 조각에 몰두했으며 단지 일정 기간만 다른 분야의 예술작업을 했을 뿐이다.

어났다고 말하고 싶었기 때문이기도 하지만, 레오나르도 다 빈치를 이야기하는 경우에도 러셀의 이 말을 인용할 수 있다고 생각했기 때문입니다. 레오나르도 다 빈치만큼 평생을 '왜'로 일관한 사람은 없었습니다. 내가 상상하는 레오나르도는 '페르케, 페르케, 페르케' 하고 혼자 중얼거리면서 방 안을 오락가락하는 모습입니다. '페르케'(perche)는 이탈리아어로 '왜'라는 뜻이지요.

레오나르도는 만능인이라고 불리지만, 이것은 뭐든지 잘하는 사람이나 손재주가 좋은 사람을 뜻한다고 말할 수는 없습니다. 그보다는 '왜'를 해명하는 데 어떤 경우에는 회화가 적합했고 또 다른 경우에는 인체 해부가 가장 적절한 수단이었기 때문에 다방면에 손을 대다 보니 결과적으로 만능인이 되어버린 게 아닐까요. 물론 손을 댄 일마다 남달리 뛰어난 성과를 거두었으니까, 그런 의미에서는 '뭐든지 잘하는 사람'이긴 했지만 말입니다.

그에게는 예술도 과학도 기술도 관찰도 그 자신 속에서 일체화되어 있었다고 하는데, 이것도 모든 것이 '왜'에서 출발했기 때문이 아닐까요. 다원적인 사고를 가진 사람이 아니라, 출발점은 '왜' 하나인데 그것을 해명하기 위해 생각하는 과정이 다원적이 된 것이지요.

평범한 재능을 가진 사람의 경우에도 창조는 '왜'를 해명하려는 욕구에서 시작됩니다. 하지만 이런 사람들은 완성한 뒤에야 비로소 '왜'의 해명이 이루어진 것을 알게 됩니다. 그런데 레오나르도는 완성하기 전에 창작 과정에서 이미 알아버립니다."

"그것이 레오나르도에게 미완성 작품이 많은 이유인가요?"

"물론 그것도 이유 가운데 하나겠지요. 하지만 또 다른 이유는 완성이 불가능하다는 것을 알았기 때문일 겁니다.「최후의 만찬」 벽화는 중앙에 앉아 있는 그리스도의 얼굴이 마지막까지 그려지지 않았다고 합니다.「세 왕의 경배」는 밑그림을 그리는 단계에서 포기해버렸어요. 작품을 완성할 수 있으려면 어느 단계 이상은 체념할 줄도 알아야 합니다. 거꾸로 말하면, 어느 단계까지는 해냈지만 그 이상은 체념했기 때문에 작품을 완성할 수 있었다고 말할 수도 있지요."

"레오나르도는 체념하지 않았습니까?"

"레오나르도도 체념했습니다. 다만 그것은 작품이 완성되느냐 미완성으로 남느냐 하는 것과는 무관했을 뿐이지요. 레오나르도는 본질적으로 겸허한 사람이었어요."

"겸허함은 창작자에게는 필수 불가결한 겁니까?"

"필수 불가결합니다. 누구에게도 지지 않는다는 오만함도 필수 불가결한 조건이지만."

"겸허함과 오만함은 모순되지 않습니까?"

"보통 사람이라면 두 가지가 충돌해서 정신이 불안정해지기 쉽습니다. 하지만 창작자는 어느 한쪽으로 치우치지 않고 양쪽을 모두 구사해 작품을 만들어갑니다. 레오나르도도 젊은 미켈란젤로가 적개심을 불태웠을 만큼 오만불손했지요."

레오나르도의 후원자들

"레오나르도는 왜 그렇게 많은 스케치나 착상을 남겼을까요?"

"당신도 '왜'를 연발하는 병에 걸린 모양이군요. 하지만 평생을 '왜'로 일관한 레오나르도에게 다가가려면 계속 '왜'냐고 물으면서 스스로 대답을 생각해보는 방법밖에 없을지도 모릅니다. 레오나르도는 관찰과 사색을 통해 얻은 착상을 글로 쓰거나 그림으로 그려서 사색의 깊이를 더해가는 작업을 계속한 게 아닐까요. 펜이나 붓을 사용한 표현은 남에게만이 아니라 자기 자신에게 말하는 것이기도 합니다. 글이나 그림으로 표현하면 생각이 좀더 명료해지니까요. 표현에는 전달 수단의 역할만이 아니라, 머릿속에 있는 생각을 분명하게 하는 역할도 있습니다."

"하지만 레오나르도가 그런 식이면, 그에게 작품을 주문한 사람도 꽤나 애를 먹었겠군요."

"레오나르도는 당시에 최고의 그림값을 받았습니다. 나이 차이가 스물세 살이나 되니까 비교하기는 어렵지만, 미켈란젤로의 두 배는 받았을 거예요. 따라서 그림만 그렸다면 엄청난 돈을 벌 수 있었을 겁니다. 그런데 레오나르도는 살 사람도 후원자도 나타날 것 같지 않은 비행기나 인체 해부에 열중합니다. 그림으로 번 돈을 교회에 딸린 일종의 신탁은행에 맡겨놓고, 그것을 돈벌이가 되지 않는 연구에 쏟아부었지요. 후원자를 찾아 돌아다니는 도중에 자주 피렌체에 들른 것은 돈을 인출하기 위해서였습니다. 물론 자기를 키워준 고국을 방문하는 즐거움도 있었겠지만.

이런 레오나르도를 후원하거나 후원자적인 관계에 있었던 사람은 다음과 같습니다.

우선 '일 마니피코'라는 경칭으로 불린 메디치 집안의 로렌초.

레오나르도 다 빈치의 「최후의 만찬」(밀라노, 산타 마리아 델레 그라치에 수도원). 동일한 테마를 다룬 이전의 그림들에서는 사도들이 식탁에 한 줄로 앉아 있고 유다만이 다른 사람들과 떨어져 있으며 예수는 조용히 성찬을 나누어주고 있다. 다 빈치의 이 그림은 이전의 전통적인 것들과 아주 다르다. 여기에는 드라마가 있고 흥분이 있다.

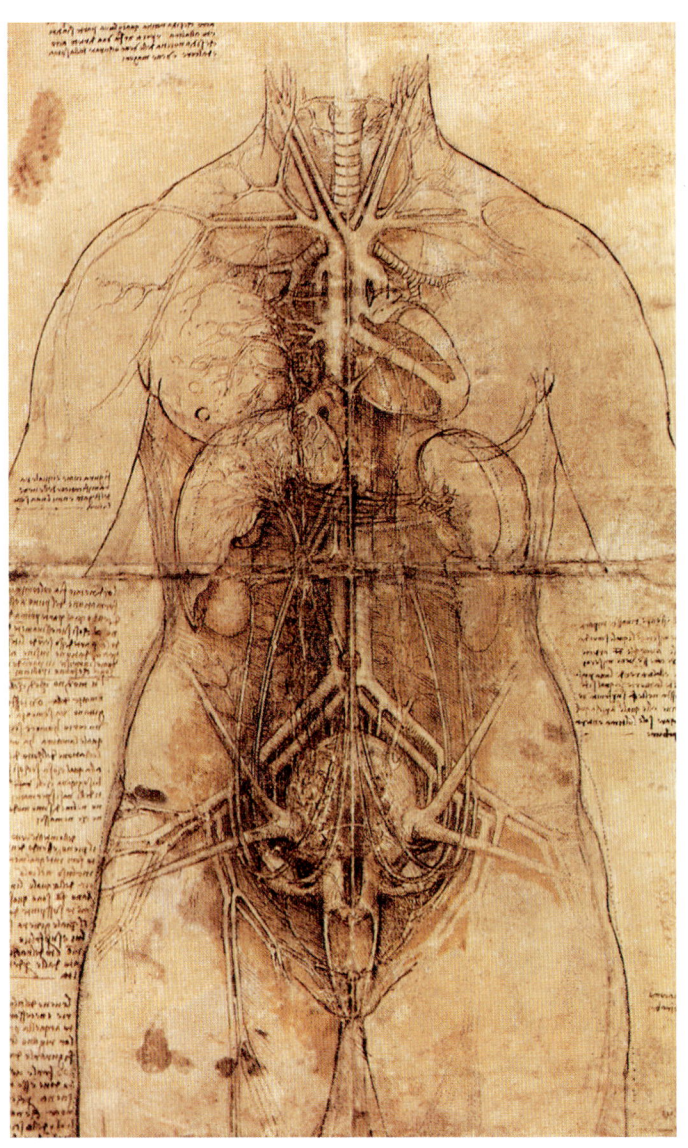

레오나르도 다 빈치가 그린 여성의 해부도(런던, 윈저궁 왕실도서관)

결론부터 말하면 이 르네상스 정신의 구현자는 역시 르네상스 정신의 구현자인 레오나르도의 후원자가 되지는 않았고, 다른 후원자에게 소개만 했습니다. 로렌초와 레오나르도는 나이 차이가 세 살밖에 안 됩니다. 그리고 이것은 여담이지만, 오늘날에도 피렌체 남자들 가운데 로렌초와 레오나르도라는 이름이 가장 많습니다. 이들 두 사람 사이가 냉담했던 것은 로렌초가 레오나르도를 이해하지 못했기 때문이거나, 아니면 뚜렷한 기호를 가졌던 로렌초의 세계와 레오나르도가 사는 세계가 완전히 동떨어져 있었기 때문일 겁니다. 로렌초의 기호를 반영해 계속 관념론으로 기울어지는 플라톤 아카데미에 보티첼리는 자주 드나들었지만, 레오나르도는 관심조차 기울이지 않았습니다. 보티첼리와 레오나르도는 베로키오의 공방에서 함께 배운 선후배 사이였지요. 스승인 베로키오의 「그리스도의 세례」라는 작품 왼쪽 끝에 도제 시절의 레오나르도가 그린 천사의 비할 데 없는 아름다움은 같은 시기 보티첼리가 그린 성모 마리아나 천사들의 우아한 아름다움을 훨씬 넘어섰으니까, 미적 감각이 남보다 훨씬 뛰어난 로렌초의 관심을 끌지 않았을 리가 없습니다. 그런데 로렌초가 한 일은 레오나르도를 밀라노 공작에게 소개하는 것이었습니다. 요즘 말하는 두뇌유출에 한몫 거들었을 뿐이죠.

두 번째 관계자는 얼굴이 까무잡잡해서 '일 모로'(무어인)라고 불린 밀라노 공작 루도비코 스포르차입니다. 이 밀라노 공작은 자신의 기호가 확실치 않다는 점에서 학문과 예술의 후원자로는 로렌초보다 적절했는지, 레오나르도는 밀라노에 16년이나 머물게 됩

레오나르도 다 빈치가 그린 이사벨라 데스테의 초상(파리, 루브르미술관). 레오나르도는 자기의 조국 피렌체를 떠나 후원자를 찾아다녔는데, 그 가운데 한 사람이 바로 만토바 후작부인인 이사벨라 데스테다.

니다. 로렌초의 죽음도, 메디치 은행의 파산도, 조국 피렌체가 사보나롤라에게 굴복한 것도, 그로부터 4년 뒤에 사보나롤라가 처형당한 것도 모두 밀라노에서 전해 들었지요.

밀라노에 처음 도착했을 때 레오나르도가 로렌초의 소개장과 함께 공작에게 제출한 것이 그 유명한 자기추천장입니다. 마치 엔지니어가 자신을 선전하는 듯한 내용을 아홉 항목에 걸쳐 자세히 열거한 뒤에야 비로소 그림도 누구보다 잘 그릴 수 있다는 한마디를 덧붙였다고 합니다. 피렌체에 있을 때 그를 유명하게 만든 것은 그림이었습니다. 그런데 이런 자기추천장을 쓴 것은 30대에 접어든 젊은 레오나르도의 패기를 나타내고 있다고 할까, 아니면 아니꼽게 거드름을 피웠다고 할까. 밀라노 공작도 바보는 아니었으니까 부록처럼 마지막에 적혀 있는 화가로서의 재능을 충분히 활용합니다. 애첩의 초상화까지 그리게 했으니까요. 레오나르도도 꾸물대지 않고 척척 완성합니다.

일 모로는 보통 사람이라면 질색할 인체 해부까지도 레오나르도 마음대로 하게 해준 모양이지만, 프랑스군의 침략으로 실각하게 됩니다. 레오나르도는 다른 후원자를 찾을 수밖에 없었지요. 그는 만토바 후작부인인 이사벨라 데스테를 찾아갑니다. 그런데 이 여인은 학문과 예술의 보호자라고 선전하는 사람들이 흔히 그렇듯이, 레오나르도의 재능이 아니라 레오나르도가 그려주는 자기 초상화를 원했을 뿐입니다. 레오나르도는 만토바를 떠날 수밖에 없었지요. 주문은 창작자에게 자극을 주기도 하지만, 레오나르도는 아무래도 마음이 내키지 않는 주문에 응하기에는 자기 자신에게 지나치게 정직했을 겁니다.

그 후 레오나르도가 찾아간 사람이 바로 체사레 보르자입니다. 마키아벨리에 따르면 체사레는 위기의 이탈리아를 구할 수 있는 유일한 지도자였고, 그렇기 때문에 현상유지 노선에 저항해 당시의 많은 사람들이 그를 위험인물로 보고 있었습니다. 레오나르도가 이런 사람을 제 발로 찾아갔다는 것이 후세의 레오나르도 연구자들에게는 꺼림칙하고 이해할 수 없는 일로 여겨집니다. 하지만 레오나르도의 관심사 가운데 하나가 도시계획이나 인프라 정비였다는 점을 잊어서는 안 됩니다. 물려받은 나라를 부흥시키기만 하면 되었던 로렌초와는 달리, 체사레 보르자는 처음부터 자기 왕국을 건설해야 했습니다. 레오나르도도 그것을 알았기 때문에 일을 하고 싶다고 제의했고, 체사레가 제공한 건설 총감독 자리를 받아들였습니다. 체사레가 장수를 누렸다면, 레오나르도가 고안한 획기적인 인프라가 세상에 남았을지도 모릅니다. 하지만 마키아벨리가 『군주론』에서 이상적인 군주의 모델로 삼았던 체사레는 불과 1년 뒤에 실각하고 맙니다. 51세가 된 레오나르도는 일할 수 있는 곳을 다른 데서 찾을 수밖에 없었지요.

레오나르도의 최후

그 후 피렌체와 프랑스 왕이 지배하는 밀라노에서 계속 일하면서도 안주할 땅을 찾아 돌아다닌 레오나르도는 교황이 된 로렌초의 아들 레오 10세를 따라 로마로 거처를 옮긴 교황의 동생 줄리아노 데 메디치의 초청을 받고 로마로 갑니다. 교황 레오 10세는

라파엘로가 그린 「레오 10세와 두 명의 추기경」(피렌체, 우피치미술관). 레오 10세가 가장 사랑한 예술가는 라파엘로였다. 라파엘로가 37세의 젊은 나이에 세상을 떠나자 교황은 애통한 나머지 고대 로마에서는 신들의 전당이었던 판테온에 매장하는 것을 허락할 정도였다.

예술과 학문의 르네상스 운동을 후원했던 프랑스 왕 프랑수아 1세(클루에 그림, 파리, 루브르미술관)

로마에 머물게 된 레오나르도에게 그림을 그리라고 요구하지는 않았습니다. 레오 10세의 취향에 맞는 라파엘로가 있었기 때문이지요. 게다가 라파엘로는 그림을 그리기 시작하면 반드시 완성하는 화가이기도 했습니다. 메디치 집안 출신인 교황은 레오나르도에게 그림을 요구하지도 않았지만, 시체 해부를 허락하지도 않았습니다. 개명한 메디치 집안 출신이라도 로마 교황이 되면 기독교회의 율법을 무시할 수 없었는지도 모르지요. 그리고 곧이어 레오나르도의 보호자 역할을 맡고 있던 줄리아노가 죽어버립니다. 레오나르도가 전에 한 번 만난 적이 있는 프랑스 왕 프랑수아 1세의 초대를 받고 이탈리아를 떠나 프랑스로 간 것은 줄리아노 데 메디치가 죽은 직후인 1516년이었습니다. 레오나르도 어느덧 64세의 노인이 되어 있었지요.

프랑수아 1세는 보호자라기보다 레오나르도를 좋아하고 존경했고, 남프랑스의 앙부아즈 교외에 있는 클루성을 레오나르도에게 제공합니다. 물론 생활비나 그 밖의 모든 비용을 충당하고도 남을 만큼 충분한 연금도 주었지요. 게다가 주문은 일절 하지 않았습니다. 뭔가를 해달라고 요구하지도 않고, 그냥 프랑스에 있어주기만 하면 된다는 겁니다. 레오나르도 같은 사람에게는 아무 조건 없이 생활을 보장해주겠다는 제의만큼 기쁜 제의도 없었을 겁니다. 그리고 레오나르도도 늙었습니다. 여러 나라를 떠돌아다니기도 힘겨운 나이가 되어 있었지요.

하지만 앙부아즈에서의 편안하고 조용한 여생은 3년 만에 끝나버립니다. 1519년 5월, 그곳에서 레오나르도는 67년의 생애를 마쳤으니까요. 생 플로랑탱 교회에 매장되었다지만, 얼마 후 전란의 와중에 교회가 파괴되어 유해의 행방도 알 수 없게 되었습니다. 레오나르도는 죽어가는 노인과 이야기를 나누고 죽은 뒤에는 편안한 죽음의 원인을 찾기 위해 그 노인의 유해를 해부했으니까, 그런 대우를 받아도 불만스러워하지는 않았을 겁니다.

레오나르도는 프랑스 왕의 호의가 무척 고마웠는지, 그때까지 어디에나 갖고 다니던 「모나리자」를 왕에게 준다는 유언을 남겼습니다. 덕분에 「모나리자」는 프랑스에 남았고, 지금은 루브르미술관의 보물이 되었습니다. 물론 피렌체도 밀라노도 로마도 지금까지 레오나르도 덕분에 돈을 벌고 있는 것은 마찬가지지만요.

레오나르도 다 빈치의 「모나리자」(파리, 루브르미술관). 레오나르도는 아무 조건 없이 작업에만 몰두할 수 있도록 배려해준 프랑수아 1세에게 고마움에 대한 보답으로 이 작품을 준다는 유언을 남겼다.

마지막으로 레오나르도가 남긴 말을 선사하겠습니다.

〈인간은 자기 자신을 지배하는 힘보다 더 큰 지배력도 더 작은 지배력도 가질 수 없는 존재다.〉

한마디로 말하면, 자신을 이긴다는 의미에서 극기라고 할까요. 나에게는 이 말이 레오나르도의 '르네상스 선언'처럼 들립니다."

2

로마에서 생각한다

"로마의 장점은 이 도시가 세계에서 유일하게
보편적인 도시라는 것이다"

세계에서 유일하게 보편적인 도시

"옥상 테라스는 여기뿐인 줄 알았는데, 둘러보니까 여기저기에 많군요."

"로마의 도심에 살면 도로나 광장의 로마, 집 안의 로마, 옥상의 로마 등 세 가지 로마를 즐길 수 있답니다. 물론 혜택받은 사람만이 세 가지 로마를 함께 누릴 수 있지만요."

"여기서 바라보니, 정말로 옥상의 로마가 존재한다는 걸 납득할 수 있습니다. 교회의 둥근 지붕도 밑에서 쳐다보는 게 아니라 평행선상에서 바라볼 수 있고, 옥상이니까 당연하지만 시야가 넓어서 기분도 호쾌해지는데요. 기후도 피렌체와는 다른 것 같습니다."

"로마를 표현하는 말 가운데 '아리오소'(arioso)라는 말이 있습니다. 바람이 잘 통한다거나, 곰상스럽지 않고 대범하다는 뜻의 형용사지요. 분지인 피렌체는 여름에는 덥고 겨울에는 추운데, 로마는 여름에는 시원하고 겨울에는 따뜻해요. 이탈리아반도에서 가장 기후가 온난한 곳은 로마와 나폴리 주변이랍니다. 이 로마를 수도로 삼고, 경치가 아름다울 뿐 아니라 온천도 풍부한 나폴리 주변을 휴양지로 삼은 고대 로마인의 절묘한 입지 선택에는 감탄할 수밖에 없습니다.

고대 로마라는 말이 나왔으니 말이지만, 로마 제국이 멸망한 지 1500년이나 지났는데 아직도 로마시는 4월 21일을 축제일로 삼고 있습니다. 기원전 753년 4월 21일에 로물루스가 고대 로마를 건국한 것으로 되어 있기 때문이지요. 로마 제국이 건재했을 당시에는 해마다 그날을 건국제로 기념했습니다. 제국이 멸망한 뒤에는 건

국제로 기념할 수 없게 되었지만, 로마라는 도시는 계속 존재했으니까 '건국제'(建國祭)가 아닌 '건도제'(建都祭)로는 기념할 이유가 있기 때문이겠지요.

그리고 현대의 로마시는 시를 나타내는 약호도 고대 로마의 'SPQR'을 그대로 사용하고 있습니다. '로마 원로원 및 시민'을 뜻하는 라틴어 'Senatus Populus Que Romanus'의 약자입니다. 물론 유럽과 중동 및 북아프리카를 망라한 로마 제국은 이미 존재하지 않고, 로마 시민도 이 대제국을 짊어질 책무를 가진 시민이 아니라 단순히 로마에 사는 사람이라는 의미밖에 없지요. 그런데도 고대 로마의 약호를 그대로 사용하는 게 우습지만, 고대 로마인처럼 자기 비판 의식이 강한 현대의 로마인은 'SPQR'을 'Sono porci questi romani'(로마 시민은 돼지다)의 약자로 생각하고 있답니다.

영원한 도시 로마도 좋게 말하면 대범하고, 정확하게 평하자면 '아무렇게나 되는 대로'인 도시랍니다. 로마에 살고 있으면 누구나 '아리오소'해져 버리는지도 모르지요. 그 예를 한 가지 소개할까요. 『에세』의 저자로 유명한 몽테뉴가 『여행 일기』에서 로마를 기술한 부분입니다.

〈로마의 장점은 이 도시가 세계에서 유일하게 보편적인 도시여서, 각 나라나 지방의 특이성이나 차이점 따위는 전혀 개의치 않

고대 로마의 다목적 열린 공간이었던 포룸 로마눔

는다는 점이다. 실제로 로마에는 많은 외국인이 살고 있는데, 같은 나라 사람들끼리 모여 살고 있긴 하지만, 마치 조국에서 사는 것처럼 생활하고 있다. 로마의 통치자(교황)는 그 권위 속에 전 세계의 모든 기독교 국가를 포용하고 있으니까, 교황이 사는 로마가 서로 이웃해 생활하는 수많은 외국인 공동체로 구성되어 있는 것도 당연할 것이다. 로마에서는 교황을 선출하거나 추기경을 임명할 때도 출신 국가가 문제되지 않는다.

베네치아도 많은 외국인이 사는 도시라는 점에서는 로마와 마찬가지지만, 여기서는 사정이 좀 달라진다. 외국인들은 베네치아의 합리적이고 자유로운 정치와 그 성과인 상업적 이익에 이끌려 그 도시로 모여든다. 하지만 그래도 왠지 외국에 살고 있다는 생각은 늘 마음속에 남아 있다. 반대로 로마는 모든 조직이 성직자에게 편리하게 되어 있고 제도 또한 그렇지만, 외국인도 각자의 재력과 지위에 따라 자기 나라에 사는 것처럼 생활하고 있다. (중략) 로마에서 프랑스인은 프랑스풍, 에스파냐인은 에스파냐풍, 독일인은 독일풍, 이탈리아의 각 지방 출신들도 각자 제 고장의 독특한 차림을 하고 있지만, 서민들조차 그 차이에 주의를 기울이지 않는다. 하지만 걸인은 상대의 옷차림으로 그의 출신지를 알아차리고, 그 나라 말로 '한 푼 줍쇼' 하고 말을 건다.〉

이어서 몽테뉴는 자기가 '로마 시민권'을 취득한 자초지종을 서술하고 있습니다. 로마 주재 프랑스 대사를 통해서겠지만, 교황의 아들(성직자한테도 아들이 있었다는 게 로마답습니다)인 소라 공

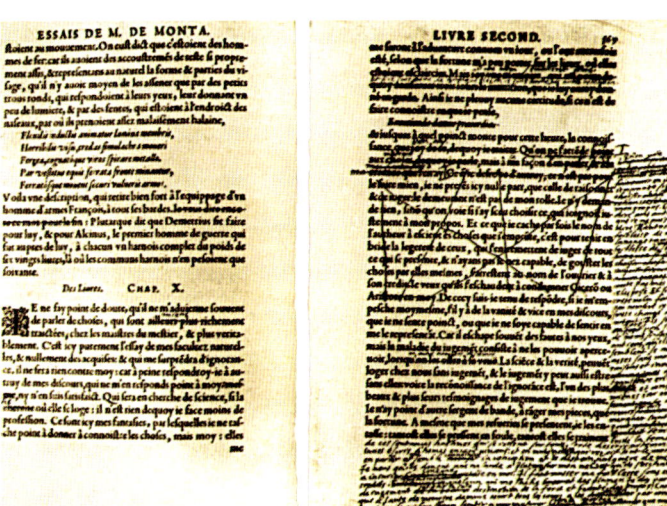

몽테뉴가 『에세』 제2권 제10장 첫 부분에 써넣은 친필(보르도시립도서관). 몽테뉴는 죽을 때까지 이 책의 내용을 수정·보완했는데, 현재 우리가 만나는 『에세』는 그가 수정·보완한 것을 편찬한 것이다.

작이나 시종장인 무소티와 교섭해 로마 시민권을 받는 데 성공합니다. 프랑스 제일의 모랄리스트도 상당히 기뻤던 모양입니다. '실질적인 이익은 수반되지 않는 칭호'이고 '옛날의 영광과 위대함에 대한 신성한 기억을 불러일으키는 데 불과하다'고 말하면서도 '역시 기뻤다'고 말하고 있습니다. 프랑스가 갈리아라는 이름으로 제국의 일원이었던 시대의 로마 시민권이라도 얻은 기분이었을까요.

그런데 여기까지는 그저 미소를 자아낼 뿐이지만, 여기서부터는 그 미소가 웃음으로 바뀝니다. 스스로도 부끄러웠는지 몽테뉴 자신은 아무 말도 안 했지만, 연줄을 통해 로마 시민권을 요청해

프랑스 르네상스 최고의 모 럴리스트 몽테뉴(토마 뒤 루 그림, 개인 소장)

온 몽테뉴에게 시민권을 준 이유가 '몽테뉴는 프랑스의 소크라테스다'라는 것이었답니다. 소크라테스의 철학을 가르치기 위해 제자인 플라톤이 아테네에 세운 것이 '아카데미아'인데, 그 학교가 폐교된 이유는 '기독교도에게 어울리는 가르침이 아니다'라는 것이었지요. 기독교도 로마에 길들면 '아무렇게나 되는 대로'가 되어버리는 게 아닌가 싶습니다. 잠시 머무는 여행자에 불과한 몽테뉴에게 '프랑스의 소크라테스'라는 이유로 로마 시민권을 준 교황은 볼로냐 출신의 그레고리우스 13세였습니다. 몽테뉴가 머물렀던 1581년 당시의 로마는 처음에는 종교개혁의 물결, 다음에는 반종교개혁의 물결에 뒤흔들린 뒤의 로마입니다. 반세기 전의 르네상스 시대였다면, '바람'이 잘 통했을 뿐 아니라 활기도 있었을 거라는 생각이 듭니다."

르네상스는 피렌체에서 로마로

"로마가 피렌체를 대신해 르네상스의 중심이 된 이유는 무엇이고, 그것은 언제부터입니까?"

"모든 역사 현상이 그렇듯이, 르네상스도 언제 어디가 중심이 되고 언제 중심에서 벗어났는지 명확하게 선을 그을 수는 없습니다. 하지만 태풍이 이동해가는 것과 비슷한 움직임은 포착할 수 있지요. 그 태풍의 눈이 로마에 머문 시기는 아마 15세기 말부터 16세기 초까지 30년 동안일 것입니다. 이 시기의 로마에는 르네상스의 최고봉이라고 일컫는 레오나르도와 미켈란젤로, 라파엘로 세 사람이 모두 머물면서 일하고 있었으니까요."

"피렌체 르네상스의 견인차는 피렌체의 유력한 상인들이었는데, 로마 르네상스의 견인차는 누구였습니까?"

"역대 교황들이지요."

"로마 교황은 신의 지상 대리인이고, 기독교도를 이끄는 양치기 역할을 맡아야 할 존재입니다. 그런데 어떻게 성서를 통해서 보고 생각하고 행동했던 중세를 벗어나, 인간의 눈으로 보고 인간의 마음으로 생각하고 인간의 판단에 따라 행동하자고 주장한 르네상스라는 정신운동의 견인차가 될 수 있었습니까?"

"기독교회만큼 시대의 흐름에 유연하게 대처할 수 있었던 조직도 없을 것입니다. 이것이 기독교회의 진정한 힘인데, 과거에는 성 프란체스코의 청빈사상을 적극적으로 용인한 교황청이 그로부터 200년 뒤에는 화려한 르네상스 회화나 조각이나 건축을 창조하는 데 적극적으로 관여하게 되었지요."

"하지만 예수 그리스도는 솔로몬의 영화보다 들에 핀 한 떨기 백합을 선택했습니다."

"예수는 신의 아들입니다. 하지만 신의 아들이 아닌 인간들은 들에 핀 백합도 사랑하지만 솔로몬의 영화도 좋아하는 골치 아픈 생물이기도 하지요.

그리고 아름답게 꾸민 교회는 기도의 장소로 어울리지 않다고 비난하는 것은 일반 대중의 감정에 너무 무신경한 태도입니다. 교회는 태어났을 때 세례를 받는 곳이고, 결혼식을 올리는 곳이고, 장례식을 거행하는 곳입니다. 그뿐만 아니라 사랑하는 연인을 따라 교회 안으로 들어간 젊은이가 기도를 드리는 그의 어깨에 뜨거운 눈길을 보내는 곳이기도 합니다. 그런 곳을 아름답게 꾸미는 게 뭐가 나쁩니까?"

"교회를 아름답게 꾸몄을 뿐 아니라, 성직자들은 지위가 높아질수록 호화로운 생활을 즐겼다니까, 이것은 성직자 계급의 타락이 아닌가요?"

"사치가 칭찬을 받은 예는 없으니까 좋은 일이 아닌 것은 확실하겠지요. 하지만 무엇 때문인지 서민들은 자기가 도저히 누릴 수 없는 사치를 좋아합니다. 동경한다고 해도 좋습니다. 왕족이나 영화배우나 가수들이 인기 스타가 될 수 있는 것은 그들과는 정반대의 위치에 있을 터인 서민들이 그들을 좋아하고 지지하기 때문이지요.

게다가 화려한 차림의 교황이나 추기경들 옆에는 검정색이나 갈색이나 흰색의 초라하고 수수한 옷을 걸친 수도자들이 있습니다. 이 두 개의 바퀴로 이루어져 있다는 것이 기독교회 조직의 강점이지요. 기독교회가 화려함과 청빈을 양쪽 다 만족시키는 것은 그 양쪽을 요구하는 인간의 본성을 잘 알고 있었다는 뜻입니다.

르네상스 교황이라고 불리는 교황들은 청탁(淸濁)을 겸비하고 있었기 때문에 종교인으로서는 '아무렇게나 되는 대로'였을지 모르지만, 자기가 기독교회라는 조직의 우두머리라는 사실을 명확하게 인식한 사람들이기도 합니다. 바꿔 말하면 성직자의 우두머리만이 아니라 속계의 지도자 역할도 훌륭히 해낼 수 있는 사람들이었지요. 이런 사람들이니까 예술가들도 물러서지 않고 맹렬하게 싸울 수 있었을 게 분명합니다. 주문 받은 일을 얌전히 처리할 뿐이라면 '아르티자노'(artigiano, 기술자)에 불과합니다. '아르티스타'(artista, 예술가)는 고객의 주문과는 상관없이 자기가 창조하고 싶은 것을 만들어내는 사람입니다.

통틀어 르네상스 교황이라고 불리는 이들을 열거하면 다음과 같습니다. 괄호 속은 이탈리아 이름이고, 연대는 재위 기간입니다.

• 피우스(피오) 2세(1458-64년): 속명은 아이네아스 실비우스 피콜로미니. 시에나 근처의 피엔차 출신. 인문학자라고 불린 당시의 지식인으로, 『평론집』을 비롯해 많은 저서를 남긴 문인 교황. 1453년에 일어난 터키의 콘스탄티노플 함락(동로마 제국의 멸망)을 만회하기 위해 십자군을 편성하려고 동분서주하지만, 이탈리아

도시국가들의 외면으로 좌절.

• 파울루스(파올로) 2세(1464-71년): 속명은 피에트로 바르보. 베네치아 출신. 터키 제국의 대두로 서방 세력이 후퇴한 뒤, 베네치아는 십자군이 아니라 터키와의 교역을 재개하는 방법으로 세력을 만회하려 한다. 파울루스 2세는 조국의 정책에 호응해, 터키에 대한 교황청 정책의 방향 전환을 획책했다. 이 사람이 교황으로 선출된 것 자체가 베네치아 공화국의 책략이라고 한다. 여기서 책략이란 물론 교황 선출권을 가진 추기경들을 매수했다는 뜻이다.

• 식스투스(시스토) 4세(1471-84년): 속명은 프란체스코 델라 로베레. 제노바 근처의 사보나 출신. 좋은 면으로든 나쁜 면으로든 정력이 왕성했던 교황. 조카들을 차례로 추기경에 임명해 '네포티즘'(족벌주의)을 시작한 사람. 터키를 공격하기 위해 십자군을 편성하지만, 참가국 사이의 불화로 좌절. 동로마 제국 마지막 황제의 조카딸을 러시아의 이반 3세에게 시집보내, 러시아가 동로마 제국의 계승자가 되는 것을 공인하며 체면을 유지한다.

콘스탄티노플이 이교도인 터키에 함락된 뒤 로마 교황들이 십자군 편성에 열을 올린 것은 기독교 세계의 수장으로서 당연한 태도였다. 평화의 사도를 자임하는 현재의 교황이 세계 각지에서 민족 분쟁이 일어날 때마다 대화에 의한 해결을 제창하는 것과 마찬가지다. 즉 개개인의 생각과는 별도로 십자군을 편성하는 것은 기독

교황 피우스 2세의 묘(파올로 로마노 작). 십자군을 지휘하기 위해 로마에서 떠나 있다 병이 들어 죽자 그의 시신은 로마로 옮겨져 성 베드로 대성당에 묻혔는데, 이 대성당이 새로 건축되던 1614년 그의 묘는 산탄드레아 델라 발레 교회로 이장되었다.

교황 식스투스 4세의 청동 묘(안토니오 델 폴라이우올로와 피에로 델 폴라이우올로 작, 바티칸 그로토, 성 베드로 대성당). 이 무덤은 14세기의 가장 유명한 조각 작품 가운데 하나다. 누워 있는 교황을 둘러싼 다소 낮은 기단에는 덕목을 상징하는 7명의 인물들이 묘사되어 있고, 무덤 가장자리의 오목한 면에는 자유학예를 상징하는 10개의 부조가 장식되어 있다.

멜로초 다 포를리가 바티칸궁에 있는 식스투스 4세의 도서관에 그린 프레스코화(바티칸 박물관, 피나코테카). 이 그림은 식스투스 4세가 플라티나라는 이름으로 알려진 인문주의자 바르톨로메오 사키를 바티칸 도서관장으로 임명하는 장면을 묘사한 것이다. 교황과 무릎을 꿇고 있는 플라티나 사이에는 나중에 율리우스 2세가 되어 로마를 통치하게 될 교황의 조카가 서 있다.

교회 우두머리의 책무였다는 사정을 고려해야 한다.

식스투스 4세는 피렌체 공화국의 실질적인 군주였던 메디치가를 눈엣가시로 여긴다. 로렌초와 줄리아노를 살해하려 한 '파치가의 음모'도 피렌체 내부의 반(反)메디치 세력인 파치 집안의 남자들이 표면에 나서긴 했지만, 식스투스 교황이 배후 조종자였다는 것은 공공연한 비밀이었다.

그런데 메디치가를 미워하면서도, 메디치 가문이 학문과 예술 분야에서 맡은 역할은 모두 그대로 흉내낸다. 수도원에 소장된 사본을 수집해, 4대 전의 교황인 니콜라우스 5세가 창설한 바티칸 도서관의 내용을 충실하게 한 것도 식스투스 4세였다. 메디치가의 코시모가 부활시킨 '아카데미아 플라토니카'를 로마에도 이식하고, 많은 돈을 주고 인문학자들을 모아 '아카데미아 로마나'를 만든 것도 식스투스 교황이다. 그리고 '시스티나 예배당'이라고 불리는 르네상스 회화의 전당을 창조한 것도 식스투스 교황이다. '시스티나 예배당'은 이탈리아어로 예배당을 의미하는 '카펠라'가 여성형이기 때문에 그 다음에 오는 시스토(식스투스의 이탈리아 이름)도 여성화해 'Cappella Sistina'가 되었을 뿐, 이탈리아 이름에 충실하게 번역하면 '시스토 예배당'이 된다.

이 '시스티나 예배당'은 몇 단계를 거쳐 르네상스 예술의 전당이 된다. 첫 번째 단계는 식스투스 4세가 초빙한 움브리아와 피렌체의 화가들 — 페루지노, 보티첼리, 코시모 로셀리, 루카 시뇨렐리, 도메니코 기를란다요 — 이 맡았다. 가로 40미터, 세로 13.5미터인 직사각형의 양쪽 날개에 그려진 12면 벽화가 그것이다. 흥미로

르네상스 예술의 전당인 '시스티나 예배당' 12면 벽화에 참가했던 화가 페루지노

운 것은 교황이 메디치가의 후원을 받는 화가들도 태연히 초빙했고, 로렌초는 마음만 먹으면 이들이 로마에 가는 것을 얼마든지 막을 수 있었는데도 오히려 그들의 로마행을 권장했다는 점이다. 로마 교황청과 메디치 가문의 관계를 개선할 필요성을 깨달은 두 사람이 예술 교류를 그 돌파구로 삼았다고 생각할 수도 있다.

두 번째 단계는 식스투스 4세의 조카이며 20년 뒤에 교황이 된 율리우스(줄리오) 2세가 초빙한 미켈란젤로가 맡는다. 천장 전체를 메운 「천지창조」가 그것이다. 마지막 단계를 맡은 화가도 역시 미켈란젤로였고, 서쪽 벽면 전체에 그려진 「최후의 심판」이 그것이다. 「최후의 심판」을 주문한 사람은 교황 파울루스 3세였고, 작품이 완성된 것은 1541년이었다. 시스티나 예배당이 르네상스 예술의 전당으로 바뀌어간 시기는 로마가 르네상스의 중심이었던 시

기와 그대로 겹쳐진다.

• 인노켄티우스(인노첸초) 8세(1484-92년): 속명은 조반니 치보. 제노바 출신. 로마 교황청을 적대하는 것이 불리함을 깨달은 메디치가의 로렌초는 교묘하게 이 교황을 얽어맸다고 한다.

로렌초는 딸 마달레나를 교황의 친아들인 프란체스케트 치보에게 시집보내는데, 이것은 단순히 교황과 인척관계를 맺기 위한 것은 아니었다. 인노켄티우스 8세가 친아들의 장래를 보장해주고 싶어한 것은 당연한데, 그러려면 교황령 안에 있는 작은 제후국의 영주로 임명하는 것이 가장 손쉽고 간단한 해결책이다. 하지만 그렇게 되면 로렌초의 딸은 후작부인이 될 수 있겠지만, 로렌초와 피렌체 공화국은 그 작은 제후국의 후원자가 되어야 한다는 부담을 지게 된다. 교황의 권위와 권력은 교황이 죽을 때까지만 지속되니까 유한하고, 그런 유한한 것에 투자하는 것은 부적절하다고 로렌초는 생각했을 것이다.

그래서 '위대한' 로렌초는 피렌체 시내에 호화로운 궁전을 짓고, 거기에 사위를 맞아들였다. 물론 충분한 연금도 보장했다. 이로써 로렌초는 딸을 인질로 빼앗기지 않고 오히려 사위를 볼모로 삼으려는 속셈을 현실화할 수 있었고, 로렌초의 속셈을 알아차리지 못한 교황과 그 아들도 만족했다. 동시에 로렌초는 교황의 족벌주의에 편승하지 않았다는 것을 세상에 과시해, 공정함을 원칙으로 내건 그의 명성도 더욱 높아졌다.

(앞) 시스티나 예배당 천장 전체를 가득 메운 미켈란젤로의 「천지창조」(부분). '시스티나'라는 이름은 이 예배당을 처음 창조한 교황 식스투스 4세의 이름에서 유래한 것이다.

로렌초는 메디치 은행 파산의 원인을 만들어 경영자로서는 실격이었지만, 전략적 사고가 필요한 정치가로서는 초일급이었다. 하지만 이 로렌초 일 마니피코도 1492년 4월에 세상을 떠난다. 그로부터 석 달 뒤 교황 인노켄티우스 8세도 죽었다. 이탈리아가 평화로웠던 시대도 막을 내렸다.

• 알렉산데르(알레산드로) 6세(1492-1503년): 속명은 로드리고 보르자. 에스파냐 출신. 샤를 8세가 이끄는 프랑스군을 맞아 싸우게 된 교황. 이를 시작으로 외국 군대가 잇따라 이탈리아를 침략하게 되고, 르네상스의 주역인 이탈리아 도시국가들은 시대의 변화를 깨닫게 된다. 코시모와 로렌초를 우두머리로 하는 메디치 가문의 현상유지 정책으로 그때까지는 이탈리아반도 안의 평화만 생각하면 되었지만, 이제 그런 시대는 지나갔다는 것을 이 시점에서 일찌감치 깨달은 사람은 알렉산데르 6세(보르자 교황)와 그의 아들 체사레 보르자, 그리고 마키아벨리였을 것이다. 체사레는 이탈리아반도 중부를 지배하는 교황청을 군사 강국으로 만들어 외세에 대항할 수 있는 방패로 삼으려 했고, 그의 아버지인 알렉산데르 6세는 교황의 권력과 권위를 모두 동원해 그 계획을 돕는다. 이 정치의 합리성을 이론화한 것이 마키아벨리의 『군주론』이다. 이탈리아는 격동기에 접어들었다.

알렉산데르 6세는 기독교 세계의 우두머리로서, 메디치 집안을 추방한 뒤의 피렌체에 신권정치를 수립하려 한 설교승 사보나롤라의 비난을 받는다. 사보나롤라는 보르자 교황이 세속의 타락에 물든 성직자의 대표라고 몰아붙였다. 하지만 신의 가르침에 충실한

알렉산데르 6세를 악마로 묘사한 16세기 풍자화. 알렉산데르 6세는 부패하고 세속적이며 야심에 가득 찼던 교황으로, 교회의 영적인 유산을 소홀히 함으로써 종교개혁이 발전하는 데 이바지했다.

교황 알렉산데르 6세의 아들로, 마키아벨리의 『군주론』의 모델이 되었던 체사레 보르자. 마키아벨리는 불행한 시대의 피렌체를, 그리고 이탈리아를 구하려면 시대의 요구에 부응할 수 있는 새로운 군주가 필요한데, 체사레 보르자야말로 새 군주의 모델로서 적격한 인물이라고 단언했다.

핀투리키오가 교황 알렉산데르 6세를 위해 바티칸궁전의 '아파르타멘토 보르자'(보르자의 방)라는 6개의 방에 그린 천장화 가운데 일부. 이 그림은 신성한 황소 신 아피스의 이야기를 묘사한 것으로, 고대 이집트에서 숭배된 아피스가 알렉산데르 6세의 방을 장식하는 데 사용된 것은 보르자 가문의 문장에 황소가 그려진 것에 대한 신화적인 근거였다.

정치의 유효성을 믿지 않았던 보르자 교황은 피렌체인의 기질도 잘 알고 있었다. 그래서 정면으로 대결하지 않고 사보나롤라가 자멸하기를 기다렸다. 4년 뒤, 피렌체는 사보나롤라를 처형했다.

보르자 교황이 관계를 가진 르네상스 예술가는 핀투리키오다. 핀투리키오의 아름다운 벽화가 그려진 방은 '보르자의 방'이라고 불리며, 지금도 교황청 안에 건재해 있다. 체사레 보르자는 로마냐 공국을 창설해 이탈리아의 풍운아가 된 시기에 레오나르도 다 빈치와 관계를 가졌다. 이들 두 사람 이외에 특기할 만한 예술가는 없다.

• 율리우스(줄리오) 2세(1503-13년): 속명은 줄리아노 델라 로베레. 사보나 출신으로 식스투스 4세의 조카. 이 교황은 양치기의 지팡이 대신 칼을 든 사람으로, 캉브레 동맹을 결성해 로마의 뜻에 따르지 않는 베네치아 공화국을 공격하는가 하면, 신성동맹을 결성해 어제의 적인 베네치아와 손잡고 어제까지 한편이었던 프랑스를 공격하는 등 왕성한 기세로 교황청 정치를 펼쳤다. 신성동맹이 내건 구호는 '오랑캐(바르바리)를 몰아내자!'였다. 프랑스 왕이 야만족이 되어버린 셈이지만, 어느 쪽이 야만족인지는 알 수 없다는 것이 동시대 지식인들의 평가다. 이렇게 기력이 왕성한 사람이었던 만큼, 관계를 가진 예술가들도 만만치 않았다. 누구나 아는 인물만 꼽아보아도 다음과 같다.

1508년, 33세의 미켈란젤로. 시스티나 예배당 천장에 압권인 「천지창조」를 그리기 시작.

같은 해, 25세의 라파엘로. 지금은 '라파엘로의 방'이라고 불리는 실내의 모든 벽면에 역시 압권이라고 말할 수밖에 없는 벽화를 그리기 시작.

율리우스 2세는 교양이 있는 것도 아니고 행동거지가 세련되지도 않았지만, 젊은 예술가의 재능을 발견하는 능력은 뛰어났다고 말할 수밖에 없다. 온화한 성격의 라파엘로와는 좋은 관계를 유지할 수 있었던 모양이지만, 성격이 강하고 완고한 미켈란젤로와는 계속 충돌한 모양이다. 시스티나 예배당에 들어간 교황이 높은 비계 위에서 천장화를 그리고 있는 미켈란젤로에게 '언제쯤 완성되느냐?'고 묻자, '완성했을 때!'라는 미켈란젤로의 퉁명스러운 목소리가 천장에서 내려왔다는 에피소드는 유명하다. 그래도 「천지창조」는 율리우스 2세가 살아 있을 때 완성되었다. 라파엘로의 벽화가 모두 완성된 것은 다음 교황인 레오 10세 때였다.

율리우스 2세가 미켈란젤로에게 맡긴 일이 많은 것을 보아도, 이들 두 사람은 기질이 비슷했던 게 분명하다. 둘 다 독창적인 무언가를 창조하기 위해 서로를 필요로 하고 있었다.

• 레오(레오네) 10세(1513-21년): 속명은 조반니 데 메디치. '위대한 로렌초'의 둘째 아들. 피렌체 출신. 학문과 예술에 대한 메디치 가문의 사랑을 바티칸에 도입한 인물.

이 교황 시대에 로마에는 짧은 기간이나마 레오나르도와 미켈란젤로와 라파엘로가 교황청 안에 함께 머물면서 창작에 열중했다. 두 선배를 진심으로 존경하고 있던 라파엘로는 「아테네 학당」이라는 벽화를 그릴 때 중앙에 그려넣은 플라톤과 아리스토텔레스의 얼굴을 각각 레오나르도와 미켈란젤로와 비슷하게 그렸다고 한다. 메디치 교황은 아버지인 로렌초처럼 고대 미술품을 수집하는 일에도 열심이었다. 이 교황이 유적 발굴단 총감독으로 임명한 라파엘로는 로마 최초의 본격적인 발굴작업을 지휘한다. 현재 바티칸미술관에 소장되어 있는 고대 미술품은 레오 10세가 앞장서서 시작했고 그 후 역대 교황들이 이어받은 유적 발굴작업의 성과다. 중세의 기독교 세계는 고대 그리스와 로마를 이교의 세계라는 이유로 싫어했지만, 이제 기독교의 본산인 로마의 교황청에서도 중세는

프랑스 화가 오라스 베르네가 그린 「바티칸의 라파엘로」(파리, 루브르미술관). 율리우스 2세는 라파엘로를 몹시 아껴 바티칸궁에 있는 '서명의 방'에 프레스코 벽화를 그리도록 했다(왼쪽 위에서 교황 율리우스 2세가 라파엘로를 내려다보고 있다).

교황 레오 10세와 메디치가의 줄리오 추기경에게 산 로렌초의 파사드 모형을 선보이는 미켈란젤로(야코포 키멘티 다 엠폴리 그림, 피렌체, 카사 부오나로티). 탁자 위에는 미켈란젤로가 설계한 로렌초 도서관의 평면도가 놓여 있다.

완전히 과거가 되어버린 것을 보여준다.

　레오 10세는 모든 면에서 메디치 집안의 남자였다. 그는 예술이 정치면에서도 유효하다는 것을 알고 있었다. 프랑스 왕과 강화를 교섭하는 자리에 그는 레오나르도와 미켈란젤로와 라파엘로를 동반한다. 그 효과는 즉각적이어서, 르네상스 예술 애호가를 자처하고 있던 프랑수아 1세는 당장 태도를 누그러뜨렸고, 전쟁에서 패한 레오 10세는 유리한 조건으로 강화를 맺을 수 있었다. 대군을 거느린 프랑스 왕의 태도를 누그러뜨리기 위한 방책은 또 하나가 있었다. 교황청이 소장하고 있는 고대의 걸작 조각품인 「라오콘 군상」이었다. 원작을 프랑스 왕에게 주기는 아까워서 모조품을 만들게 했지만, 프랑스 왕의 예술 애호는 고대에까지 미치지는 않았는지, 이 선물은 프랑수아 1세에게 전달되지 않고 레오 10세의 수중에 남았다. 현재 우피치미술관에 소장되어 있는 작품이 그것이다. 프랑수아 1세는 선왕인 루이 12세의 영향 때문인지 이탈리아 예술가 중에서도 특히 레오나르도를 숭배한 것 같다. 이때의 만남은 레오나르도가 프랑스에서 생애를 마치는 계기가 되었다.

　인간은 개성이 강할수록 기호가 뚜렷이 드러난다. 화려함과 우아함을 좋아한 레오 10세는 집요할 정도인 레오나르도의 탐구심을 지겹게 생각했을 테고, 무엇보다도 이 거장은 그림을 전혀 그려주지 않았다. 또한 전임자인 율리우스 2세와는 서로 완벽하게 기맥이 통할 수 있었던 미켈란젤로의 웅대한 화풍도 레오 10세의 취향과는 잘 맞지 않았던 모양이다. 어쨌든 레오 10세가 가장 사랑한 예술가는 라파엘로였다. 라파엘로가 37세의 젊은 나이에 세상

「아테네 학당」의 부분. 이 그림에서 라파엘로는 진심으로 존경하고 있던 두 선배 레오나르도와 미켈란젤로를 각각 플라톤과 아리스토텔레스의 얼굴에다 비슷하게 그려넣었다.

(앞) 라파엘로의 「아테네 학당」(바티칸궁, '서명의 방'). 율리우스 2세의 청으로 바티칸궁에 있는 4개의 방에 그렸던 그림들 가운데 하나인 이 프레스코는 플라톤과 아리스토텔레스를 중심으로 모인 고대 그리스 철학자들의 군상으로, 몇몇 그리스 철학자들은 당대의 예술가들을 모델로 삼아 그렸다.

그리스 신화의 라오콘 비극을 다룬 「라오콘 군상」이 처음으로 제작된 것은 기원전 2세기 무렵이다. 현재 로마 바티칸에 남아 있는 이 대리석 작품은 기원후 1세기에 로마에서 활동하던 그리스 조각가 세 명이 공동으로 완성한 것이다.

을 떠나자, 교황은 애통한 나머지 고대 로마에서 신들의 전당이었던 판테온에 그를 매장하는 것을 허락한다. 지금도 남아 있는 라파엘로의 관에는 레오 10세의 총애를 받아 추기경의 지위에까지 오른 피에트로 벰보가 우아한 문체로 지은 묘비명이 새겨져 있다.

〈라파엘로, 여기에 잠들다. 살아 생전에는 자연이 베풀어준 모든 것의 위대한 어머니였고, 자연조차도 그 앞에서는 패배했다고 여겨질 정도였으나, 그가 죽으니 자연도 죽어버린 듯이 여겨진다.〉

그보다 1년 전에는 레오나르도 다 빈치도 먼 프랑스 땅에서 세상을 떠났고, 미켈란젤로만 살아남아 정력적으로 창작활동을 계속했다.

로마에서 르네상스의 꽃을 피우려면 막대한 자금이 필요했다. 메디치 은행이 파산해 메디치 재벌도 해체된 상태에서는 사재를 쓰고 싶어도 남은 재산이 없다. 그래서 교황 레오 10세가 궁리해낸 방법이 면죄부라는 것을 파는 일이었다. 금화를 넣어 딸랑 하는 소리가 나면, 그 사람에게는 죽은 뒤 천국의 자리가 예약된다는 것이다. 이런 말에 속을 이탈리아인은 없었지만, 독일의 순박한 신도들은 속았다. 물론 천국의 자리를 예약한 돈은 로마로 보내져, 미켈란젤로가 설계한 산 피에트로 대성당이나 라파엘로가 그리는 걸작이나 레오 10세의 화려한 생활로 바뀌었다. 여기에 분개한 사람이 마르틴 루터다. 루터는 교황에게 항의했고, 프로테스탄트들은 로마 가톨릭 교회에서의 분리를 선언했다. 광신적인 면은 전혀 없었던 레오 10세는 루터를 파문해 프로테스탄트 운동을 저지하려고 하지만 실패한다. 기독교 세계를 양분하는 종교개혁이 마침내 불

라파엘로의 자화상(피렌체, 우피치미술관). "라파엘로, 여기에 잠들다. 살아 생전에는 자연이 베풀어준 모든 것의 위대한 어머니였고, 자연조차도 그 앞에서는 패배했다고 여겨질 정도였으나, 그가 죽으니 자연도 죽어버린 듯이 여겨진다"(벰보가 쓴 라파엘로의 묘비명에서).

신들의 전당인 판테온(만신전) 내부

미켈란젤로가 설계한 산 피에트로(성 베드로) 대성당의 돔. 이것은 피렌체의 산타 마리아 델 피오레 대성당의 돔 양식을 기본으로 하고 있는데, 오늘날 보여지는 돔 형태는 1593년까지도 완성하지 못했던 것을 미켈란젤로의 제자인 자코모 델라 포르타가 계승해 완성한 모습이다.

을 뽑은 것이다. 라파엘로가 죽은 1520년은 로마 교황청에도 다사다난한 해였다.

그 후 1년밖에 재위하지 않은 네덜란드 출신의 하드리아누스 6세를 거쳐, 다시 이탈리아 출신이 교황의 지위에 오른다.

• 클레멘스(클레멘테) 7세(1523-34년): 속명은 줄리오 데 메디치. 파치가의 음모로 목숨을 잃은 줄리아노 데 메디치가 남긴 사생아. 로렌초는 이 사생아를 맡아서 친아들처럼 키운 뒤 성직계에 들여보냈는데, 당시 이탈리아에서도 서자가 차별받지 않은 것이 성직계였기 때문이다. 교황의 친아들이라도 법률상으로는 사생아로 되어 있었던 것이 당시 로마 교황청의 실상이었다. 줄리오는 피렌체 주교로 출세했고, 그 후 사촌형 조반니가 교황 레오 10세가 되자 추기경에 임명된다. 따라서 클레멘스도 피렌체 출신 교황이다.

북쪽 나라 네덜란드의 위트레흐트 출신인 하드리아누스 6세가 교황 자리에 앉아 있었던 1년 동안 로마는 연대기 작가의 표현에 따르면 '불이 꺼진 것 같았던' 모양이지만, 클레멘스 7세의 즉위로 다시금 활기가 돌아온다. 레오 10세 시대에는 '유럽에서 가장 화려한 궁정'이라는 말을 들은 로마 교황청도 다시 고전학자와 예술가들이 재능을 겨루는 무대가 되었다.

하지만 두 번째 메디치 교황에게는 정치적 재능이 부족했다. 이탈리아 이외의 유럽이 국제정치의 변혁기를 맞이하고 있는 데 주의를 기울이지 않았다. 4년 전, 합스부르크 왕가의 피를 이어받은 에스파냐 왕 카를로스 1세가 신성로마제국 황제(카를 5세)의 자리

세바스티아노 델 피옴보가 그린 클레멘스 7세의 초상(나폴리, 카포디몬테박물관). 1519-30년에 로마에서 초상화가로 독보적인 명성을 떨쳤던 세바스티아노 델 피옴보는 클레멘스 7세로부터 후한 보수가 따르는 교황 옥새의 관리인 직책을 부여받았는데, 그의 별명 피옴보는 '납도장'을 뜻하는 이탈리아어 '피옴비노'에서 유래한 것이다.

(옆) 보티첼리가 그린 줄리아노 데 메디치의 초상(베르가모, 아카데미아 카라라).

에 올라 독일과 에스파냐를 함께 지배하는 강대한 권력을 갖게 되었는데도, 교황은 이 사건의 중요성을 깨닫지 못했다. 동맹은 약자끼리 협력해 강자와 맞서기 위한 방책이고, 이 정략이 효과적인 시대도 있다. 하지만 아무리 훌륭한 정책도 시의(時宜)에 맞지 않으면 효과가 없다. 클레멘스 7세는 피렌체 주교를 맡고 있을 때 마키아벨리와 뜻밖에 친하게 지낸 사람인데, 마키아벨리가 입이 닳도록 이야기한 '시의성'은 이해하지 못했던 모양이다. 신성로마제국 황제인 카를 5세에 대항해 신성동맹을 결성한 결과는 1527년의 '로마 약탈'이었다. 교황청 국가의 수도인 로마는 황제가 지휘하는 독일 용병들에게 공략당해 강탈과 파괴, 살해와 방화가 자행된 일주일을 참고 견딜 수밖에 없었다. 클레멘스 7세는 추기경들과 함께 교황청을 떠나 산탄젤로 성채로 피난한다. 교황을 지키기 위해 싸운 스위스 용병들은 이때 모두 전사했다.

시스티나 예배당은 병사들의 숙소로 변했고, 라파엘로의 벽화가 있는 방은 마구간으로 변했고, 교황들의 묘소는 도굴되었다. 이 문란한 점령군에 에스파냐인들도 놀랐는지, 에스파냐군의 한 고위 장군은 황제에게 이런 편지를 보냈다.

〈로마는 완전히 파괴되었습니다. 산 피에트로 성당도, 교황의 궁전도, 이제 병사와 말들의 거처로 변해버렸습니다. 오랑주 공작(에스파냐군 사령관)은 병사들이 질서를 되찾게 하려고 애썼지만, 폭도로 변해버린 용병들을 어떻게 해볼 도리가 없습니다. 독일인 용병들은, 교회에 대해 아무런 존경심도 갖지 않은 루터파 교도란 바로 이런 것이구나 싶도록, 그야말로 야만인처럼 행동하고 있습니

산탄젤로 성채. 원래는 로마 황제 하드리아누스의 영묘였으나 5세기에 요새로 바뀐 이후 중세 내내 이 성은 혼란기 때마다 교황의 도피처로 쓰였다. 교황들은 라테라노궁전에서 뚫린 안전 통로를 통해 이곳으로 피난했다. '로마 약탈' 때 조각가 벤베누토 첼리니는 이 성채 수호에 큰 공헌을 세웠다고 한다.

(뒤) 프란체스코 살비아티가 그린 「카를 5세의 로마 침입」(로마, 파르네세궁, 살라 데이 파스티 파르네시아니). 1527년 초에 카를 5세의 에스파냐 군대와 독일 용병들은 이교도와 싸우는 대신 교황과 싸우기 위해 로마로 향했다. 교황 클레멘스 7세는 프랑스와 동맹을 맺은 후 신성로마제국의 적이 되었다. 오랫동안 봉급을 받지 못한 카를의 용병들은 자신들이 따르던 황제가 봉급 지불 불능에 빠지자 무방비 상태인 로마에 들어가 약탈했다. 이것이 유명한 '로마 약탈'이다.

다. 많은 귀중품과 예술품이 파괴되거나 도난당했습니다.〉

로마를 덮친 이 비극을 전해 들은 에라스무스는 친구인 사돌레토 추기경에게 이런 편지를 보냈다.

〈로마는 단지 기독교도만을 위한 도시는 아닙니다. 고귀한 정신과 뮤즈가 살고 있는, 우리 모두의 어머니 같은 존재입니다. 이번의 슬픈 소식을 나는 깊이 애도하는 마음으로 전해 들었습니다.〉

교황 클레멘스 7세는 비록 주위가 절벽으로 둘러싸여 방비가 완벽한 이탈리아 중부의 소도시 오르비에토로 피신하며 로마를 통치자 부재 상태로 만들어버렸지만, 그래도 황제 카를 5세와 화해할 길을 찾고 있었다. 카를 5세도 교황과 화해할 필요가 있었다. 기독교 사회에서 속계의 최고위인 신성로마제국 황제의 자리를 명실공히 확실한 것으로 만들려면 로마 교황이 집전하는 대관식을 반드시 거쳐야 했기 때문이다. '로마 약탈'이 일어난 지 3년 뒤, 볼로냐에서 회담을 가진 두 사람 사이에 강화가 성립되었다. 카를 5세는 황제의 왕관을 머리에 썼고, 그 대신 클레멘스 7세의 본가인 메디치 가문이 피렌체 지배자의 지위로 돌아갈 수 있도록 도와주겠다고 약속했다. 같은 해 메디치 가문의 복귀를 거부하고 있던 피렌체는 황제의 군대에 공략당해, 공화국에서 황제의 보호령인 공국으로 바뀌었다. 교황 클레멘스 7세는 그의 사생아라는 소문이 파다했던 알레산드로가 카를 5세한테 정식으로 공작의 작위를 받는 것을 보고 나서 세상을 떠난다.

• 파울루스(파올로) 3세(1534-49년): 속명은 알레산드로 파르네세. 로마 출신.

티치아노가 그린 파울루스 3세의 초상(나폴리, 카포디몬테박물관). 르네상스 최후의 교황이자, 반종교개혁 최초의 교황인 파울루스 3세는 세속적인 인물이었으나 유명한 예술후원자이기도 했다.

헨리 8세의 이혼을 둘러싸고 영국의 기독교도와 충돌하거나 (이를 계기로 영국 기독교도는 영국 국교회를 설립해 로마와 결별한다), 반종교개혁파 가운데 가장 전투적인 예수회를 공인하거나, 반종교개혁 이론을 무장하는 자리가 된 트리엔트 공의회를 주최하는 등 가톨릭교의 수장으로서도 지극히 정력적이었지만, 또 한편으로는 르네상스 최후의 교황으로 불리게 된다. 현대의 로마가 바로크의 도시라는 인상을 강하게 풍기는 것은 '로마 약탈'로 파괴된 르네상스 양식의 건축물을 개축할 때 당시 새롭게 대두하고 있던 바로크 양식으로 개조했기 때문이다. 로마에 지금도 르네상스 양식 그대로 남아 있는 대표적인 건축물은 베네치아 광장 남쪽 면을 차지하고 있는 '베네치아궁'이다. 베네치아궁은 베네치아 출신 교황들의 사저여서 로마 주재 베네치아 대사들도 공관으로 사용했기 때문에 지금도 그 이름으로 불리고 있다. 그리고 시에나 출신의 은행가인 키지의 저택이었던 '키지궁'도 르네상스 양식이다. 주로 미켈란젤로가 설계한 '파르네세궁'은 파르네세 교황과 그 아들 알레산드로 파르네세 추기경의 저택으로 지어진 건물이다. 주요한 르네상스 양식 건물은 이 정도밖에 남아 있지 않다. 현재 '베네치아궁'은 미술관, '키지궁'은 총리 관저, '파르네세궁'은 프랑스 대사관으로 쓰이고 있다. 이탈리아에서는 텔레비전이나 신문도 총리 관저나 프랑스 대사관이라고 말하지 않고 '팔라초 키지'(키지궁)나 '팔라초 파르네세'(파르네세궁)라고 부른다.

파르네세 교황의 15년 치세는 르네상스의 거장들 가운데 혼자

안토니오 다 상갈로의 설계로 1517-89년에 지어진 파르네세궁. 1546년 상갈로가 건물을 다 완성하지 못하고 죽자 교황 파울루스 3세는 미켈란젤로에게 이 작업을 맡겼다. 실내는 안니발레 카라치가 제작한 프레스코로 장식되어 있는 이 궁전은 현재 프랑스 대사관으로 쓰이고 있다.

살아남은 미켈란젤로에게는 59세부터 74세까지의 노년기에 해당한다. 나이로는 노년이지만, 미켈란젤로는 노인이 아니었다. 파르네세 교황은 미켈란젤로에게 수많은 일을 의뢰한다. 파르네세궁 설계는 사적인 일이었지만, 그밖에는 모두 공공사업이었다.

1535년, 파르네세 교황은 60세의 미켈란젤로에게 시스티나 예배당에 유일하게 남은 벽면 전체를 이용해「최후의 심판」을 그려달라고 주문한다. 이것은 원래 전임자인 메디치 교황이 생각한 것을 파르네세 교황이 계승한 것이다. 천장 전체에「천지창조」를 그렸을 때 미켈란젤로는 30대 젊은이였다. 그 때문인지 작품을 완성하는 데 3년밖에 걸리지 않았지만,「최후의 심판」을 완성하는 데에는 6년이 걸렸다. 거장이 마지막 남은 힘을 최대한 쥐어짜낸 듯한 느낌의 역작이다. 이것으로 '시스티나 예배당'을 르네상스 회화의 전당으로 만드는 작업도 끝을 맺었다.

1538년, 교황은 아직도 「최후의 심판」을 제작하고 있는 미켈란젤로에게 폐허로 방치되어 있는 캄피돌리오 언덕을 재개발하는 일을 맡긴다. 63세의 미켈란젤로는 로마의 일곱 언덕 가운데 하나로 유명한 이 언덕을 광장과 그 삼면을 둘러싼 건축물과 넓은 계단의 종합체로 설계했다. 광장 중앙에는 마르쿠스 아우렐리우스 황제의 기마상을 배치하고, 광장 뒷면과 좌우에 세 개의 건축물을 세우고, 광장 앞면에는 베네치아 광장으로 내려가는 완만하고 넓은 계단을 만들었다. 고대의 황제 기마상은 산 라테라노 성당 앞 광장에 오랫동안 방치되어 있었지만, 미켈란젤로는 그것을 활용하기로 마음먹은 것이다.

로마 제국이 기독교 국가가 되었을 당시 로마에는 황제들의 기마상이 적어도 22개는 남아 있었다지만, 하나만 남고 나머지는 모두 파괴되었다. 기독교도들이 로마 황제를 적으로 생각했기 때문인데, 마르쿠스 아우렐리우스 황제의 기마상만 살아남을 수 있었던 것은 기독교를 공인한 콘스탄티누스 대제의 기마상으로 착각했기 때문이다. 그것이 철인 황제라고 불린 마르쿠스 아우렐리우스라는 사실을 알았을 때는, 이교도의 유물이라는 이유로 고대 로마만이 아니라 그리스의 예술품까지 파괴해 테베레강에 던지고 동상을 녹여서 다른 물건으로 바꾸어버린 시대도 이미 먼 과거가 되어 있었다.

하지만 증오는 사라져도 무관심한 세월은 오래 계속된다. 마르

캄피돌리오 광장에 있는 마르쿠스 아우렐리우스 황제의 기마상

(앞) 미켈란젤로의 「최후의 심판」(로마, 바티칸, 시스티나 예배당). 교황 율리우스 2세의 의뢰를 받아 시스티나 예배당의 천장화를 완성하고 20여 년이 지난 뒤 같은 예배당의 벽에 그린 프레스코다. 천장화와 달리 「최후의 심판」은 매우 음울하고 비극적인 분위기가 지배적이다. 그리스도의 아래쪽에 그려진 수염을 기른 노인은 순교자 바르톨로메오로 그의 손에 들려 있는 살가죽은 미켈란젤로 자신의 초상이라고 한다.

쿠스 아우렐리우스 황제의 기마상은 그 후 오랫동안 방치되었다. 그것을 1350년 뒤에 미켈란젤로가 되살린 것이다. 지금 이 기마상은 광신적인 기독교도가 아니라 대기오염으로부터 지키기 위해, 역시 미켈란젤로가 설계한 캄피돌리오 광장에 면해 있는 미술관 안의 유리 상자 안에 소중히 보관되어 있다. 미켈란젤로가 안식처를 마련해준 이후 460년 세월이 넘도록 기마상이 놓여 있던 대좌 위에는 조잡한 모조품이 놓여 있다. 미켈란젤로가 그것을 보았다면 미친 듯이 화를 낼 게 분명하다. 하지만 대좌는 진짜고, 지금도 의뢰자인 파르네세의 이름을 알아볼 수 있다.

교황들은 죽어도 미켈란젤로는 여전히 살아 있다는 느낌이지만, 피우스 4세 시대인 1561년에 86세가 된 미켈란젤로는 또다시 교황에게 주문을 받는다. 당시 로마는 종교개혁으로 위세가 반쯤 줄어버린 가톨릭 교회를 다시 한번 강대하게 만들려고 애쓰는 반종교개혁의 한복판에 놓여 있었다. 교황 피우스 4세는 디오클레티아누스 황제의 목욕탕 유적에 교회를 세우기로 마음먹는다. 4세기 초의 로마 황제인 디오클레티아누스는 가장 조직적으로 기독교도를 박해한 인물로 알려져 있었다. 전설에 따르면 이 목욕탕을 건설할 때 4만 명의 기독교도가 끌려 나와 강제노역에 동원되었다고 한다. 따라서 그 자리에 기독교의 승리를 재확인하기 위한 교회를 세우자는 것이 교황의 생각이었다.

이런 기념비적 의미를 지닌 일을 맡기기에 어울리는 사람은 '신 같은 예술가'라는 평가를 받을 만큼 고명해진 미켈란젤로밖에 없다. 86세의 거장도 교황의 의뢰를 받아들인다.

'산타 마리아 델리 안젤리 데이 마르틸리', 직역하면 '천사와 순교자의 성모 마리아'라고 이름 지어진 이 교회는 정말 색다른 구조로 되어 있다. 보통 교회 건물은 세로가 긴 십자형인데, 이것만은 가로가 긴 십자형이다. 게다가 교회 정면은 평면이 아니라 고대에 에세드라라고 불린 반원형으로 되어 있다. 이것은 미켈란젤로가 디오클레티아누스 황제의 목욕탕 중앙 부분의 형태를 완전히 그대로 남겼기 때문이다. 덕분에 지금 고대 로마 목욕탕의 공간 감각을 체험하고 싶으면, 유적의 규모는 완전하지만 벽과 바닥 밖에 남아 있지 않은 칼리굴라 황제의 목욕탕보다 이 교회에 들어가는 편이 훨씬 도움이 된다. 「최후의 심판」의 그리스도상을 근골이 늠름한 나체로 그린 미켈란젤로다. 이 사람한테 걸려들면 기독교의 승리를 기념하는 건물도 이교도였던 고대의 건축가를 기념하는 건물로 바뀌어버린다. 미켈란젤로는 그로부터 3년 뒤에 세상을 떠났다.

미켈란젤로의 마지막 작품이라는 이유 때문인지, 아니면 르네상스와 고대 로마의 융합을 상징하는 건물이기 때문인지, 이 '천사와 순교자의 성모 마리아' 교회는 현대 이탈리아에서는 정부가 치르는 국장의 장례식장으로 쓰이고 있습니다."

"르네상스 교황이 피우스 2세부터 파울루스 3세까지라면 1458년부터 1549년까지 90년이고, 그 사이에 9명의 교황이 교체되었습니다. 그런데 그들은 모두 신의 대리인으로서 신자들을 이끄는 양

시스티나 예배당 복원 후 미켈란젤로의 자화상이라고 추정되는 그림(바티칸, 시스티나 예배당). 그는 살아 생전에 '신 같은 예술가'라는 평가를 받았다.

치기 역할을 맡아야 할 로마 교황 본연의 모습에서 크게 벗어나 있는 듯한 느낌이 듭니다. 바꿔 말하면 온갖 일을 해냈고 능력도 있었지만, 길 잃은 양들을 옳은 길로 인도하는 일만은 하지 않은 교황들이라는 느낌입니다."

"사실이 그럴 겁니다. 하지만 영화「제3의 사나이」가 거의 끝날 무렵, 오손 웰스가 분한 '제3의 사나이'가 이런 말을 합니다. 대사를 정확히 기억하지는 못하지만, 대강 이런 뜻이었지요. '르네상스 시대의 이탈리아는 보르자 같은 악이 판치는 격동의 세계였지만, 위대한 르네상스 문화를 창출했다. 깨끗하고 평온한 스위스는 뻐꾸기 시계를 창조했을 뿐이다.'

악을 변호하고 있는 것은 아닙니다. 다만 패기나 활기나 기력은 선악과는 관계없이 발휘되는 성질을 갖습니다. 그리고 들에 핀 백합과 솔로몬의 영화가 함께 존재하는 것이 인간세계의 현실이기도 하지요."

"당신은 피렌체를 다룬 제1부에서도 경제력이 융성해야만 문예도 융성할 수 있다고 말했습니다. 하지만 로마 교황청은 피렌체의 경제인들과는 달리 부를 낳는 사람도 아니고 조직도 아닙니다. 그런 로마에서도 경제가 융성했다면 그 요인은 무엇이었을까요."

"기독교도는 옛날부터 수입의 10분의 1을 교회에 바칠 의무가 있습니다. 가난한 사람을 도와야 한다는 것이 그 이유지만, '십일조'라는 명칭이 보여주듯 개인의 소득이 늘어나면 교회로 들어오는 돈도 늘어나는 체제입니다. 로마 제국이 멸망한 뒤에 시작되어 1천 년 동안 계속된 '암흑의 중세'에도 인구가 완만하게 증가한 것에 나타나 있듯이, 경제력도 느리게나마 향상되고 있었습니다. 이것만으로도 교회의 수입은 자연히 늘어날 것입니다. 또한 중세의 수도원은 신에게 기도하는 곳이나 고전을 베끼는 곳일 뿐 아니라, 농업 경영자이기도 했지요. 로마에 의한 평화(팍스 로마나)가 사라진 이후 농민들은 걸핏하면 쳐들어오는 도적떼가 무서워서 도망쳐버리고 농경지는 황무지로 변했습니다. 그 황무지에 다시 쟁기질을 시작한 것이 수도사들입니다. 이탈리아 포도밭의 소유권 등기부를 뒤적여보면, 원래 소유자는 거의 다 수도원으로 되어 있습니다. 그리고 수도사가 시작했다 해도 어쨌든 경작이 가능해지면 농민도 돌아옵니다. 농산물도 늘어납니다. 농산물이 늘어나면 농민도 자식을 키울 수 있게 됩니다. 많은 수도원이 요새처럼 견고하게 지어져 있었던 것은 도적떼가 쳐들어왔을 때 농민들이 도망쳐 들어가는 곳이기도 했기 때문이지요.

이렇게 해서 수도원 소유 농경지의 생산성이 높아지면, 그 모든 땅의 '지주'인 로마 교황청의 재력도 향상됩니다. 또한 중세 후기에는 농업만이 아니라 사회 전체의 경제가 활성화되고 있었으니까, 수입의 10분의 1을 내도록 되어 있는 '십일조'도 늘어납니다. 로마 교황청의 재력이 인구 증가와 비례해 증대된 것도 당연하겠지요."

"하지만 돈이 생겼다고 해서 반드시 학문과 예술에 관심을 갖는다고 할 수는 없습니다. 학문이나 예술에 전혀 관심이 없는 부자는 얼마든지 있습니다."

"정말 그렇습니다. 인간이나 그 인간으로 이루어지는 역사에는 숫자만으로는 설명할 수 없는 현상이 많습니다.

생명력은 어린애도 갖고 있습니다. 아니, 생명력은 젊을 때가 더 왕성하겠지요. 하지만 거기에 의지력이 더해지면, 생명력은 의욕이나 패기로 바뀝니다. 이것을 라틴어에서는 '비르투스'(virtus), 이탈리아어로는 '비르투'(virtú)라고 합니다. 덕성, 장점, 역량, 능력, 기량 등을 뜻하는 낱말이지요. 생명력은 자연이 주는 것이지만, 비르투스는 인간의 의지력이 거둔 성과라는 겁니다. 생명력은 누구나 갖고 있지만, 비르투스는 누구에게나 주어지는 게 아닙니다. 마키아벨리는 '비르투'가 민족 사이를 이동한다고 말했습니다. 고대에는 그리스에서 로마로, 르네상스 시대에는 피렌체에서 로마로 이동하는 식이죠. 이동하는 요인 가운데 하나가 바로 경제력입니다."

"다른 요인은 뭡니까?"

"역시 알고 싶다는 욕망, 보고 싶다는 욕망이겠지요. 율리우스 카이사르의 말을 다시 한번 상기해보세요.

〈인간은 누구나 모든 현실을 볼 수 있는 것은 아니다. 대다수 사람들은 자기가 보고 싶은 현실밖에 보지 않는다.〉

인간성의 현실을 꿰뚫어본 카이사르니까 할 수 있는 말이지만, 그렇다면 '대다수 사람' 가운데 하나인 우리는 절망적인가 하면 전혀 그렇지 않습니다. 대다수 사람도 자기가 보고 싶은 현실은 볼 수 있으니까, 보고 싶어하느냐 아니냐가 문제될 뿐입니다. 보고 싶어하기만 하면 보이게 된다는 것이죠. 알고 싶다는 욕망, 보고 싶다는 욕망은 르네상스의 원천입니다. 피렌체에 이어 로마도 이 르네상스 정신에 물든 것이지요.

그리고 르네상스 정신의 발화점은 고대 부흥이니까, 일단 르네상스 정신에 물들면 이 면에서는 로마가 피렌체보다 훨씬 유리해집니다. 피렌체의 학자나 예술가들이 로마를 방문하거나 메디치 가문이 구입한 고전을 읽거나 예술품을 보면서 고대 정신을 재발견한 데 비해, 로마에서는 그것이 주변에 널려 있으니까요. 그리고 그런 '고대'는 지금까지는 보고 싶어하지 않았기 때문에 보이지 않았지만, 보고 싶어하기만 하면 눈에 보이게 됩니다. 이런 경우, 보인다는 것은 곧 그런 것들의 훌륭함을 깨닫는다는 뜻이지요.

기독교도를 맨 처음 박해한 로마 황제라는 이유로 미움받은 네로의 궁전(도무스 아우레아) 유적에 남아 있는 벽화도 그렇습니다. 일부밖에 남아 있지 않지만, 편견을 버리고 바라보면 고대에 이미 존재한 원근법의 중요성을 납득할 수 있게 되지요. 그때까지는 건축자재를 떼어가는 장소로밖에 생각지 않았던 콜로세움도 다시 보면 그 구조의 합리성과 기능에 대한 배려에 감탄할 수밖에 없습니다. 테베레강에 버려져 있던 신상도, 코가 잘려나간 채 길가에 버려져 있던 조상들도 다시 찬찬히 살펴보면, 강바닥의 진흙 때문에 생긴 얼룩도, 코가 떨어져 나간 것도 눈에 거슬리지 않게 되고, 하얗게 빛나던 과거의 대리석 걸작품이 눈앞에 나타납니다. 사물을 분간하는 예리한 마음의 작용을 '심안'(心眼)이라고 하는데, 르네상스 정신은 인간이 이 심안을 다시 갖게 된 것을 말합니다."

"심안을 얻게 된 것은 알겠지만, 피렌체와 로마는 그 점에서도

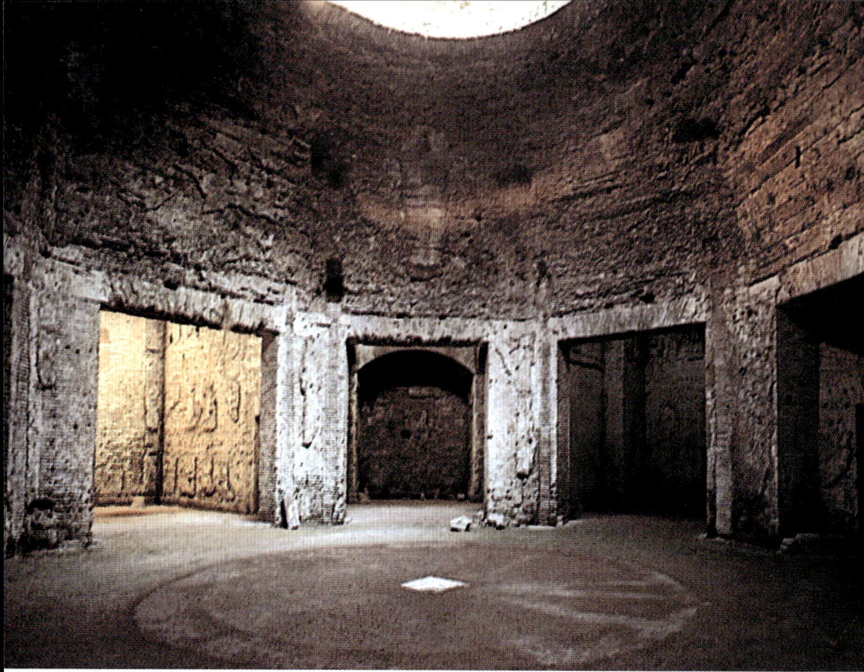
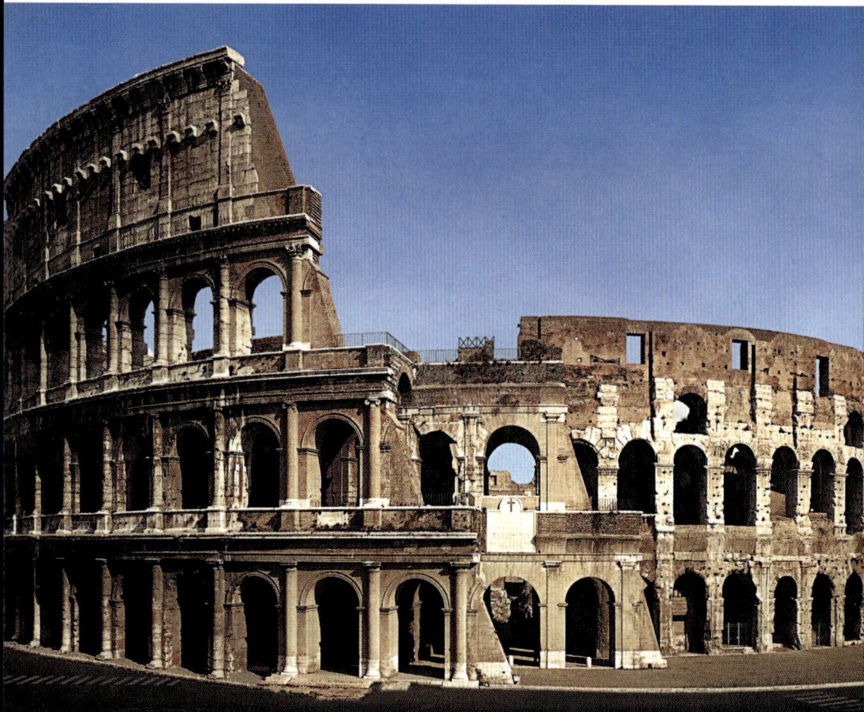

차이가 있습니까?"

"간단하게 분류하면, 피렌체적 심안을 상징하는 존재는 레오나르도 다 빈치, 로마적 심안을 대표하는 존재는 미켈란젤로라고 말할 수 있을지도 모릅니다. 하지만 그 양쪽의 의미를 말로 표현하기는 무척 어렵습니다. 두 사람이 남긴 '작품'을 볼 수밖에 없겠지요. 다만 레오나르도는 어디에서나 레오나르도일 수 있었지만, 미켈란젤로는 로마에 있었기 때문에 미켈란젤로가 될 수 있었다고 말할 수 있을 것입니다."

"르네상스 시대의 로마가 미켈란젤로를 만들었다는 뜻인가요?"

"그와 동시에 미켈란젤로가 르네상스 시대의 로마를 만들었다는 뜻이기도 하지요.

미국 작가인 마크 트웨인이 로마를 방문하고 쓴 글을 소개하겠습니다. 로마를 방문하고 심안을 얻은 문인이나 예술가는 괴테를 비롯해 수없이 많지만, 『톰 소여의 모험』을 쓴 저자는 로마에서 받은 인상도 익살스럽게 표현합니다.

〈오늘 아침에는 아주 기분이 좋다. 미켈란젤로가 이미 죽은 사람이라는 것을 어제 알았기 때문이다.〉

(위) 네로 황제의 황금저택인 '도무스 아우레아'. 궁전의 옛 모습은 거의 남아 있지 않고, 플리니우스가 묘사했던 화려한 벽화나 회반죽 장식이 16세기경 발굴되었다. 이것들은 궁전 내부의 동굴, 즉 그로토에 그려진 벽화들로 라파엘로나 그의 제자들은 이 그로토에서 영감을 얻어 그로테스크풍을 발전시켰다.

(아래) 로마의 거대한 원형경기장 콜로세움. 이전의 원형경기장과는 달리 콜로세움은 돌과 콘크리트로 세운 완전한 독립구조물로서 5만 명의 관객을 수용할 수 있는 규모였다. 이 경기장에서 수천 회에 걸친 검투사 시합과, 맹수들과 인간의 싸움, 모의 해전 같은 대규모 전투 장면이 실연되었다.

정말로 로마에서는 어디에 가든 미켈란젤로의 손길을 느끼게 됩니다. 창조를 직업으로 삼고 있는 사람은 '미켈란젤로가 뭐든지 창조해준 사람이긴 하지만, 이제 죽어버렸으니까 더 이상은 창조할 수 없겠지' 하고 생각지 않으면 견딜 수 없을 겁니다. 하지만 500년 전에는 미켈란젤로도 수많은 고대의 걸작 앞에서 이렇게 생각했을 것입니다. '굉장한 작품을 창조해주었지만, 그들은 이미 죽었으니까 더 이상은 창조할 수 없어. 하지만 나는 살아 있으니까 아직 창조할 수 있어.' 예술가가 예술가에게 바치는 최고의 찬사는 '당신이 죽어주어서 정말 고맙소' 하는 겁니다."

"로마의 르네상스도 미켈란젤로가 무대를 떠나는 동시에 쇠퇴합니다. 그 원인은 역시 종교개혁입니까?"

"내가 대학에 다닐 때 일본의 르네상스학계에서 지배적이었던 의견은 '르네상스는 종교개혁을 수반하지 않았기 때문에 정신운동으로는 불완전하다'는 것이었습니다. 나 자신은 아무래도 납득이 가지 않았지만 대학생이니까 아직 공부가 부족했고, 졸업논문을 쓸 때도 아무래도 이상하다고 생각하면서도 그것을 실증하는 논거는 갖지 못했습니다. 하지만 그 후 르네상스와 관련된 책을 몇 권 쓰는 동안 조금씩 확신을 가질 수 있게 되었어요. 르네상스와 종교개혁은 본질적으로 별개이고, 따라서 르네상스가 종교개혁을 수반하지 않았기 때문에 정신운동으로 불완전하다고는 말할 수 없다고 확신하게 된 것입니다.

이런 경우, 하나의 논거만으로는 부족하지만, 여기서는 한 가지 예만 들어보겠습니다. 바로 마키아벨리와 루터입니다. 마키아벨리는 1469년에 태어나 1527년에 죽었고, 루터는 1483년에 태어나 1546년에 죽었으니까, 두 사람은 동시대인이라고 생각해도 좋습니다. 그리고 이 두 사람은, 중세의 지도적 이념이었던 기독교 신앙으로도 인간성은 전혀 개선되지 않고 인간세계에는 여전히 악이 만연해 있는데 그 이유는 무엇이고, 이 현상을 타개할 길은 어디에서 찾아야 하는가 하는 문제와 진지하게 씨름했다는 공통점도 갖고 있었습니다.

이탈리아 사람인 마키아벨리는 이렇게 생각합니다.

1천 년이 넘는 오랜 세월 동안 지도 이념이었던 기독교 신앙으로도 인간성은 개선되지 않았으니까, 인간성은 불변이라고 생각해야 한다. 따라서 인간 본연의 모습이 아니라 현재의 모습을 직시하는 데에서 인간성을 개선하는 길을 뚫어야만 효과를 기대할 수 있다.

반면에 독일 사람인 루터의 생각은 간단히 요약하면 이렇습니다.

1천 년 남짓 계속된 기독교 사회가 인간성 개선에 도움이 되지 않은 것은 그리스도(즉 신)와 신자 사이에 성직자 계급이 개재해 있었기 때문이다. 다시 말해서 그리스도의 가르침이 인간성을 개선하는 데 도움이 되지 않은 것이 아니라, 타락한 성직자 계급이 중간에 개재했기 때문에 도움이 될 수 없었던 것이다. 따라서 인간성을 개선하는 길은 성직자 계급을 철폐하고 신과 인간이 직접 대면하는 데에서 찾아야 한다.

가톨릭 교회는 로마 교황을 정점으로 추기경과 대주교, 주교, 사제, 수도사로 이루어지는 성직자 계급이 신과 신자 사이에 개재하는 조직입니다. 교리(즉 성서)를 신자에게 설명하고 가르치는 것이 성직자 계급의 존재 이유인데, 이런 필터는 필요없다는 것이 루터가 제창한 프로테스탄티즘의 특징이었지요.

마키아벨리를 포함한 이탈리아의 르네상스인들이 성직자 계급의 세속화를 깨닫지 못했던 것은 아닙니다. 다만 십자군 전쟁의 한복판에서 이를 좀더 냉철하게 지켜볼 수 있었던 까닭에, 성직자 계급이라는 필터가 존재하지 않을 경우의 위험성에 대해서도 좀더 예민했던 것이지요.

사실 신은 아무 말도 하지 않습니다. 신이 뭔가 말했다는 것은 단지 신자가 그렇게 생각했기 때문일 뿐입니다. 종교의 전문가인 성직자 계급이 중간에 개재해 있으면, 필터를 통과시킬 것인가 말 것인가를 적절히 판단하니까 신자가 신의 목소리를 듣는 사태는 일어날 수 없습니다. 그런데 필터가 없으면 그런 일이 일어나기 쉽습니다. 신과 신자가 직접 대면하면, 신자의 생각이 곧 신의 생각이 되기 쉬우니까요.

십자군은 애당초 유럽의 인구 증가가 발단입니다. 늘어난 인구를 먹여 살릴 여지가 유럽에 남아 있지 않아서 먹고 살 수 없게 된 사람들이 무기를 들고 팔레스타인으로 몰려간 것이 발단이지만, 단순한 난민이라면 기세가 오르지 않습니다. 이런 경우에는 반드시 이론 무장이 필요한데, 종교야말로 이런 데에는 안성맞춤이지요. 유럽의 난민들은 성지 탈환에서 명분을 찾았습니다. 기독교의 성지를 이교도인 이슬람교도의 손에서 되찾는 것은 신이 원하는 일이고, 그 신의 뜻에 따르는 것이 기독교도의 도리라는 것이죠. 십자군의 구호는 '신이 그것을 원한다'였습니다. 성직자 계급이

교회 법령집과 교황의 교서를 공개적으로 불사르는 루터(루트비히 라부스의 판화, 스트라스부르). 루터의 견해를 41항으로 정죄하고, 루터에 대해 60일간의 근신을 명하는 교황의 파문 교서가 1520년 11월 독일에서 공포되자, 한 달 뒤 루터는 비텐베르크에서 자신을 파문한다는 교황의 교서와 교회 법전들을 제자들과 함께 불에 태워버렸다.

개재했는데도 이런 일이 일어났습니다. 그런데 성직자 계급이 개재하지 않게 되면, 신자의 생각은 곧 신의 생각이 되니까 그야말로 방임 상태가 됩니다. 마키아벨리는 악을 완전히 근절한 뒤에 생겨나는 더 위험한 대악(大惡)보다는 허용 한계치 이하의 악을 남겨 두어 대악을 막는 쪽을 선택한 것입니다.

이것은 결코 마키아벨리 혼자만의 생각은 아닙니다. 르네상스 시대의 지식인은 교회를 격렬하게 비판했지만, 동시대인인 에라스무스도 그랬듯이 성직자 계급을 비판하되 그 계급을 완전히 없애 버리자고 주장하지는 않았습니다. 이들이 루터보다 온건했던 것은 아닙니다. 루터와는 달리 이들은 인간의 선의라는 것을 전적으로 신뢰하지 못했을 뿐이죠. 마키아벨리는 이것이야말로 인간성의 진실이라면서 율리우스 카이사르의 말을 인용했습니다.

〈아무리 나쁜 사례로 여겨지고 있는 것도 그것이 시작된 애초의 계기는 훌륭한 것이었다.〉

동기가 좋으면 다 좋다면서 무턱대고 돌진한 사람들이 종교개혁을 일으킨 게 아닐까 하고 나는 생각합니다. 특히 루터의 시대로부터 500년이 지난 지금도 인간성이 전혀 개선되지 않은 현실을 보면 더욱 그런 생각이 듭니다.

이것이 르네상스와 종교개혁은 이질적이라는 내 주장의 논거입니다. 로마의 르네상스가 쇠퇴한 원인이 종교개혁이냐는 당신의 질문에 대한 대답도 이 이질론에 바탕을 두면, 종교개혁은 로마의 르네상스가 쇠퇴한 직접적인 원인이 아니라 간접적인 원인이었다고 대답할 수밖에 없습니다. 르네상스인들 가운데에는, 루터의 성직자 계급 철폐론에는 동조하지 않아도 루터의 분노에는 공감한 사람이 많았고, 마키아벨리와 그 친구인 구이차르디니와 에라스무스도 그런 사람이었지요. 로마 교황청 내부도 비슷한 상태여서, 교황 레오 10세는 루터에게 파문을 선고해놓고도 추기경들과 대화를 나눌 때는 자주 루터를 화제로 삼았고, 루터의 생각을 둘러싸고 그들 사이에는 자유롭고 활발한 토론이 벌어지곤 했답니다. 이런 자유야말로 르네상스 정신의 본질이었지만, 교황청 내부에 존재한 자유롭고 활달한 분위기가 프로테스탄트를 활개 치게 했다는 반종교개혁파의 분노를 불러일으킨 것도 사실입니다.

반종교개혁은 가톨릭 내부에 생겨난 위기의식의 소산입니다. 성직자를 포함해서 이 생각에 동조하는 사람들은 1527년의 '로마 약탈'을 프로테스탄트인 독일 병사들이 가톨릭의 본산인 로마를 파괴한 사건이라기보다 르네상스 색채에 물든 로마에 내려진 천벌로 생각합니다. 로마에 두 번 다시 천벌이 내리지 않도록 하려면, 다시 말해서 가톨릭 교회를 위기에서 구해내려면 자유가 아니라 억압이 필요하다고 생각했고, 그 생각을 실행에 옮겼습니다. 종교재판의 태풍이 거세게 휘몰아치는 시대가 되었지요. 다른 생각도 인정한 것이 르네상스라면, 인정하기를 거부한 것이 반종교개혁입니다. 이것도 동기가 좋으면 다 좋다고 생각한 사례지요. 르네상스는 반종교개혁에 살해되었다고 생각합니다. 그리고 이 반종교개혁의 주역은 이탈리아인이 아니라 에스파냐인이었어요.

종교재판은 로마 가톨릭 교회에서 이단·연금술·마법·주술 같은 행위를 금지하기 위해 만든 것으로, 한번 이단자 리스트에 오르면 사회의 적으로 몰렸기 때문에 중세와 근대 초기에 큰 영향력을 행사했다. 그림은 고야의 「종교재판소 광경」(마드리드, 산 페르난도 왕립 아카데미).

마키아벨리의 저서는 금서가 되었고, 미켈란젤로의 나체 그리스 도상에는 아랫도리를 가리는 헝겊이 덧칠되고, 갈릴레오 갈릴레이는 지동설을 철회할 수밖에 없는 시대가 왔습니다. 레오나르도 다빈치의 생애는 르네상스 전성기와 정확하게 겹치지만, 만약 레오나르도가 50년만 늦게 태어났다면 어떻게 되었을까요. 그만큼 탐구심이 강하고 게다가 과학적이었던 레오나르도는 반종교개혁파가 지배하는 로마 교회와 반드시 충돌했을 것입니다. 종교재판에 희생되지 않으려고 베네치아나 암스테르담으로 망명했을지도 모르지요. 이단 심문관들은 일단 희생자를 점찍으면 반드시 유죄로 만들어버렸기 때문에, 사람들은 그들을 뱀이라고 부르면서 두려워했습니다. 그들이 자행한 고문의 잔인함과 처참함은 자신의 동기가 옳다고 확신하는 자들이 저지르는 악이 얼마나 무서운가를 알려줍니다. 이 종교재판은 16세기 중엽에 느닷없이 생겨난 것은 아닙니다. 유럽의 다른 지방에서는 진작부터 벌어지고 있었지만, 교황청이 반종교개혁파에 점거된 16세기 중엽부터 로마에까지 맹위를 떨치게 되었지요. 당시에도 악명이 높았던 이 종교재판이 미치지 않는 곳은 16세기 중엽에는 베네치아와 암스테르담뿐이었습니다."

"그래서 르네상스도 로마에서 베네치아로 이동한 겁니까?"

"베네치아 공화국은 역사적으로 로마 교황청과 거리를 둔 것으로 알려져 있지만, 이단심문을 위한 기관을 설립하라는 로마의 요구까지 거부하지는 않았습니다. 그래서 이단심문위원회를 설립하지만, 다른 나라들처럼 성직자로만 위원회를 구성하지 않고 속인도 위원으로 참가하도록 규정했습니다. 그리고 위원 가운데 한 사람이라도 자리를 뜨면 회의가 자동적으로 유회되도록 심문위원회 회칙을 정했지요.

이렇게 되면 이단심문이 제대로 진행될 리가 없습니다. 위원 가운데 성직자가 베네치아 시민을 종교재판에 회부한 이유를 설명하기 시작하자마자, 위원인 원로원 의원들이 자리에서 일어나 퇴장해버리니까요. 베네치아가 반종교개혁에 공공연히 반대한 것은 아닙니다. 다만 '유회'시켰을 뿐이지요. 하지만 이런 방식 덕분에 베네치아는 반종교개혁의 태풍이 거세게 휘몰아치는 유럽에서 몇 안 되는 피난처로 남을 수 있었습니다. 르네상스도 이 베네치아로 피난해 옵니다. 1세기 전에 이탈리아 각지에서 직인들이 전란을 피해 베네치아로 피난했듯이."

3
키안티 지방의 그레베에서

"경제적 이익이든 창조의 기쁨이든, 자기한테 이익이 되는
무언가가 인간을 행동으로 내모는 법이다"

베라차노를 찾아서

"로마에서 베네치아행 기차를 타길래 그대로 곧장 베네치아로 가는 줄 알았더니, 나를 재촉해서 피렌체에서 도중 하차했습니다. 그래서 피렌체를 다시 한번 둘러보려나 했더니, 그것도 아닙니다. 역전에서 탄 택시는 시내로 가지 않고 교외로 빠져, 지금 우리는 토스카나 구릉지대 마을의 광장에 와 있군요. 왜 이런 시골로 나를 데려왔습니까?"

"이곳은 피렌체에서 남쪽으로 30킬로미터쯤 떨어져 있는 그레베라는 마을입니다. 키안티 지방 한복판에 있고, 오늘날에는 해마다 포도를 수확한 뒤에 이 광장에서 키안티 와인 축제가 열리지요. 하지만 당신을 여기로 데려온 것은 물론 포도주를 마시기 위해서는 아닙니다. 저기 광장 한복판에 동상이 하나 서 있지요. 저게 누구일 것 같습니까?"

"키안티 와인을 진흥하는 데 공을 세운 사람인가요?"

"오늘날 그레베는 키안티 포도주의 '쿠오레'(cuore, 심장)로 불리지만, 저 사람은 포도주와는 관계가 없습니다. 저 사람의 이름은 포도주가 아니라 미국과 깊이 관련되어 있지요. 뉴욕 허드슨강이 바다로 흘러들기 직전에 스태튼섬과 브루클린을 잇는 다리가 걸려 있는데, 그 다리 이름이 '베라차노 다리'랍니다. 저기 서 있는 동상의 주인공은 조반니 다 베라차노이고, 이 그레베에서 태어난 사람이지요."

"어떻게 뉴욕에 있는 다리에 키안티에서 태어난 이탈리아인의 이름이 붙었습니까?"

"캐나다에서 플로리다반도에 이르는 북미 대륙의 동해안을 배로 답파한 사람이니까요. 당신을 여기로 데려온 것은 당신이 생각해 주기를 바라는 어떤 지점 때문입니다.

바닷가에서 태어난 사람이라면, 배를 타고 바다로 나가는 데 별다른 저항감을 느끼지 않을 겁니다. 태어났을 때부터 바다를 바라보고 있으면 바다가 두 지역을 '단절하는' 것이 아니라 때로는 육지보다 더 '이어주는' 존재라는 사실을 느낄 수 있으니까요. 제노바나 피사, 베네치아, 아말피가 이탈리아의 유력한 해양 도시국가가 될 수 있었던 것도 그 도시들이 모두 바다에 면해 있다는 지리적 사정과 깊이 관련되어 있습니다. 하지만 피렌체가 해양 국가였던 적은 한 번도 없습니다. 하물며 그 피렌체에서 30킬로미터나 안으로 들어간 그레베는 더욱 바다와 관계가 없습니다. 그런 그레베에서 태어난 베라차노가 왜 미국까지 발길을 뻗쳤을까요. 게다가 두 번이나. 뿐만 아니라 두 번째 탐험에서는 원주민과의 싸움에 말려들어 목숨까지 잃었습니다. 포도주와 올리브유를 생산하는 부농의 아들로 태어났으니까, 고향에서 일생을 보냈다면 지방 유지의 안락한 생활은 보장되어 있었고, 침대 위에서 편안한 죽음을 맞을 수 있었을 겁니다. 그런데 왜 바다로 나갔을까요. 15세기부터 16세기까지 피렌체를 중심으로 하는 토스카나 지방에서는 바다로 나간 사람이 뜻밖에 많습니다.

몇 번이나 되풀이하지만, 만족할 줄 모르는 탐구심이야말로 르네상스 정신의 원천입니다. 그 정신이 꽃을 피운 분야는 예술이나 학문만이 아닙니다. 정치와 경제, 그리고 해운에서도 마찬가지였지요. 따라서 르네상스 정신은 종교개혁보다는 대항해 시대와 더 깊이 결부되어 있습니다. 이탈리아인들 가운데 종교개혁이나 반종교개혁에 관계한 사람은 거의 없는데, 대항해 시대와는 깊이 그리고 많이 관계하고 있다는 점이 그 증거지요."

"그 대항해 시대 말인데요. 왜 '대'(大) 자를 붙이는 겁니까?"

"그건, 그 이전의 항해가 지구상의 일부 바다에서만 이루어졌기 때문입니다.

우선 유럽을 예로 들면, 15세기 말까지 유럽인이 항해한 바다는 지중해와 대서양 동북부, 그리고 발트해 정도였습니다. 아프리카 대륙에서는 서해안을 따라 조금 남하한 정도였고, 아메리카 대륙에서는 원주민의 카누나 뗏목을 타고 동해안의 일부만 탐험한 데 불과합니다. 태평양 서북부도 일본 연근해를 제외하면, 정기적으로 배가 왕래해야만 성립되는 항로는 전혀 없었어요. 유럽인들이 오리엔트라고 부른 동방 세계에서도 홍해에서 페르시아만에 이르는 해역은 페르시아인과 아랍인, 그보다 동쪽 해역은 인도인이 주로 항해했지만, 뚜렷한 경계선이 그어져 있는 것은 아니었고 항해하는 해역이 서로 겹쳐져 있었습니다.

옛날에 한번 아프리카 동부까지 도달한 적이 있는 중국인도 15세기에는 필리핀 남쪽까지 발을 뻗치지는 않았습니다. 동남아시아의 여러 민족도 자기네가 사는 일대의 해역을 배로 왕래했을 뿐, 인도양 남부 해역에는 발을 들여놓지 않았습니다. 이렇게 해역별로 고립되어 있었던 지구상의 모든 바다를 서로 연결했기 때문에, 항해에 '대' 자를 붙여서 '대항해 시대'라고 부르는 겁니다. 해역의 경계선을 없애버렸으니까, 바다의 경계선 철폐 시대이기도 하지요. 이 대항해 시대의 주인공들 가운데서도 유명한 사람만 이름을 들면 다음과 같습니다.

대항해 시대의 주인공들

우선 포르투갈 사람인 바르톨로메우 디아스가 아프리카 대륙 서해안을 따라 남하해 희망봉을 돌아서 인도양으로 들어갑니다. 이 탐험 항해는 1487년부터 1488년에 걸쳐 이루어졌습니다.

이어서 1492년에 이사벨라 에스파냐 여왕의 자금 지원을 얻은 이탈리아 사람 콜럼버스가 역시 아시아를 목적지로 삼고 출항했습니다. 아시아는 동쪽에 있는데도 그는 항로를 서쪽으로 잡고, 대서양을 횡단해 서인도 제도에 도착합니다. 콜럼버스는 1492년부터 1504년까지 네 번의 탐험 항해를 떠났고, 항해 기간을 모두 합하면 8년에 이릅니다. 이 네 차례의 탐험에서 그가 발견한 땅을 열거하면 바하마 제도, 쿠바 동부와 남부, 트리니다드, 베네수엘라 해안, 온두라스, 니카라과, 파나마 지협 등입니다. 동아시아, 즉 태평양으로 빠져나가는 길을 그가 줄곧 찾고 있었던 것은 분명합니다. 물론 콜럼버스는 자기가 발견한 땅이 아시아라고 믿었던 모양이지만.

그리고 1497년부터 1499년까지 포르투갈 사람인 바스코 다 가마가 희망봉을 돌아 인도의 캘리컷(지금의 코지코드)에 이릅니다. 아시아로 가는 항로 가운데 아프리카 대륙을 도는 항로가 그어진 셈이지요.

이탈리아인 콜럼버스의 항해 자금을 지원한 에스파냐의 여왕 이사벨라(마드리드, 프라도 미술관)

1492년 8월 3일 산타마리아호, 핀타호, 니냐호 3척의 배에 120명의 승무원을 싣고 마침내 파로스 항구로부터 그토록 꿈꾸어오던 항해에 나서는 콜럼버스(후안 카브레라 베하로 그림, 라비다 수도원)

리수아르테 데 아브레우가 그린 바스코 다 가마. 그는 서유럽에서 희망봉을 거쳐 아시아로 가는 해로를 개척함으로써 세계사의 새로운 시대를 열었으며, 포르투갈이 강대국이 되는 데에 큰 공헌을 했다.

아메리카에 착륙한 아메리고 베스푸치(스트라다누스 그림). 피렌체의 항해가인 베스푸치는 에스파냐 왕실의 원조로 아메리카 대륙에 건너가, 대서양 연안을 따라 남하해 오늘날의 브라질에 도달했다. 그는 콜럼버스와는 달리 이 신대륙이 인도의 일부가 아니라는 사실을 분명히 인식했다. '아메리카'라는 이름은 그의 이름에서 유래한 것이다.

한편 에스파냐에서 콜럼버스를 만나 자극을 받은 아메리고 베스푸치는 1499년부터 1502년에 걸쳐 두 번 항해를 떠납니다. 아메리고 베스푸치도 콜럼버스와 같은 이탈리아 사람이지만, 콜럼버스는 제노바 태생이고 베스푸치는 피렌체 태생이죠. 베스푸치는 마치 콜럼버스의 뒤를 따르듯 첫 항해에서는 우선 남아메리카 북해안 일대를 탐험했고, 두 번째 항해에서는 남서쪽으로 항로를 잡고 단숨에 대서양을 가로질러 남아메리카 동해안을 어루만지듯 답파합니다. 아마존강의 존재를 최초로 유럽인에게 알린 것도 아메리고 베스푸치였습니다. 그는 피렌체의 명문 집안에서 태어났지만 경제적으로는 풍족하지 못해서, 메디치 집안이 경영하는 '상사'의 에스파냐 지점 샐러리맨으로 근무하고 있었지요.

당시의 공문서는 라틴어를 사용하는 것이 보통이었기 때문에, 콜럼버스도 아메리고 베스푸치도 에스파냐 왕과의 계약서에 라틴어식 이름으로 서명했습니다. 그래서 콜롬보라는 이탈리아 이름이 '콜룸부스'(Columbus)가 되었고, 아메리고 베스푸치는 '아메리쿠스 베스푸치'가 되었지요. 이 아메리쿠스(Americus)가 나중에 아메리카(America)로 바뀐 것입니다. 또한 이 사람은 자기가 발견한 땅이 아시아의 일부라고 굳게 믿었던 콜럼버스와는 달리, 자기가 해안을 따라 탐험한 땅이 신대륙이라는 사실을 어렴풋이나마 느끼고 있었던 모양이에요. 신세계를 뜻하는 '문두스 노부스'(mundus novus)라는 라틴어를 처음 사용한 사람은 아메리고 베스푸치였다고 합니다.

이 두 사람의 성공에 자극을 받았는지, 그 후 한동안은 중앙아메리카와 남아메리카의 바다로 탐험을 떠나는 에스파냐인이 줄을 이었습니다. 그 대단원을 이룬 것이 마젤란의 세계일주였습니다. 포르투갈 사람인 마젤란은 1519년부터 1522년까지 남아메리카 대륙을 돌아 태평양으로 빠져나오는 대항해를 감행했지요. 남아메리카 대륙 남단에 있는 해협은 나중에 마젤란해협이라고 불리게 되었는데, 이 항로의 발견으로 대서양과 태평양과 인도양은 마침내 하나로 이어졌습니다. 태평양이라는 이름 자체가 마젤란이 붙인 이름입니다. 파도가 거친 마젤란해협을 간신히 빠져나온 선원들에게는 눈앞에 펼쳐진 대양이 그야말로 태평한 바다로 보였을 것입

향료의 섬 몰루카스(말루쿠). 마젤란의 항해 이야기에 관해 피가페타가 쓴 책에 그려진 삽화. 마젤란이 참가한 함대가 1511년 동방의 말라카를 함락함으로써 동방의 부가 말라카를 거쳐 서방의 항구로 전달되었는데, 그때까지 그들의 탐험대상으로 남아 있던 곳은 향료의 섬 몰루카스였다. 따라서 1512년 이 섬에 도착해 그곳의 향신료를 가지고 돌아왔다.

역사상 최초로 세계일주를 실행한 마젤란(작자 미상, 피렌체, 우피치미술관)

니다. 그리고 이제 미지의 바다가 아닌 대서양을 횡단한 뒤, 뱃머리를 서쪽이나 남쪽이 아니라 북쪽으로 돌린 사람이 키안티 지방의 외딴 시골에 불과한 그레베 태생의 베라차노였지요.

그의 탐험 항해는 1524년과 1528년에 이루어집니다. 이 두 차례의 탐험에서 베라차노는 북아메리카 대륙 동해안을 모두 답파하는데, 첫 번째 항해에서 이미 허드슨강이 대서양으로 흘러드는 지점인 뉴욕에 이르렀습니다. 물론 허드슨강도 뉴욕도 나중에 붙여진 이름이지만요. 미국인들도 이 역사를 잊지 않고, 400년 뒤 그곳에 놓은 다리에 발견자인 베라차노의 이름을 붙인 것입니다."

"그렇군요. 하지만 대항해 시대는 유럽인들이 아시아와 아프리카와 아메리카를 식민지화한 시대의 서막이라고 합니다. 만족할 줄 모르는 탐구심 때문에 바다로 나간 이 르네상스인들도 결국 식민지 시대의 막을 올려준 데 불과하지 않을까요?"

아메리고 베스푸치의 항해 기획

"유럽인들은 마르코 폴로를 비롯한 선조들이 남긴 탐험기록의 영향으로 중국이나 일본을 풍요로운 나라로 믿었습니다. 대항해도 거기에 도달하려는 목적으로 시작했으니까, 이권을 바란 탐험이었던 것은 틀림없습니다. 하지만 경제적 이익이든 창조의 기쁨이든, 자기한테 이익이 되는 무언가가 인간을 행동으로 내모는 법이지요. 또한 벽에 걸 수 있는 크기의 그림이나 혼자 꾸준히 할 수밖에 없는 고전 연구는 후원자가 없어도 할 수 있지만, 탐험에는 큰돈이 듭니다. 배도 세 척 내지 다섯 척은 있어야 합니다. 이미 알려진 땅으로 가는 상선이 아니니까, 선원을 모으는 것도 쉬운 일은 아닙니다. 언제 어디서 어느 정도의 식량을 보급받을 수 있을지 확실한 계획을 세울 수 없는 땅으로 가는 것이어서 배에 비축하는 식량도 많이 준비해야 합니다. 이런 대사업은 후원자가 없으면 절대로 해낼 수 없습니다. 막대한 돈을 융자해줄 수 있는 사람도 있어야 합니다. 게다가 그만한 거금을 융자해줄 수 있는 사람이라면, 충분한 대가를 얻을 수 있다는 기대가 없으면 돈을 내주지 않는 것도 인간사의 현실입니다. 따라서 단순한 선원이 아니라 천문학과 수학과 지리에 정통한데다 항해술에도 전문가였던 대항해 시대의 주인공들은 이권에 대한 욕심보다 탐구심이 더 강해도, 후원자한테는 탐구심보다 이익을 강조할 수밖에 없었겠지요. 영화감독이 틀림없이

베네치아를 떠나는 마르코 폴로. 14세기 말의 프랑스어 책에 실린 삽화로, 마르코 폴로가 아버지 니콜로, 삼촌 마페오와 함께 말에 올라타고 조용히 도시를 떠나는 장면이다.

흥행에 성공할 거라고 제작사를 설득하는 것과 비슷합니다. 그리고 이런 탐험 항해의 후원자가 누구였는지가 다음 시대의 성격을 결정했습니다.

대항해 시대의 주인공들을 열거해 사정을 정리해보면 다음과 같습니다.

바르톨로메우 디아스 — 포르투갈 출신 — 출자자는 포르투갈 왕.

크리스토퍼 콜럼버스 — 이탈리아(제노바) 출신 — 출자자는 에스파냐 왕.

바스코 다 가마 — 포르투갈 출신 — 출자자는 포르투갈 왕.

아메리고 베스푸치 — 이탈리아(피렌체) 출신 — 출자자는 에스

세바스티아노 델 피옴보가 그린 콜럼버스의 초상. 콜럼버스는 수많은 자료를 분석한 결과, 대서양을 서쪽으로 항해하면 인도에 다다를 수 있다고 확신했다. 그리하여 에스파냐 여왕 이사벨라의 원조로 1492년 서인도 제도에 도달했다. 그 후 아메리카 대륙으로 네 차례 항해했지만, 본인은 끝까지 자기가 도달한 땅이 인도의 일부라고 믿고 있었다.

파냐 왕.

페르난도 마젤란 ─ 포르투갈 출신 ─ 출자자는 에스파냐 왕.

조반니 다 베라차노 ─ 이탈리아(피렌체) 출신 ─ 출자자는 프랑스 왕.

대항해 시대의 주인공들 가운데 유명한 사람만 꼽아도 이 정도가 됩니다."

"포르투갈 출신과 이탈리아 출신이 세 명씩인데, 그들이 감행한 대항해의 후원자는 포르투갈 왕이 두 번, 에스파냐 왕이 세 번, 프랑스 왕이 한 번이군요. 이탈리아는 사람만 내놓고 자금은 한 번도 내놓지 않았는데, 그건 무엇 때문입니까? 이탈리아 도시국가들은 제노바도 베네치아도 새로운 시대의 물결을 타지 못한 겁니까?"

"대항해 시대에는 출자자가 탐험을 기획하고 자금을 준비한 다음, 적격자로 여겨지는 사람에게 탐험을 명령한 게 아닙니다. 항해자가 탐험을 기획하고, 그 기획을 후원자에게 팔아서 탐험을 실현한 것이지요. 이것이 대항해 시대의 항해자와 후원자의 관계입니다. 하지만 자금을 제공하기로 동의했으니까, 후원자도 불확실한 모험에 막대한 돈을 걸 만한 진취성은 갖고 있었을 것입니다. 아메리고 베스푸치도 처음에는 베네치아에 팔려고 했지요. 하지만 베네치아 정부는 자세히 검토한 뒤 거절했습니다. 그래서 에스파냐 왕에게 기획을 판 겁니다. 콜럼버스가 고국인 제노바에 기획을 팔지 못한 것은 당시 제노바가 이미 에스파냐 왕의 지배를 받고 있어서, 기획을 팔 곳으로는 적당하지 않았기 때문입니다. 또한 베라차노의 후원자가 프랑스 왕(프랑수아 1세)인 것은 중남미 진출에 적극적이었던 에스파냐와 맞서서 북아메리카 진출에서 활로를 찾으려 했던 프랑스 왕의 의도와 베라차노의 기획이 일치했기 때문이죠. 아직 에스파냐와 포르투갈 세력이 미치지 않은 지역은 북아메리카밖에 없었으니까요.

이렇게 되면, 이탈리아 도시국가는 유력한 해양 도시국가인 베네치아조차 새로운 시대의 물결을 타지 못했느냐는 당신의 의문이 정당성을 얻게 되지만, 거기에 대한 대답은 반반입니다. 절반은 새로운 시대의 물결을 타지 못했다고 말할 수 있을지 모르나, 나머지 절반은 그렇지 않았으니까요.

우선 대항해의 목적은 모두 아시아와의 교역로를 개척하는 데 있었습니다. 하지만 교역이나 새로운 시장을 개척하는 일에서는 베네치아나 제노바나 피렌체 같은 이탈리아 도시국가들이 당시에는 분명 앞서가고 있었습니다. 그들의 활동 영역이 지중해를 중심으로 하고 있었다 해도 말입니다. 한편 포르투갈이나 에스파냐나 프랑스는 교역로와 시장 개척에서는 후발 국가입니다. 선행 국가는 새로운 교역로나 시장을 개척할 필요가 없지만, 후발 국가는 그럴 필요가 있습니다. 그리고 후발 국가에 남겨져 있는 곳은 선행 국가가 손대지 않은 지역뿐인 것도 당연한 귀결이죠. 그것이 '문두스 노부스', 즉 '신세계'였던 것입니다.

에스파냐와 이탈리아의 기질 차이

하지만 에스파냐 왕의 지배를 받게 된 제노바나 메디치 은행의 파산으로 경제력이 크게 쇠퇴한 피렌체는 그렇다 쳐도, 해양 민족이고 해운국의 역사도 길고 자금력도 풍부했던 베네치아가 왜 신대륙 개척에 소극적이었는가 하는 의문은 여전히 남습니다. 그 이유는 첫째, 경제가 잘 돌아가고 있어서 새로운 지역을 개척할 필요가 없었기 때문입니다. 포르투갈과 에스파냐는 아프리카를 도는 새 항로를 개척한 덕분에 향신료 집산지인 인도로 직행할 수 있게 되었습니다. 향신료는 베네치아의 주요 교역품인데, 베네치아를 거치지 않고 인도와 직접 거래하면 많은 이익을 얻을 수 있었지요. 이에 베네치아는 참으로 베네치아다운 합리적인 정책으로 대항해 성공합니다. 그게 무엇이었는가를 설명하기는 간단치 않아 졸저 『바다의 도시 이야기』를 읽어보라고 말할 수밖에 없지만, 바스코 다 가마가 희망봉을 도는 '인도 직행로'를 개척한 것이 베네치아 경제를 쇠퇴시키지 않은 것은 사실입니다. 그렇기 때문에 아메리고 베스푸치가 출자를 요청했을 때에도 거부할 수 있었겠지요.

하지만 베네치아가 물결을 '타지 못한' 원인은 또 하나 있습니다. 포르투갈이나 에스파냐나 프랑스와 베네치아는 새 항로나 새로운 시장 개척에 대한 사고방식이 달랐다는 점입니다. 포르투갈이 사실상 에스파냐의 지배를 받게 되었고 프랑스도 신대륙에서는 결국 영국에 밀려났으니까, 에스파냐와 베네치아의 차이만 비교해보겠습니다.

에스파냐는 해양 민족도 아니고 해운국이었던 적도 없습니다. 에스파냐가 딱 한 차례 가졌던 함대다운 함대인 '무적함대'도 싸우지 않았을 때만 '무적'이었을 뿐, 영국과 해전을 시작하자마자 패

도메니코 기를란다요가 그린 아메리고 베스푸치 가 사람들(피렌체, 오니산티 성당). 한때 아메리고가 반원 공간의 인물들 가운데 한 명인 것으로 추정되었지만, 지금은 아래쪽 그림의 맨 왼쪽에 있는 젊은이로 추정된다.

배를 맛본 것이 무엇보다 좋은 증거입니다. 그런 에스파냐인에게 새로운 시장이란, 그곳에 사는 사람들과의 교역이 아니라 그들에 대한 지배를 의미했습니다.

반면에 베네치아는 교역으로 살아온 나라입니다. 해외 영토도 식민지라기보다는 교역기지로 필요하기 때문에 영유하고 있었을 뿐입니다. 섬의 경우에는 크레타나 키프로스나 코르푸처럼 섬 전체를 영유했지만, 대륙의 경우에는 장사나 해운이나 군사에 꼭 필요한 땅만 영유했습니다. 이런 베네치아인에게는 기지로서의 '점'(点)과 '선'(線)의 개념은 있지만, 식민지로서의 '면'(面) 개념은 없습니다. 하지만 신세계는 대륙입니다. 이 신세계에 진출하려면 '면'을 영유하고 지배하면서, 그곳에 사는 사람들을 대등한 교역 상대가 아니라 자기에게 예속된 사람으로 다루는 개념이 필요했습니다. 베네치아인에게—아니, 다른 이탈리아인에게도—그 개념은 익숙지 않았을 겁니다.

학자들끼리 주고받는 농담이지만, 콜럼버스나 아메리고 베스푸치 같은 이탈리아 세력이 대항해 시대의 주도권을 잡고 있었다면 잉카 제국은 멸망하지 않았을 거라고 합니다. 에스파냐 세력이 주도권을 잡고 중남미를 식민지로 만든 것은, 자기와 다른 생각이나 다른 인간의 존재를 철저히 배제한 반종교개혁의 소산이라 해도 좋습니다. 이탈리아인이 식민 제국 시대의 물결을 타지 못한 것은 그들의 기질과 사고방식이 식민 제국 시대와 맞지 않았기 때문이기도 합니다.

위대한 항해자들은 황금을 위해 나서지 않았다

하지만 새로운 시대의 물결을 교묘히 탈 수 있었든 타지 못했든 간에, 그것은 국가 문제입니다. 개인의 위업은 그런 것을 초월해 영원히 남습니다. 하지만 그 대항해자들 가운데 부귀영화 속에서 일생을 마친 사람은 하나도 없습니다.

바르톨로메우 디아스는 희망봉에서는 돌아왔지만 다른 탐험을 하다가 죽습니다. 콜럼버스는 불우하게 일생을 마칩니다. 바스코 다 가마는 인도의 포르투갈 상권을 독점했지만, 기껏 얻은 그 독점권을 누려보지도 못하고 세상을 떠납니다. 메디치 상사의 샐러리맨이었던 아메리고 베스푸치도 에스파냐 해군의 '필로트 마요르'(수로 안내인)로 임명되지만, 그가 생전에 받은 영예는 동시대 독일의 지리학자인 마르틴 발트제뮐러가 신대륙을 '아메리카'라고 이름 지어준 것뿐이었습니다. 사상 최초의 세계일주를 했다는 이유로 오늘날에는 초등학생도 알고 있는 마젤란도 마찬가집니다. 3년에 걸친 세계일주 항해를 끝낸 것은 그가 이끌고 떠난 다섯 척의 배 가운데 한 척과 18명의 승무원뿐입니다. 마젤란 자신은 세계일주에 성공하기 1년 전에 필리핀 근처의 섬에서 원주민에게 살해되었습니다. 원주민과의 싸움에 말려들어 목숨을 잃은 것은 북아메리카 대륙을 탐험하던 베라차노를 덮친 운명이기도 했습니다.

재물을 모으는 것이 목적이라면 당시에도 얼마든지 다른 길을 선택할 수 있었습니다. 게다가 그들은 일급 선원인 동시에 일급 천문학자이자 수학자이며 지리학자였습니다. 황금에 이끌려 바다로 나갔다는 평가에는 동의할 수 없습니다."

14세기에 프랑스 신학자 피에르 다이가 쓴 세계지리학서 『세계의 형상』(*Imago Mundi*)에 콜럼버스가 주석을 단 판본. 피에르 다이의 이 책은 서쪽으로 계속 배를 타고 가면 동인도 제도에 도착할 수 있다는 관념을 지지한 것으로서, 콜럼버스는 신대륙 항해를 하기 전에 이 책을 연구하고 주석을 달았다.

'바다'를 발견한 피렌체인 토스카넬리

"마지막으로 한 가지만 묻겠습니다. 대항해 시대의 주인공들 가운데 해양 민족도 아닌 피렌체 공화국 출신이 두 명이나 끼어 있는 것은 무엇 때문입니까?"

"두 사람만 있는 게 아닙니다. 두 사람은 선장, 즉 지휘관이나 총책임자였던 사람이고, 아메리고 베스푸치나 베라차노와 동행한 친구나 참모들의 명단에서는 이탈리아인의 이름을 많이 볼 수 있습니다."

"그렇다면 피렌체인이 바다로 힘차게 뻗어나간 것은 후세까지 이름이 남은 두 사람만의 특수한 사례는 아니었군요."

"그 질문에 대답하려면 우선 파올로 토스카넬리라는 사람의 존재를 설명해야 합니다.

이 사람은 1397년에 피렌체에서 태어나, 파도바에서 대학에 다닌 시기와 추기경으로 임명된 친구의 부름을 받고 로마에 잠시 머물렀을 때를 제외하고는, 1482년에 죽을 때까지 거의 평생을 피렌체 밖으로 나가지 않고 지냈습니다. 하지만 동시대인의 말에 따르면 몸은 피렌체에 있어도 마음은 지구, 아니 지구를 넘어 천체에까지 힘차게 뻗어나간 사람이었다고 합니다. 무엇으로 뻗어나갔냐고요? 바로 수학입니다.

그가 관심을 기울인 분야는 지리학, 천문학, 우주학 등 다채롭기 짝이 없는데, 실제로 현지를 체험한 사람들이 제공한 정보와 자연 현상에 대한 관측을 토대로 수학적인 계산을 하고 가설을 세웠답니다. 자연과학을 전문으로 하는 레오나르도 다 빈치라고나 할까요. 위도와 경도의 개념을 생각해낸 것도 토스카넬리였다고 합니다.

어쨌든 수학 벌레 같은 이 인물은 동시대의 많은 사람에게 영향을 주었습니다. '꽃의 성모 마리아'(산타 마리아 델 피오레) 교회의 둥근 지붕을 설계했고 공사의 총감독이기도 했던 건축가 브루넬레스키와 친구 사이였는데요. 브루넬레스키가 기하학에 뛰어난 것도 이 친구한테 가르침을 받았기 때문이라고 합니다. 그리스어와 라틴어를 할 줄 알았기 때문에 고대 그리스와 로마의 문헌을 완벽하게 이해하고 그 위에 학설을 세웠습니다. 만능인이라는 평판을 얻은 피렌체의 레온 바티스타 알베르티와 친했다는 것도 납득이 갑니다. 핼리 혜성을 핼리가 발견하기 전에 네 번이나 관측하고, 그 관측 결과를 토대로 천체도까지 만들었다는 인물이니까요.

이 토스카넬리가 후세의 일반인에게도 익숙한 이름으로 남은 것은 이런 학문적인 업적 때문이 아니라, 콜럼버스가 그에게 편지를 보내 가르침을 청했기 때문입니다. 당시 콜럼버스는 30대에 갓 접어든 나이였을 것으로 짐작되는데, 어딘가에서 1474년에 토스카넬리가 포르투갈의 친구에게 보낸 편지 내용을 들은 게 아닌가 싶습니다. 토스카넬리는 포르투갈 수도승인 마르티네스에게 쓴 편지에서, 아시아로 가는 지름길은 아프리카 대륙을 따라 남하하는 항로가 아니라 이베리아반도에서 곧장 서쪽으로 바다를 횡단하는 길이라고 말했으니까요.

하지만 이것은 후세가 토스카넬리를 대수롭지 않게 여기는 원인

르네상스 건축의 일급 이론가였을 뿐 아니라 위대한 실천가이기도 했던 레온 바티스타 알베르티가 세운 템피오 말라테스티아노. 이 건축물은 리미니의 통치자인 시지스몬도 말라테스타의 위임을 받아 세운 것으로 알베르티의 고전적 엄밀함을 엿볼 수 있게 한다.

이 되기도 했습니다. 콜럼버스가 발견한 것은 아시아가 아니라 신대륙 아메리카였고, 따라서 토스카넬리도 콜럼버스와 마찬가지로 신대륙의 존재를 예측하지 못했다는 이야기가 되기 때문이지요. 토스카넬리가 죽은 지 17년 뒤에 포르투갈 사람인 바스코 다 가마가 아프리카 대륙을 돌아서 인도에 도달했습니다. 결과적으로, 수에즈 운하가 생길 때까지는 희망봉을 도는 항로가 아시아로 가는 지름길이 되었습니다. 여기서도 토스카넬리는 계산착오를 일으킨 셈이 됩니다.

하지만 아메리카 대륙을 발견하고 그것을 기록에 남긴 최초의 인물이 어디까지나 콜럼버스인 것과 마찬가지로, 토스카넬리에게도 역시 공적은 있습니다. 바다에 익숙하지 않은 피렌체인에게 바다에 대한 관심을 부추긴 것도 그의 공적이지요.

피렌체는 바다에 면하지도 않았고, 키안티 지방의 작은 마을에 불과한 그레베는 강에도 면해 있지 않습니다. 하지만 '항구'는 인간의 머릿속에도 있습니다. 게다가 당시 피렌체의 경제계는 유럽 각지에 많은 지점을 갖고 있었습니다. 탐험을 떠나기 전에 베라차노가 어떤 생활을 했는지는 알려져 있지 않지만, 아메리고 베스푸치처럼 역시 '상사'에 다니는 샐러리맨이었는지도 모릅니다. 베스푸치는 에스파냐에서 근무했지만, 베라차노는 프랑스에서 근무했는지도 모르지요. 베라차노의 탐험에 돈을 댄 사람은 프랑스 왕인 프랑수아 1세인데, 학문과 예술의 애호가인 이 군주는 베라차노가 탐험을 떠나기 5년 전까지는 베라차노와 같은 피렌체 출신인 레오나르도 다 빈치의 보호자이기도 했습니다. 이들 두 피렌체인이 어디에선가 마주쳤을 가능성도 없지 않습니다.

만년의 레오나르도는 국경을 넘어 유럽 전역에 명성을 떨쳤고, 많은 사람이 그를 방문해 경의를 표한 것으로 알려져 있습니다. 거장은 찾아오는 사람들을 일일이 맞이했지만, 젊은 시절 애증의 대상이었던 고국 피렌체에서 온 방문객은 특히 친절하게 대했다고 합니다. 어쩌면 그 방문객들 가운데 젊은 베라차노도 끼어 있었을

지 모릅니다. 어쨌든 둘 다 피렌체 태생이고, 두뇌유출의 증거가 되었다는 점도 공통적입니다. 정말로 피렌체만큼 두뇌유출이 심했던 나라도 없습니다. 베네치아 공화국은 그런 현상이 거의 없는 게 특색이지요."

"그것이 피렌체 공화국은 1530년에 붕괴되고 베네치아 공화국은 1797년까지 존속할 수 있었던 요인일까요?"

"요인이 그것만은 아니겠지만, 그것도 하나의 요인이었을 겁니다. 그러면 이제 베네치아로 가서, 이탈리아 도시국가들 가운데 유일하게 지속적인 번영을 누렸고, 그 때문에 르네상스의 마지막 담당자가 된 베네치아인의 비밀을 이야기해볼까요."

4

베네치아에서 생각한다

"베네치아 공화국의 역사는 경제인이 국가를 운영하면
어떻게 되는가의 본보기를 보여준다"

대화는 운하를 미끄러져가는 곤돌라 위에서, 산 마르코 광장과 그 주변의 골목에서, 그리고 대운하에 면한 테라스에서 이루어졌다.

느린 말씨는 해양국가의 유물

"곤돌라가, 실제로 타보니 별로 편안한 건 아니군요."

"편안하지 않아도 좋습니다. 베네치아 사람들에게는 곤돌라가 발이었으니까요. 시내를 다니기에는 안성맞춤인 소형 승용차 같은 것이었지요. 장거리용이라면 앉아 있기가 편해야 하지만, 곤돌라는 그런 게 필요 없습니다. 그래도 땅 위를 가는 것과 물 위를 가는 것은 차이가 심하지요. 저기에 가는 나룻배를 보세요. 도심을 양분하고 있는 대운하(카날 그란데)에 지금도 다리가 세 개밖에 놓여 있지 않은 베네치아에서는 운하 건너편으로 가고 싶으면 다리가 있는 곳까지 가서 건너거나, 아니면 대운하 양쪽에 번갈아 접안하면서 나아가는 연락선을 타야 합니다.

연락선은 역마다 정차하는 완행열차와 비슷하지요. 따라서 대부분의 경우에는 길을 돌아서 가게 됩니다. 그래서 대운하 여기저기를 사설 '나룻배'가 왕복하고 있는 겁니다. 버스 한 구간 정도의 요금을 받고 운하 건너편까지 데려다주는 것이지요. 그런데 그 작은 나룻배에 타고 있는 사람이 현지인인지 외지인인지는 한눈에 분간할 수 있습니다. 나룻배 위에 서 있는 사람은 현지인이고, 잠깐인데도 앉아 있는 사람은 외지인이지요. 괴테였던가요. 이제는 자기도 베네치아인처럼 선 채로 나룻배를 타고 운하를 건널 수 있게 되었다고 기뻐하는 글을 썼지요. 현대의 베네치아인은 이제

산 마르코 광장이 보이는 베네치아 조감도(베르사유궁박물관)

더 이상 바다 저편으로 힘차게 뻗어나가지 않게 되었지만, 배 위에서 불안을 느끼지 않는 습관 정도는 선조한테서 물려받았을 겁니다.

세상만사는 좋은 면과 나쁜 면이 표리를 이루고 있습니다. 고속도로를 달리다가 베네치아 넘버를 단 차를 보면 조심하라고 합니다. 베네치아는 자동차가 다닐 수 없는 도시라서 베네치아 사람의 운전 기술은 믿을 수 없다는 것이지요. 르네상스 시대에는 말을 타고 다니는 베네치아인의 꼴불견이 희화화되곤 했답니다."

"말투도 베네치아인과 피렌체인은 서로 다른 것 같더군요. 같은 이탈리아어인데도 베네치아 사람이 말하는 이탈리아어는 피렌체와 달리 느긋한 느낌이 들어요."

"피렌체인의 말투는 단도직입적이고 간결하고 빠릅니다. 거기에 비하면 베네치아인의 말투는 느긋하고 여유가 있지요. 하지만 이것은 베네치아인의 기질이 느긋해서가 아니라, 바람소리나 파도소리가 끊이지 않는 배 위에서 의사를 전달하려면 말을 천천히 할 수밖에 없었기 때문입니다. 이것도 이제 관광지에 불과한 현재의 베네치아에 아직까지 남아 있는 해양 국가 시대의 유물이지요."

"공화국이 건재했던 시대의 베네치아는 관광지가 아니었습니까?"

"베네치아는 바다 위의 도시라는 유일무이한 입지조건을 가진 데다, 베네치아인들 또한 그런 나라를 좀더 아름답게 꾸미고 싶어하는 의욕이 대단했고, 예술품이든 무엇이든 자기가 가진 자원을 최대한 활용하는 사고방식을 갖고 있어서 옛날부터 관광객 유치에 적극적이었습니다. 따라서 공화국이 건재했을 당시부터 줄곧 관광지였지만, 단순히 관광지만은 아니었습니다."

베네치아의 두뇌유입 원인은 '자유'

"단순히 관광지만은 아니었던 시대의 베네치아로 거슬러 올라가 봅시다. 당신은 키안티에 들렀을 때, 피렌체는 두뇌유출국이었지만 베네치아는 그렇지 않았다고 말했습니다. 그렇다면 베네치아는 두뇌유입형 국가였습니까?"

"피렌체도 15세기 말까지는 두뇌유입형 국가였습니다. 14세기 중엽부터 백 년 동안은 재능 있는 사람은 모두 피렌체로 모여들었답니다. 우선 고객들의 지적·미적 감각이 뛰어나고 그들의 수요가 활발했기 때문입니다. 둘째로는 피렌체에 모여든 재능 있는 사람들끼리 경쟁도 치열했지만, 서로 돕고 격려하면서 함께 진보할 수 있었기 때문이지요. 그런데 로렌초 데 메디치의 죽음을 고비로 피렌체가 두뇌유출국으로 바뀌었습니다. 피렌체와 더불어 이탈리아의 유력한 도시국가였던 베네치아가 두뇌유입국이 된 요인 가운데 첫 번째, 즉 수준 높은 고객의 수요가 많았다는 것은 피렌체의 경우와 같습니다. 하지만 두 번째 조건은 다릅니다. 반종교개혁 시대가 되었으니 당연한 일이지만, 베네치아로 재능 있는 사람들이 몰려든 두 번째 요인은 바로 '자유'였습니다. 베네치아에서는 언론의 자유든 예술 표현의 자유든 '자유'가 보장되었으니까요.

피렌체는 1530년에 공화정이 붕괴한 뒤 메디치 집안이 다스리는 군주국으로 바뀐 반면, 베네치아는 건국 이후 멸망할 때까지 1200년 동안 줄곧 공화제를 유지한 나라입니다. 다만 공화제라 해도 고대 아테네 같은 직접 민주주의는 아니고, 현대의 대의 민주주의와도 다릅니다. 소수의 지도자가 다스리는 과두정치라는 정체(政體)인데, 역사에서 이와 비슷한 체제를 찾는다면 공화정 시대의 로마가 거기에 가깝습니다.

유력한 가문에 태어나면, 성년이 되자마자 공화국 국회(마조르 콘실리오)에 의석이 주어집니다. 여기까지는 선거를 거치지 않지만, 그 다음부터는 선거제입니다. 공화국 국회의원들이 선거를 통해 120명 내지 200명 정도의 원로원 의원을 선출합니다. 수가 일정하지 않은 것은 한 집안에 한 명씩만 원로원 의석을 가질 수 있도록 규정되어 있었기 때문입니다. 이 원로원(세나토)이 베네치아 공화국의 실질적인 국회에 해당합니다. 모든 공직자는 원로원 의원들 가운데서 선출되었으니까요. 하지만 이 베네치아도 내각 없이는 기능을 발휘할 수 없습니다. 자세한 내용은 『바다의 도시 이야기』를 참고해주세요. 그리고 내각과 겹치는 형태로 '10인 위원회'라는 기관이 있었습니다. 실제로는 10명이 아니라 17명으로 구성되어 있었지만, 국내외적으로 긴급히 정책을 결정해야 할 경우에 '10인 위원회'가 가동되고, 미국의 CIA(중앙정보국)와 비슷한 기능도 갖고 있었습니다.

여기까지는 고대의 로마 공화정과 비슷하지만, 국가에는 최고 책임자가 필요합니다. 고대 로마의 최고 책임자는 1년마다 선출되는 두 명의 집정관(콘술)인 반면, 베네치아의 최고 책임자는 한 명의 통령(두체)이 맡고 있었습니다. 통령은 한번 선출되면 죽을 때까지 물러나지 않는 종신제였지요. 하지만 아들이나 그 밖의 혈육이 후계자가 되는 것은 허용되지 않았습니다. 그리고 통령은 공화국의 '얼굴'이기 때문에 권위는 누구보다 높지만, 권력은 원로원의 200표 가운데 한 표, '10인 위원회'에서는 17표 가운데 한 표에 불과했습니다. 권위와 권력이 한 사람에게 집중되지 않도록 이렇게 철저히 제도화해두지 않으면, 소수지도제는 기능을 발휘할 수 없습니다. 반면에 권위와 권력이 비례관계에 있는 것이 군주제, 고대 로마에서는 제정이었지요."

"그렇게 되면 일반 시민은 국정에서 완전히 배제됩니다. 정치체제로서는 전제정치라고 말할 수밖에 없습니다. 국정에 참여할 수 없는 일반 시민이 반발하지는 않았습니까? 그리고 이런 정치체제 아래 있으면서도 어떻게 베네치아 공화국에서는 자유를 만끽할 수 있었습니까?"

"계몽주의 시대의 프랑스 철학자인 볼테르도 똑같은 의문을 제기했습니다.

베네치아의 유력자는 교역으로 재산을 모은 사람들입니다. 이들이 국정을 계속 장악하고 있었던 것이 베네치아식 공화제지요. 하지만 이들은 자기 재산을 지키려면 자기 나라가 제대로 기능을 발휘해야 한다는 사실을 깨달은 사람들이기도 했습니다. 베네치아에는 피렌체의 메디치나 독일의 푸거에 비견할 수 있는 부자가 끝내 나타나지 않았습니다. 하지만 메디치가에 버금가는 재력을 가진 가문은 늘 상당수 존재하고 있었지요. 빈부격차는 있었지만, 그

베네치아 공화국 최고의 책임자인 통령의 관저 팔라초 두칼레. 814년 첫 번째 궁전을 지었으나 976년 군중들이 불살라버렸고 그 뒤 재건했지만 다시 불에 타버려 지금 남아 있는 것은 14세기 초에 짓기 시작해 1424년에 완공된 것이다.

것이 고착되어 있지는 않았습니다. 패자부활제는 모든 면에서 기능을 발휘하고 있었고, 해외 이권을 지키기 위해 불가피했던 전쟁에서 전사한 사람의 유족에게는 정부가 연금을 지급했습니다. 유족연금의 최저 액수는 당시의 유명 화가인 티치아노가 그림 한 점을 그려주고 받는 돈의 10분의 1 정도였습니다. 따라서 연금만으로 살아갈 수는 없었지만, 그래도 유족연금제도는 동시대의 다른 나라에는 없었습니다.

경제인이 통치한 베네치아 공화국

베네치아 공화국의 역사는 경제인이 국가를 운영하면 어떻게 되는가의 본보기를 보여주는 것 같습니다. 수익률이 가장 높은 후추를 비롯한 향신료를 운송하는 대형 갤리선은 개인 소유가 허용되지 않습니다. 아무리 돈이 많아도 개인은 대형 상선을 소유할 수 없지요. 대형 상선의 소유권은 국가에 있고, 따라서 누구나 상품 운송을 위탁할 수 있었습니다. 상품을 오리엔트에서 팔고, 그 돈으로 후추를 사서 베네치아까지 운송시키는 것이지요. 이 정책은 많은 사람을 오리엔트 교역에 참가시키는 동시에, 재력이 있는 사람들의 위험 부담을 분산하는 데에도 효과가 있었습니다. 수익률이 낮은 상품인 양모나 원면(原綿)이나 밀 같은 산물을 운반하는 데 쓰인 범선은 개인 소유가 허용되어 있었지만, 셰익스피어가 『베니스의 상인』에서 묘사한 것처럼 전 재산을 투자한 배가 침몰하는 바람에 빚을 갚지 못하는 상인은 사실 베네치아에는 존재할 수 없었습니다. 만약 그런 상인이 존재했다면 베네치아 상인의 체면에 먹칠을 한 것이고, 돈을 빌려준 유대인 샤일록이 계약 이행을 요구하기 전에 베네치아 정부가 그 상인을 불러서 어찌된 일이냐고 캐물었을지도 모릅니다. 베네치아 정부는 여러 가지로 행정지도 하기를 좋아했으니까요.

베네치아는 외교에서도 상당히 교묘해서, 서유럽이 교황파(구엘프)와 황제파(기벨린)로 나뉘어 싸우던 시대에는 먼 비잔틴 제국의 관할 아래 있는 척하면서 중립을 지킵니다. 하지만 그냥 강 건너 불구경하듯 지켜보고만 있었던 것은 아니고, 로마 교황과 신성

'한 시대가 아닌 만세를 위한' 작가로 칭송받는 영국의 극작가 셰익스피어(마틴. 드루스하우트 그림, 런던국립초상미술관). 그는 문학사상 불후의 명작을 가장 많이 남긴 작가 가운데 한 사람이다.

로마제국 황제를 화해시키기 위해 적극적으로 나서서 두 사람의 베네치아 회담을 성사시켰습니다. 하지만 유럽 전체가 똘똘 뭉쳐서 이슬람 세력과 대결할 때는 군대를 파견해 분명히 서방 쪽에 섭니다.

이처럼 유연한 외교가 가능했던 첫 번째 이유는 베네치아가 중계 기능을 맡지 않으면 서방도 동방도 교역이 성립되지 않았기 때문입니다. 독일 상관(商館)과 터키 상관이 동시에 존재한 도시는 베네치아뿐입니다. 두 번째 이유는 이슬람과 대결할 때 베네치아의 해군력이 반드시 필요했기 때문입니다. 베네치아 함대가 없었다면 레판토 해전은 치를 수 없었을 겁니다. 세 번째 이유는 베네치아가 갖고 있던 정보의 양과 질입니다. 베네치아 공화국은 어느 나라보다도 일찍 외교 담당자를 외국에 상주시키는 제도를 확립했고, 그들이 수집한 정보의 신속성과 정확함은 어느 나라도 따라갈 수 없는 수준이었지요. 베네치아인으로서는 시장 동향을 정확하게 파악하지 않으면 장사를 할 수 없기 때문에 정보 수집에 힘을 쏟았을 뿐이지만요.

'나라의 독립'을 지킨 베네치아의 지도자들

베네치아인들은 기본적으로 상인이었지만, 군비를 확충하는 것도 잊지 않았습니다. 육상 병력은 피렌체와 마찬가지로 용병에 의존했지만, 자국 시장을 지키는 데 빼놓을 수 없는 해군은 공화국 국민으로만 구성했습니다. 통령을 선출할 때도 해군 총사령관 경력을 무엇보다도 중요하게 여겼습니다. 베네치아 해군에는 『오셀로』의 주인공 같은 무어인 장군은 존재할 수 없습니다.

당신은 말하겠지요. 이런 베네치아 공화국과 그 나라 주민이 누리고 있던 자유가 도대체 무슨 관계가 있느냐고.

그런데 아주 밀접한 관계가 있습니다. 베네치아 지도자들이 지키려고 애쓴 것을 한마디로 말하면 나라의 독립입니다. 요컨대 외국의 간섭을 배제하는 것이지요. 그리고 그 당시 독립의 최대 장애는 기독교회와 그 중추인 로마 교황청이었습니다. 무신론자는 아니지만 정교분리를 주장하는 것을 레이시즘(laicism), 즉 세속주의라고 부릅니다. 세속주의를 신봉하는 나라나 개인을 이탈리아어로는 '라이코'(laico)라고 부르는데, 베네치아인만큼 철저한 라이코는 없습니다. 일반 시민들까지도 '베네치아인이 먼저, 기독교도는 그 다음'이라고 말한 나라니까요.

베네치아 공화국에서는 베네치아식 정치체제에 반대하지 않는다는 조건은 있었지만, 그밖에는 모든 자유가 인정되었습니다. 하지만 그것도 '자유의 존중'이라는 이념을 중요시했기 때문은 아닙니다. 기독교회의 간섭을 피하고, 기독교회의 위세를 빌릴 때가 많은 외국의 간섭을 피하기 위해서였지요. 단순한 영토 싸움이나 이권을 둘러싼 투쟁에 불과한데도 종교적 이유를 명분으로 내세우는 경우가 인간 세계에는 흔하니까요. 하지만 추상적인 이념에 따른 자유나 독립이 아니라 구체적인 이익을 얻기 위해 자유와 독립을 견지했기 때문에, 오히려 영속적이 될 수 있었다고 생각합니다.

앞에서도 말했듯이 베네치아에 설치된 이단심문 위원회에는 정부측 위원도 세 명이나 참가했고, 위원이 한 사람이라도 자리에서 일어나 퇴장하면 위원회는 자동 유회된다고 규정되어 있었기 때문에, 베네치아에서는 이단재판도 마녀재판도 열리지 않았습니다. 또한 루터나 마키아벨리의 저서도 버젓이 출판되고 있었지요. 출판업은 언론의 자유가 보장되지 않는 곳에서는 융성을 기대할 수 없습니다. 이 출판업에서 베네치아가 계속 유럽 제일의 자리를 지킨 것도 앞에서 이미 이야기했습니다. 베네치아의 자유에는 몽테뉴도 경탄했지만, 그 이후에도 이탈리아를 방문한 프랑스 지식인은 많았습니다. 그들 가운데 한 사람이 쓴 기행문에 흥미로운 구절

처참한 오셀로의 종막을 묘사한 19세기의 유화. 앞쪽에 이아고의 아내 에밀리아의 시체가 보이고, 안쪽 깊숙한 곳에는 데스데모나의 시체가 널브러져 있다. 주위 사람들이 지켜보는 가운데 오셀로가 자해를 하고 있는데, 그가 터번을 두른 아랍계 흑인으로 묘사되어 있는 것이 특징이다.

이 있습니다. 베네치아에 머무는 동안 많은 책을 사들인 것까지는 좋았는데, 그 책을 프랑스 부르고뉴 지방에 있는 자기 집으로 곧장 보내면 관헌의 주의를 끌 위험이 있기 때문에 하인의 집으로 발송했다는 구절입니다. 프랑스 혁명이 일어나기 불과 반세기 전의 일입니다. 동시대 사람인 볼테르도 '구태의연한 과두정 치하의 베네치아는 어떻게 다른 어느 곳보다 확실하게 자유가 보장되어 있는가' 하는 의문을 나타내고 있습니다.

이 명제를 논한 연구서는 아주 많고, 오늘날까지도 그 연구가 계속되고 있습니다. '베네치아 공화국의 자유'라는 주제 하나만으로 학회가 열릴 정도지만, 여기서는 현실적이고 구체적이었던 베네치아인을 본받아, 베네치아가 종교와 거리를 두려고 얼마나 집요하게 노력했는가를 세 가지 구체적인 사례를 통해 살펴보기로 하겠습니다.

종교와 거리를 둔 베네치아

지금 우리가 서 있는 곳은 일찍이 베네치아 공화국 수도였던 베네치아의 중앙 광장인 산 마르코 광장입니다. 정면에는 산 마르코 성당이 있습니다. 그 왼쪽에 있는 건물은 오늘날에는 주교관이고, 오른쪽에 있는 것은 '팔라초 두칼레'(통령 관저)라고 불린 정청입니다. 중세 도시는 어디나 마찬가지지만, 정치가 이루어지는 정청과 종교를 담당하는 교회가 양대 지주를 이루어 도시를 형성하고 있습니다. 피렌체의 경우에도 '팔라초 베키오'와 '산타 마리아 델 피오레'가 도시를 이루는 두 기둥이고, 피렌체 주교가 사는 주교관은 '꽃의 성모 마리아' 성당에 딸린 세례당(바티스테로) 바로 앞에 있습니다. 정치의 중심과 종교의 중심이 시민 공동체(코무네)인 도시의 양대 지주가 되어 있었지요.

그런데 베네치아만은 다릅니다. 산 마르코 성당은 베네치아 제일의 교회이고, 축제는 정치적인 것이든 종교적인 것이든 모두 산 마르코 성당에서 거행되고, 축제 행렬도 산 마르코 성당 앞 광장을 누볐습니다. 하지만 산 마르코 성당은 공식적으로는 베네치아 공화국 통령의 개인 예배당에 불과하고, 성당의 주권도 로마 교황청에 속해 있지 않습니다. 또한 베네치아 주교만은 서방처럼 '베스코보'(vescovo)라고 불리지 않고, 오리엔트의 기독교계 수장과 마찬가지로 '파트리아르카'(patriarca)라고 불립니다. 또한 베네치아 주교가 사는 주교관은 베네치아 제일의 교회인 산 마르코 성당 근처에 자리잡고 있지 않았습니다. 공화국이 건재했던 시대의 주교관은 도심에서 멀리 떨어진 조선소 건너편에 있었지요. 현재의 주교관은 산 마르코 성당 왼쪽에 있지만, 그것은 베네치아 공화국이 붕괴되고 베네치아가 이탈리아의 일개 도시가 된 뒤에 옮겨진 것입니다. 베네치아가 공화국이었던 1200년 동안, 베네치아인들이 신경질적일 만큼 종교계와 거리를 두는 데 집착했다는 증거지요. 로마 교황이 자기는 어디서나 교황이지만 베네치아에서는 다르다고 한탄한 것도 이런 역사를 알면 납득할 수밖에 없습니다.

두 번째 사례는 베네치아 교회라면 어디에나 있는 성유물입니다. 당신은 어제 그 성유물을 보고, 이게 도대체 뭐냐고 깜짝 놀랐

성유물함(베네치아, 산 마르코 성당)과 세례자 요한의 손 모양 성유물(이스탄불, 토프카피 궁박물관). 성유물은 비잔틴인의 신앙에서 중요한 위치를 차지한다. 9세기 이래 성유물은 교회의 봉헌에 없어서는 안 되는 것이었는데, 비잔틴인은 큰 가치를 지니는 많은 성유물을 보유하고 있었다. 가장 값진 것은 그리스도 수난 당시의 도구들처럼 성모나 그리스도와 직접 관련된 것들이었다.

지요. 예수가 십자가에 못 박힐 때 쓰고 있었던 가시 면류관의 가시라든가 성인의 다리뼈 같은 것을 성유물이라고 부르는데, 중세는 동방의 성유물을 서방으로 수입하는 일이 어엿한 사업으로 성립된 시대이기도 했습니다. 동서교역에서 제일인자였던 베네치아 상인들은 동방에서 성유물을 사다가 서방에 팔아 이익을 얻었지만, 베네치아 교회에 기증한 경우도 적지 않았습니다. 주교관을 도시 변두리로 추방해도 불평하지 않았던 베네치아 서민들도 참배할 대상이 가까이에 많이 있는 것은 환영했기 때문이겠지요.

이런 베네치아인을 동시대의 피렌체인들은 비웃곤 했습니다. 현실적인 베네치아인이 무슨 뼈다귀인지도 알 수 없는 성유물을 왜 숭배하느냐고. 그러자 한 베네치아인이 대꾸합니다. 살아 있는 성인을 숭배하는 것이 성유물 신앙보다 실질적인 해를 입을 위험이 더 많지 않으냐고. 성유물 신앙을 갖지 않은 피렌체인들이 사보나롤라를 살아 있는 성자로 숭배한 사실을 공박한 것이죠.

이 사보나롤라가 '허영의 소각'이라는 명목으로 현세적인 주제를 다룬 회화나 조각이나 문학서적을 불태운 사건이 일어났을 때의 일화인데, 시뇨리아 광장 한복판에 높이 쌓아올린 예술품 더미에 막 불을 붙이려는 순간, 한 베네치아 상인이 돈을 내고 그 예술품을 몽땅 사고 싶다고 제의했습니다. 피렌체를 신이 다스리는 나라로 만들고 싶은 일념에 불타는 설교승 사보나롤라와 그에게 심취해 있던 사람들은 그것이야말로 허영에 집착하는 잡념이라면서 그 제의를 거부하고 예술품 더미에 불을 지르지만, 조국을 종교의 간섭에서 독립시키는 데 노력을 아끼지 않았던 베네치아인으로서는 수많은 훌륭한 예술품이 잿더미로 변하는 것이 안타까워서 견딜 수 없었을 겁니다. 정말로 합리적이었던 것은 어느 쪽일까요. 뼛조각 따위는 신앙의 대상이 아니라고 생각한 피렌체인일까요, 아니면 뼛조각에 대한 신앙이라면 묵인하는 정도가 아니라 장려하기까지 했던 베네치아인일까요.

어느 탈옥수의 수기

마지막 사례는 실제로 있었던 어느 탈옥수의 수기입니다. 내가

팔라초 베키오 앞 시뇨리아 광장에서 유랑 설교사 사보나롤라를 처형하는 장면(피렌체, 산마르코미술관)

『사일런트 마이노리티』에서 '탈옥기'라는 제목으로 소개한 바로 그 수기지요. 이 사람은 예수회가 관리하고 있던 로마의 종교재판소에서 이단으로 유죄를 선고받고 감옥에 들어갔지만, 엄청난 고생 끝에 탈옥에 성공합니다. 도망치는 동안 많은 사람들이 남몰래 그를 도와주는데, 사람들은 그의 도망을 도와주면서 한결같이 말합니다. 베네치아로 도망치라고.

나는 이 수기를 읽고, 반종교개혁의 태풍이 몰아친 뒤에도 베네치아에 존속했던 '자유'란 무엇이었는가를 실감할 수 있었습니다. 베네치아와 자유의 관계를 논한 수많은 연구서보다도, 이 명제를 내걸고 열린 심포지엄에서의 토론보다도, 일개 탈옥수의 수기가 그 '자유'의 의미를 한결 더 실감케 해준 것입니다.

이 베네치아 공화국이 르네상스 운동의 마지막 담당자가 됩니다."

"하지만 피렌체에서 태어나 자란 르네상스 정신도 로마로 옮겨지면 로마풍으로 결실을 맺었으니까, 베네치아로 옮겨지면 베네치아풍으로 바뀌어야 할 텐데요."

"그렇습니다. 그 베네치아풍을 회화에서는 베네치아파라고 부릅니다. 미술사학자인 베렌슨은 이 베네치아파 회화의 특징을 이렇게 말하고 있습니다.

〈피렌체인의 회화를 보고 있으면, 원근법이나 인체에 대한 해부학적 지식 등 여러 가지를 염두에 두고 감상해야겠구나 하는 생각이 들지만, 베네치아파 회화 앞에서는 그런 것을 생각할 필요가 없다. 베네치아인이 그린 그림은 회화 자체여서, 그림을 보는 즐거움을 만끽하기만 하면 된다.〉

대학에서 졸업논문을 쓸 때 공부했을 뿐이니까 정확하지는 않을지도 모르지만, 대강의 뜻은 그러했을 겁니다. 실제로 베네치아파 화가들은 조각이나 건축에는 손을 대지 않았고, 수학이나 해부에도 전혀 관심을 갖지 않고 오직 그림을 그리는 일에만 전념했습니다. 만족할 줄 모르는 탐구심은 르네상스 정신의 진수지만, 베네치아 화가들은 오로지 형태와 색채에만 그 탐구심을 집중해야 한다고 생각했지요.

조르조 바사리가 글로 써서 남겨준 덕분에 훗날 유명해진 미켈란젤로의 말이 있습니다. 그걸 보면 미켈란젤로가 티치아노를 어떻게 평했는지를 알 수 있지요. 미켈란젤로가 60세, 티치아노는 48세 무렵의 에피소드입니다.

〈하루는 미켈란젤로와 함께 벨베데레궁으로 티치아노를 찾아갔다. (교황청 안에 있는 벨베데레궁은 건축가 브라만테가 설계한 건물이다. 티치아노는 베네치아 출신 추기경의 초대를 받고 1년쯤 로마에 머물고 있었다. 당시는 최후의 르네상스 교황이라고 불린 파르네세 집안 출신의 파울루스 3세 시대였다.)

티치아노는 우리 두 사람에게 베네치아에서 가져온 그림 한 점을 보여주었다. 그리스 신화에 나오는 다나에를 그린 그림인데, 황금비로 변신한 제우스가 전라의 여체 위로 내려오는 구도였다. 미켈란젤로는 작가 앞이기도 해서 그림을 격찬했다. 하지만 그곳을 나와 단둘이 있게 되자 이렇게 말했다.

'베네치아에서 데생의 기본을 배우지 않는 것은 참으로 유감스러운 일이야. 더 뛰어난 선배들의 기법을 배우려 하지 않는 것도 유감이고. 저 친구가 자연에서 배우듯 선인들의 예술품이나 기법에서도 배우고, 게다가 실물(모델)을 좀더 정확하게 묘사하는 훈련을 거듭하면, 아무도 따라갈 수 없는 화가가 될 텐데 말이야. 티치아노는 예술가에게 어울리는 정신을 가졌고, 우아한 양식을 완전

산 피에트로 인 몬토리오 수도원 안에 있는 원형사원 템피에토(로마). 브라만테는 르네상스 전성기를 대표하는 건축가 가운데 한 사람으로, 로마를 다시 세우겠다는 교황 율리우스 2세의 대규모 건설계획의 주임 계획가로 일했다.

티치아노의 「다나에」(페테르부르크, 에르미타주미술관). 다나에처럼 티치아노가 신화를 주제로 그린 그림들에서는 그리스·로마 시대의 이교적인 쾌활함과 자유분방함을 느낄 수 있다. 벌거벗은 비너스나 다나에의 표현에서 그는 그 누구도 능가할 수 없는 육체의 아름다움과 관능성의 기준을 세웠고, 루벤스나 니콜라 푸생 같은 후세의 대가들도 즐겨 그를 모방했다.

히 터득했고, 생생한 기법을 구사할 줄 아는 화가니까.'〉

고대 로마를 '베네치아풍'으로 바꾼 베네치아

재미있는 것은 미켈란젤로도 티치아노도 계속 각자의 길을 걸었다는 사실입니다. 고대 로마의 도시였던 피렌체와 로마 제국 수도였던 로마에 비하면, 베네치아에는 고대 로마의 흔적조차 없었습니다. 로마 제국이 멸망했을 때 쳐들어온 야만족한테서 도망치기 위해, 그때까지 사람이 살지 않았던 석호(潟湖) 안의 얕은 여울에 도시를 세운 것이 베네치아의 기원이니까요. 그렇긴 하지만 피렌

티치아노의 자화상(마드리드, 프라도미술관). 이탈리아 르네상스를 대표하는 베네치아파 화가인 티치아노는 신성로마제국 황제인 카를 5세가 극진한 예를 갖추어 맞아들인 유일한 화가로도 유명하다.

체나 로마의 지식인들이 열광한 고대 부흥에 베네치아인들이 무관심했는가 하면 전혀 그렇지 않습니다. 다만 베네치아에서는 그것도 어디까지나 베네치아풍으로 이루어집니다.

베네치아에는 피렌체의 메디치 집안처럼 고전 사본을 폭넓게 사들여 그것으로 도서관을 만드는 개인은 나타나지 않았습니다. 터키의 위협을 피해 베네치아로 망명한 비잔틴 제국 사람들이 가져온 그리스와 로마의 고전을 구입해 그것을 바탕으로 공립 도서관을 만든 것은 공화국 정부였고, 게다가 도서관을 설립한 시기는 피렌체보다 이릅니다.

베네치아에는 메디치 가문이 주재한 플라톤 아카데미 같은 고전 연구 기관은 없었습니다. 하지만 고전을 라틴어 대역까지 붙여서 출판하고, 학생도 살 수 있도록 문고본까지 고안해낸 것은 베네치아인입니다.

피렌체 정청의 서기국이 지식인의 도가니 같은 곳이었지만, 베네치아 정청의 사무관료들도 교양이 높았습니다. 마키아벨리는 피렌체 서기국의 관료였고, 그보다 반세기 뒤에 세계 각지의 여행기 전집을 편찬한 라무시오는 베네치아 '10인 위원회'의 서기였지요. 이 여행기 전집은 중국과 일본의 사정까지 망라되어 있는, 당시로서는 가장 완벽한 여행기였답니다.

하지만 경세(警世) 사상가인 마키아벨리가 피렌체적 역사가라면, 베네치아적 경세적 역사가는 끝내 태어나지 않았습니다. 정부가 충분히 기능을 발휘하고 있어서, 나라의 장래를 걱정할 필요도 없었기 때문이지요. 베네치아는 세상 사람들을 경계해 깨우치는 경세적인 역사가를 낳지 않은 대신, 일어난 사건을 충실하게 기록하는 연대기 작가를 많이 배출합니다. 또한 외국에 주재하는 대사나 해외 지점에서 보내오는 보고서의 양도 그 시대의 열강이었던 에스파냐 프랑스나 영국보다 훨씬 많았습니다. 귀국한 베네치아 대사는 원로원 상세한 보고를 할 의무가 있었는데, 지금은 그 보고서가 국가별로 정리되어 책으로 출판되어 있기 때문에 누구나 구해서 읽을 수 있습니다. 그것을 한번 읽어본 사람이라면, 누구나 이렇게 생각할 것입니다. 베네치아 공화국이 멸망한 18세기 말까지의 유럽과 중동의 역사는 이 보고서만 가지고도 충분히 쓸 수 있겠다고.

요컨대 이것도 장부를 정확히 기재하지 않으면 장사를 할 수 없다는 상인 정신에서 나온 것입니다. 그들의 이런 태도 덕분에, 후세에 태어난 우리도 정확하고 객관적인 사료를 토대로 역사를 조립할 수 있는 것이고요.

문화와 문명의 창조는 경제력과 자유와 진취성

그 역사에 따르면, 베네치아의 르네상스는 결코 로마가 넘겨준 공을 받아서 시작된 게 아닙니다. 문화와 문명을 창조하려면 재력과 자유라는 두 가지 조건 이외에 풍부한 진취성도 필수불가결한 조건인데, 그런 면에서도 베네치아는 자격이 충분했습니다. 다만 베네치아의 르네상스는 고대 그리스나 로마보다 우선 동시대의 오리엔트를 향해 열립니다. 베네치아에 있는 건물들을 보세요. 우리 눈에도 이국적으로 보입니다. 당시 서구에서는 더욱 이국적이었을

게 분명합니다. 이것은 베네치아가 서구의 다른 어느 나라보다 오리엔트——후세의 중동 및 북아프리카——와 깊은 관계를 갖고 있었기 때문일 겁니다.

베네치아 건축의 역사를 더듬어가는 가장 간단하고 값싼 방법은 철도역 앞 광장에서 출발해 대운하를 거쳐 산 마르코 광장에 이르는 완행 연락선을 타는 겁니다. 역마다 정류하는 완행 연락선을 타라고 권하는 이유는, 이 연락선만 대운하 양쪽 연안에 번갈아 접안하면서 대운하를 지나가기 때문입니다. 이 연락선을 타고 양쪽을 모두 바라볼 수 있도록 맨 앞자리에 앉으면, 편안히 앉아서 베네치아 건축의 역사적 변천을 볼 수 있습니다. 해외로 힘차게 뻗어나간 시대의 베네치아 상인들은 짐배를 댈 수 있는 곳에 사무실 겸 살림집을 지었기 때문에, 베네치아에서는 간선운하인 대운하가 곧 간선도로였습니다.

완행 연락선은 역마다 정류하기 때문에 걸어가면 15분밖에 안 걸리는 산 마르코 광장까지 한 시간이나 걸리지만, 그만한 시간을 투자할 가치는 충분합니다. 간소한 14세기 양식에서 화려한 15세기 양식으로, 다시 웅장한 16세기 양식으로 변모해가는 베네치아 건축의 역사를 한눈에 볼 수 있으니까요. 14세기 양식과 15세기 양식에는 오리엔트의 영향이 짙게 나타나 있는 반면, 16세기 양식은 서구색이 짙어집니다. 그것은 1527년의 '로마 약탈'을 계기로 로마를 떠난 건축가 야코포 산소비노를 베네치아가 맞아들였고, 그 산소비노가 베네치아의 주요 건축물 설계를 맡게 되었기 때문입니다.

틴토레토가 그린 야코포 산소비노의 초상(피렌체, 우피치미술관).

베네치아는 건축에서는 산소비노나 안토니오 상갈로처럼 피렌체 출신으로 로마에서 활약한 이들을 맞아들였고 파도바 태생인 팔라디오한테도 일을 맡겼지만, 회화에서는 두뇌유입에 별로 열의를 보이지 않았습니다. 아니, 그럴 필요가 없었다고 말해야 할지도

오라치오 플라코가 그린 안드레아 팔라디오(베네치아, 팔라초 두칼레). 팔라디오는 비첸차의 민간건축 분야에서 명성을 얻다가 베네치아에서는 가톨릭 교회의 도움을 받아 수많은 빌라를 지었다. 이 그림에서 그는 자기의 마지막 작품인 마세르의 템피에토 모델을 가리키고 있다.

모릅니다. 유명한 베네치아파 화가들의 계보는 그 전부터 이미 훌륭한 흐름으로 자리 잡고 있었으니까요.

화가 가문으로 유명한 벨리니 집안의 젠틸레와 조반니. 둘 다 1429년에 베네치아에서 태어나 젠틸레는 1507년, 조반니는 1516

젠틸레 벨리니가 그린 무하마드 2세의 초상(런던, 내셔널갤러리). 1479년, 화가 젠틸레 벨리니는 베네치아 통령의 명령으로 콘스탄티노플에 직접 가서 당시의 술탄인 무하마드 2세의 초상화를 그렸다.

년에 베네치아에서 죽었습니다. 젠틸레는 공화국 정부의 예술 사절로 터키에 파견되어, 지금은 런던의 내셔널갤러리에 소장되어 있는 유명한 무하마드 2세의 초상화를 남겼지요. 조반니는 도제 시절의 티치아노를 가르친 스승이었던 것 같습니다.

하지만 티치아노에게 좀더 강한 영향을 준 것은 1477년에 태어나 1510년에 죽은 조르조네였다고 합니다. 인간을 그리면서 그 마음속까지 그려낸다는 말은 동시대인이 그에게 바친 찬사였습니다.

이런 선배들의 뒤를 이은 것이 1487년에 태어나 1577년에 죽은 티치아노입니다. 이 베네치아파 회화의 거장에 이어 틴토레토(1518-94년)와 파올로 베로네세(1528-88년)가 등장하지만, 이들을 마지막으로 화려한 꽃을 피운 16세기의 베네치아파 회화는 막을 내립니다.

이탈리아가 없으면 레오나르도도 없고, 레오나르도가 없으면 르네상스도 없고, 로마가 없으면 미켈란젤로도 없고, 미켈란젤로가 없으면 로마도 없다고 말할 수 있다면, 베네치아가 없으면 티치아노도 없고, 티치아노가 없으면 베네치아도 없다고 말해도 좋습니다. 티치아노는 그런 말을 들을 자격이 충분합니다. 티치아노는 화가로서 좋든 나쁘든 베네치아 자체를 구현하고 있고, 베네치아도 티치아노를 얻은 덕에 비로소 베네치아다운 베네치아가 되었다고 말할 수 있을지도 모릅니다. 이것이야말로 창조하는 사람에게도 감상하는 쪽에도 가장 이상적인 상태가 아닐까요.

창작자로서 티치아노의 예술적 특색은 색채에 있습니다. 그것

틴토레토의 자화상(파리, 루브르미술관). 틴토레토라는 이름은 아버지가 염색공(틴토레)이었기 때문에 붙은 별명이다. 그는 생애의 대부분을 베네치아에서 보냈고, 초상화가로도 유명해 정치가·귀족·학자의 초상화를 중심으로 100점 가까운 초상화를 남겼다.

은 미켈란젤로가 비판한 결함을 상쇄하고도 남는 것 같은 느낌입니다. 왜 베네치아파 회화의 특징이 색채에 있느냐는 질문에 대해서는 시내에 거미줄처럼 얽혀 있는 운하 때문이라고 대답할 수밖에 없습니다. 베네치아의 빛은 하늘에서 직접 내리쬐는 햇빛만이 아닙니다. 운하의 수면에 반사되어 되돌아오는 빛도 있습니다. 따라서 베네치아에서는 색채도 더욱 다양해질 수밖에 없지요. 이것이 베네치아파 화가들, 그 가운데서도 가장 베네치아적 화가인 티치아노를 다른 어디에도 존재하지 않는 색채 화가로 키웠을 것입니다.

티치아노는 단순한 색채 화가가 아니었습니다. 그가 그리는 인물상은 그 인물과 비슷한 것만으로 끝나지 않고, 묘사된 사람의 인생까지 느끼게 합니다. 소설가라면 티치아노가 그린 초상화만 보고도 소설 한 편을 쓸 수 있을 겁니다. 이것이 티치아노를 유럽 전역의 군주와 귀족들로부터 주문이 끊이지 않는 당대 최고의 인기 화가로 만들어준 요인이 아닐까 생각합니다. 16세기 중엽 유럽 최고의 권력자인 신성로마제국 황제이자 에스파냐 왕 카를로스는 자신의 초상화를 티치아노한테만 맡겼고, 이 베네치아인을 제 왕궁이 있는 에스파냐의 수도 마드리드에 극진한 예를 갖추어 초대했습니다. 카를로스 황제는 영명한 군주였던 만큼 자신의 생애를 표현하는 것은 간단한 일이 아니라는 것을 알고 있었지요. 그런데 티치아노가 붓을 잡으면 한 장의 캔버스 위에 그때까지의 모든 드라마가 농축되는 겁니다. 만약 내가 티치아노의 모델이 되었다면, 나 자신이 이렇게 깊이 표출되는 것을 보고 두려움을 느꼈을 겁

조르조네의 「폭풍」(베네치아, 아카데미아미술관). 이 그림은 동시대 지식인들이 풍경화의 걸작으로 평가한 것으로 유명하다. 조르조네는 당시 창궐한 페스트에 걸려 젊은 나이에 세상을 떠났는데, 만토바 후작부인 이사벨라 데스테는 그가 죽었다는 소식을 듣고 "베네치아 전체가 분노하고 있다"고 말했을 정도다.

티치아노가 그린 카를 5세의 초상(마드리드, 프라도미술관)

니다.

베네치아 르네상스의 견인차 안드레아 그리티

 로마의 르네상스가 미켈란젤로와 라파엘로에게 충분히 일을 시킨 교황 율리우스 2세에게 힘입은 바가 많았듯이, 16세기의 베네치아에도 베네치아 르네상스의 견인차라 해도 좋은 인물이 있었습니다. 1523년부터 1538년까지 통령을 지낸 안드레아 그리티가 그 사람이죠.

 나는 『바다의 도시 이야기』에서 여섯 쪽에 걸쳐 이 사람을 소개했습니다. 역사적 사실을 뒤쫓으면서 베네치아 공화국의 전성기를 구현한 이 인물을 표현하려고 했지요. 하지만 그래도 티치아노가 그린 초상화 한 점에는 미치지 못한다고 생각할 수밖에 없습니다. 이 초상화는 지금은 워싱턴 국립미술관에 소장되어 있는데, '지배하기 위해 태어난 남자'라는 평판을 들은 그리티와 전성기의 베네치아를 이 초상화만큼 잘 표현하고 있는 것은 없습니다.

 그리티 통령은 로마에서 이주한 피렌체 출신 건축가인 야코포 산소비노를 맞아들여 베네치아 공공건물의 설계를 맡겼고, 피렌체 공화국의 아레초 태생인 아레티노가 베네치아로 이주하자 이 문인이 자유롭게 펜을 휘두를 수 있는 환경을 보장해주었고, 플랑드르 사람을 초빙해 산 마르코 성당의 음악 감독에 임명했고, 티치아노에게는 통령 관저 안에 있는 모든 회의실의 벽화 제작을 맡겼습니다. 이 사람들이 이미 공을 세워 명성을 얻은 유명인사라면 놀랄 것도 없지만, 셋 다 30대 젊은이입니다. 이들 세 젊은이를 브레인

율리우스 2세를 그린 라파엘로의 스케치(채츠워스, 데번셔 공작 소장)

티치아노가 그린 안드레아 그리티 통령의 초상(워싱턴국립미술관). 이 통령은 베네치아 공화국의 전성기를 구현한 인물로서, '지배하기 위해 태어난 남자'라는 평판을 들을 정도였다.

으로 삼은 70대의 통령 그리티 덕분에 베네치아의 르네상스는 화려한 꽃을 피우게 됩니다.

아무리 뛰어난 자질을 가진 사람들이 갖추어져 있어도 순수배양으로는 문화를 창조할 수 없습니다. 문화를 창조하려면 이질 분자의 유입에 따른 자극이 반드시 필요합니다. 그리티 통령은 베네치아다움을 보존할 생각은 하지 않았습니다. 그렇기 때문에 오히려 진정한 베네치아다움을 창출하는 견인차가 될 수 있었다고 생각합니다. 베네치아 음악계는 16세기에는 플랑드르에서 전문가를 초빙해야 했지만, 그로부터 200년도 지나기 전에 비발디 등을 배출하며 유럽 음악계의 선진국이 됩니다. 티치아노가 그린 통령 관저의 벽화는 대부분 화재로 소실되고, 현재 볼 수 있는 것은 그 후에 틴토레토와 파올로 베로네세가 그린 벽화지만, 이것을 유감으로 생각하느냐 아니면 틴토레토와 베로네세의 벽화도 좋다고 생각하느냐는 각자의 기호 문제입니다.

그렇다면 이렇게 문화대국이 된 16세기의 베네치아 공화국이 상인 정신을 잊어버렸는가 하면 전혀 그렇지 않습니다. 그 점이 정말 베네치아인답습니다.

볼로냐대학에 이어 유럽에서는 두 번째로 오래된 파도바대학은 베네치아 공화국이 국내 최고 학부로 생각해 육성에 힘을 쏟은 대학이고, 그 결과 유럽 전역에서 교수와 학생들이 모여들었습니다. 그런데 이 대학에서는 하나의 강좌를 교수 한 사람이 아니라 두 사람이 맡는 강좌 병행제를 채택하고 있었습니다. 학생들에게 선택의 자유를 준 셈인데, 이것은 교수에게 내려지는 수업 평가이기도 했습니다. 강좌에 학생이 모이지 않으면 그 강좌를 맡은 교수는 해고되었으니까요. 게다가 교수는 자기가 가르치는 학생들의 학력 향상에도 책임을 져야 했습니다. 갈릴레오 갈릴레이는 자주 학생들을 집에 불러 과외수업까지 해야 한다고 비명을 질렀지요. 이래서는 연구에 전념할 수 없다면서, 토스카나 대공인 메디치가 연금을 보장해준 것을 기회로 재빨리 고국 피렌체로 돌아가버렸습니다. 파도바대학은 고명한 과학자가 떠났다고 해서 강좌 병행제를 재검토하지는 않았습니다.

예술 분야에서도 베네치아 정부는 예술가들을 무조건 우대해서 응석받이로 만들지 않았습니다. 야코포 산소비노는 베네치아에 거처를 정한 뒤 공화국의 건설 총감독 비슷한 지위에 임명되었고, 따라서 주요한 공공건물 설계를 맡는 경우도 많았습니다. 왠지 쌀쌀맞은 느낌을 주는 산 마르코 성당의 종루에 작은 회랑을 덧붙여서 무미건조함을 누그러뜨린 것도 산소비노입니다. 산 마르코 성당 왼쪽에 우뚝 솟아 있는 도서관도 산소비노가 설계한 건물입니다. 그런데 이 공공 도서관을 짓고 있을 때, 건물 일부가 무너지는 사고가 일어났습니다. 이런 사고는 설계자에게 책임이 있다는 이유로 산소비노는 감옥에 갇히고 말았습니다. 그를 동정한 티치아노와 그 밖의 예술가들이 탄원서를 내서 석방되기는 했지만, 석방 조건은 무너진 건물을 자비로 다시 지으라는 것이었습니다. 두 번 다

(뒤) 파올로 베로네세의 「레위 집에서의 만찬」(부분, 베네치아, 아카데미아미술관). 1573년에 산티 조반니 에 파올로 교회의 주문으로 제작한 이 그림은 처음에는 「최후의 만찬」이라는 제목이었지만, 주정뱅이나 어릿광대까지 그려져 있는 등 내용이 성서에 부합하지 않는다고 이단심문소에서 문제가 되어 어쩔 수 없이 제목을 바꾸었다.

시 감옥 생활을 경험하고 싶지 않았던 건축가가 이 조건을 받아들인 것은 물론입니다.

"마음의 눈으로 보라!"
 이런 베네치아에서 이탈리아 르네상스는 마지막 꽃을 피웁니다. 그 결과, 베네치아 시가지 전체가 지금처럼 거대한 미술관이 된 것입니다. 18세기에 베네치아를 방문한 괴테는 이런 글을 남겼습니다. 베네치아는 육체의 눈으로 보는 것만으로는 불충분하고, 마음의 눈으로 보지 않으면 안 된다고."

"마음의 눈으로 보지 않으면 안 되는 것은 피렌체와 로마도 마찬가집니다."

"그렇습니다. 온 나라에 각 시대의 인류 유산을 모아놓은 듯한 이탈리아를 둘러보려면 괴테가 말한 마음의 눈이 반드시 필요합니다."

"르네상스가 현대의 우리에게 남긴 유산을 총괄한다면 무엇일까요?"

"우선 우리 현대인이 육체의 눈으로 볼 수 있는 수많은 예술품이겠지요. 그것을 마음의 눈으로도 볼 수 있다면 더욱 도움이 되겠지만요.

두 번째 유산은 정신의 독립에 대한 강렬한 집착입니다. 바꿔 말하면 자기 눈으로 보고, 자기 머리로 생각하고, 자기 말이나 손으로 표현해 남에게 전달하는 생활방식이지요.

세 번째 유산은 이원론이 아닌 일원론적인 사고방식입니다. 기독교에서는 유일신이 '선'(善)이기 때문에, '악'은 악마에게 떠맡기지 않으면 설명이 되지 않습니다. 인간 세계에서 '악'을 완전히 추방하는 것은 불가능한 일이니까. 누군가에게 그것을 떠맡겨야 하는 것이지요. 이것이 서구인이 생각하는 이원론의 출발점입니다. 세상은 선과 악, 정신과 육체, 신과 악마라는 두 개의 '원'(元)으로 나뉘어 있다는 겁니다.

그런데 고대 그리스나 로마는 다신교였기 때문에 신조차도 '선'과 '악'을 동시에 갖는 존재로 여겨졌습니다. 인간은 더욱 그렇지요. 자신 속에 '선'과 '악'을 모두 갖고 있습니다. 정신과 육체가 합쳐져야만 하나의 인간이 되니까요. 따라서 악을 억누르고 선을 더 많이 발휘하면서 살아가려면 어떻게 해야 되느냐가 가장 중요한 과제가 됩니다. 이것이 소크라테스의 가르침이기도 했습니다.

이런 고대를 부흥한 르네상스에서는 당연히 인간이 중심이 될 수밖에 없습니다. 자신 속에 선악을 둘 다 끌어안고 있는 인간이 중심이 되면, '악'은 남이 하는 짓이니까 내가 알 바 아니라고는 말할 수 없게 됩니다. 악마에게 책임을 전가할 수 없게 되었다는 뜻이지요. 악도 자신에게 있는 겁니다. 따라서 악을 억누르려면 자기통제가 필요하고, 정신도 강인해져야 합니다. 르네상스는 정신의 엘리트들이 일으킨 운동이었다고 말할 수 있을지도 모릅니다. 시인 단테는 정신의 귀족이라고 불리지요."

"하지만 그렇게 설명하면, 현대의 우리가 정신면에서는 르네상스의 유산을 물려받았다고 말할 수 없게 됩니다."

"계승자가 그리 쉽게 나타나지 않으니까 아직도 '유산'이라고 불리고 있겠지요."

"그것을 물려받아 자기 것으로 삼는 간단하고 구체적인 방책은 없습니까?"

"아쿠타가와 류노스케(芥川龍之介)가 쓴 『징강당잡기』(澄江堂雜記)에 '역사소설'이라는 제목의 짧은 글이 실려 있습니다.

〈역사소설이라고 부르는 이상, 한 시대의 풍속이나 인정에 다소는 충실하지 않으면 안 된다. 하지만 한 시대의 특색, 특히 도덕적인 특색만 주제로 삼은 역사소설도 있어야 한다. 예를 들면 일본의 왕조시대는 남녀관계에 대한 사고방식도 현대와는 크게 다르다. 그 점을 마치 작자 자신도 이즈미 시키부(和泉式部, 1008년에 성립된 『이즈미 시키부 일기』의 저자. 이 책은 3인칭으로 서술되어 있다 - 옮긴이)의 친구였던 것처럼 거침없이 쓰는 것이다. 이런 종류의 역사소설은 현대와의 대조를 통해 자연스럽게 암시를 주기 쉽다. 메리메의 『이사벨라』가 그렇고, 아나톨 프랑스의 『피라트』도 그렇다.

하지만 일본의 역사소설에는 아직 이런 종류의 작품이 보이지 않는다. 일본 역사소설은 대부분 옛사람의 마음속에서 요즘 사람의 마음과 공통되는 인간적인 섬광을 잽싸게 포착한 작품뿐이다. 젊은 천재들 가운데 위에서 말한 신기축을 안출해낼 사람은 없을까?〉

레오나르도나 미켈란젤로나 티치아노의 작품 앞에 섰을 때는 이런 르네상스의 천재들을 해설한 연구서 따위는 읽을 필요가 없습니다. 안내원의 설명도 흘려들으면 됩니다. 그보다는 당신 자신이 '젊은 천재'가 된 셈치고 '거침없이' 그들과 마주하는 겁니다. 자기도 천재라고 생각지 않으면, 천재한테 가까이 다가갈 수 없습니다.

단테나 보카치오나 마키아벨리처럼 글을 표현 수단으로 선택한 사람들에 대해서도 마찬가집니다. 표현은 자기 만족이 아닙니다. 남에게 전달하고 싶다는 강렬한 욕구가 내포되어 있기 때문에 힘찬 작품으로 완성될 수 있습니다. 레오나르도 다 빈치가 남긴 글들은 대부분 '자네'라는 호칭을 사용하고 있습니다. 레오나르도가 말한 '자네'가 되지 않고 어떻게 레오나르도를 이해할 수 있겠습니까. 레오나르도나 마키아벨리나 미켈란젤로의 친구라도 된 것처럼 허심탄회하게 작품을 대하고, 그리하여 그들의 목소리에 귀를 기울이고, 편견에 사로잡힘 없이 생각하고, 그렇게 얻은 생각을 자신의 말로 표현해보면 어떨까요. 이것만 실행하면 당신도 르네상스 정신을 이해할 수 있을 것입니다."

"르네상스란 무엇이었는가를 겨우 이해할 수 있을 것 같습니다. 게다가 르네상스 정신을 심안(心眼)이나 극기(克己)라는 우리말로 바꿀 수 있다면, 먼 옛날의 역사로만 생각되지 않고 현대의 우리에게도 관계가 있는 문제로 여겨지는군요."

"낱말이 존재했다는 것은 곧 그 낱말이 나타내는 개념도 존재하고 있었다는 뜻입니다. 그리고 서구문명권에 속하지 않는 우리의 어휘에서도 르네상스 정신과 공통된 개념을 찾을 수 있다는 것은 르네상스의 보편성을 증명하는 가장 확실한 증거입니다.

생각해보세요. 종교개혁도 반종교개혁도 결국 서양 기독교 세계

미켈란젤로가 만든 대리석상 「피에타」(로마, 성 베드로 대성당). 피에타는 죽은 예수의 몸을 떠받치고 비탄에 잠긴 성모 마리아의 모습을 묘사한 것으로, 기본적으로 프랑스·독일 미술의 주제로 많이 다루어졌지만 그 절정은 이탈리아의 미켈란젤로 작품이다. 성모의 무릎 위에 그리스도의 몸을 가로로 늘어뜨렸으며 피라미드식 구도와 상세한 인물묘사를 통해 장엄함과 고통, 위대한 순종 등을 동시에 나타내고 있다.

의 문제에 불과했습니다. 서구의 기독교도한테는 중요한 역사적 사실일지라도, 기독교도가 아닌 사람에게는 '관계가 없는 일'이라고 말할 수 있지요.

그러나 르네상스는 다릅니다. 르네상스 정신은 서구 기독교 세계 이외의 문명권에 속하는 사람들에게도 '관계가 있는 일'입니다.

그것을 실증하는 것이 바로 우리말의 '심안'이나 '극기'라는 낱말이지요. 이것만으로도 중세 말기에 이탈리아에서 일어난 르네상스가 시대나 민족이나 종교의 차이를 초월해 보편성을 가질 수 있었던 이유가 된다고 나는 생각합니다."

르네상스의 주역들

아시시의 성 프란체스코 *San Francesco d'Assisi, 1181/82−1228*
이탈리아의 성인. 13세기 초에 일어난 기독교회 개혁운동의 지도자. 1180년대 초에 아시시에서 부유한 상인의 아들로 태어났다. 가업을 이어받아 한때 방탕한 생활을 했지만, 20대 중반에 가족을 포함해 모든 것을 버리고 청빈을 지향하는 생활을 시작했다. 1210년, 열한 명의 제자를 데리고 로마로 가서 교황 인노켄티우스 3세의 허가를 얻어 전도 범위를 확대하고, '프란체스코 수도회'를 창설했다. 1224년에 몬테 델베르나에 은둔했고, 1228년에 아시시 근교의 포르티 운크라에서 사망했다.

프리드리히 2세 *Friedrich II, 1194−1250*
독일 호엔슈타우펜 왕조의 왕이자 신성로마제국 황제(1220-50년 재위) 겸 나폴리·시칠리아 왕(1197-1250년 재위). 아버지는 하인리히 6세. 1209년경부터 로마 교황과 관계가 나빠졌다. 1227년에 십자군 불참을 이유로 로마 교황에게 파문을 당했다. 1228년에 파문을 무시하고 제6차 십자군을 이끌고 출발했다. 1229년에 예루살렘 왕이 되었다. 그 후에도 이탈리아 각국 및 로마 교황과의 대립은 그가 갑자기 죽을 때까지 계속되었다. 1250년에 이탈리아 각지를 돌아다니며 싸우다가 토스카나 지방에서 사망했다.

아르놀포 디 캄비오 *Arnolfo di Cambio, 1245?−1301/10*
이탈리아 조각가·건축가. 후기 고딕 양식과 르네상스 양식의 감성을 아울러 갖는 작품을 남겼다. 치마부에한테 회화를, 피사노한테 조각을 배웠고, 피사노의 조수로 시에나 대성당 설교단을 제작했다(1265-68). 1281년에 페루자의 분수를 제작했다. 1296년에 피렌체의 '꽃의 성모 마리아 성당'을 설계하고, 성당 정면을 장식하는 조각을 제작하는 작업에 착수했다. '팔라초 베키오'와 '산타 크로체 교회'도 설계했다. 1301년 또는 1310년에 피렌체에서 사망했다.

치마부에 *Cimabue, 1251?−1302*
비잔틴파 최후의 이탈리아인 화가·모자이크 작가. 피렌체파의 기초를 놓은 조토의 스승이었다고 한다. 비잔틴파의 표현양식을 충실히 따르면서도 인물상에 웅대한 인간적 감정을 불어넣어 기독교 회화의 새로운 시대를 열었다. 단테에게 높은 평가를 받았고, 바사리도 『르네상스 예술가 전기』에서 맨 처음에 다루고 있다. 대표작으로는 아시시의 성 프란체스코 성당에 있는 「성모의 생애」, 피렌체의 산타 크로체 교회에 있는 「십자가에 못박힌 그리스도」와 「장엄의 성모 마리아」 등이 있다.

마르코 폴로 *Marco Polo, 1254?-1324*

상인·모험가·여행가. 『동방견문록』의 저자. 1254년경 베네치아에서 태어났다. 아버지와 숙부와 함께 중앙아시아를 거쳐 1275년에 중국(원나라)에 이른다. 쿠빌라이 칸의 신임을 얻어 중국의 각 지방과 동남아시아 등지에서 현지 조사를 했다. 중국에 17년 동안 머문 뒤, 1295년에 인도와 페르시아를 거쳐 바닷길로 귀국했다. 제노바와의 전쟁에서 포로가 되어 감옥에서 『동방견문록』을 구술했다. 그가 남긴 정보는 대항해 시대에 큰 영향을 미쳤다. 1324년에 베네치아에서 사망했다.

단테 *Dante, 1265-1321*

피렌체의 시인. 르네상스의 선구자 역할을 맡았다. 40세 무렵부터 만년에 걸쳐 토스카나 방언으로 쓴 『신곡』이 너무 유명하지만, 국가는 교회와 독립해서 존재해야 한다고 제창한 『제정론』 등 르네상스 정신이 넘쳐흐르는 라틴어 저술도 있다. 30대에 행정장관으로 피렌체의 정치적 혼란을 수습했지만 추방당하고 이탈리아 각지의 궁정을 방랑했다. 연애시집 『신생』(新生)을 제외하면 대부분의 작품이 방랑하는 과정에서 태어났다. 인간의 이성을 상징하는 존재라고 여긴 고대 로마의 시인 베르길리우스에게 열중했다.

조토 *Giotto, 1266/67/76-1337*

이탈리아의 화가. 치마부에의 제자로 알려져 있다. 1260년대나 1270년대 피렌체 근교에서 소작농의 아들로 태어났다. 로마와 아시시, 파도바, 리미니, 밀라노, 나폴리 등 이탈리아 각지에 프레스코화와 템페라화를 많이 남겼다. 대표작은 아시시의 성 프란체스코 성당의 벽화, 파도바의 아레나 예배당에 있는 「요아킴 전(傳)」 「성모 마리아 전(傳)」 「그리스도의 생애」, 피렌체의 산타 크로체 교회에 있는 「성 프란체스코 전(傳)」 등이다. 1337년에 피렌체에서 사망했다.

조반니 빌라니 *Giovanni Villani, 1275?−1348*
피렌체의 역사가·연대기 편자. 1300년부터 로마를 비롯한 유럽 각지에서 은행가로 활약했다. 은행을 그만둔 1308년경에 『연대기』를 편찬하기 시작했다. 12권으로 이루어진 『연대기』에는 피렌체가 번영하기 시작한 초기가 일상어인 이탈리아어로 묘사되어 있고, 당시 피렌체의 행정과 재정에 관한 통계가 상세히 기록되어 있어서 통계자료로도 귀중하다. 1348년에 창궐한 페스트에 걸려 피렌체에서 사망했다. 나중에 동생 마테오가 1348년부터 1364년까지의 기록을 열 권으로, 그의 아들 필리포가 1366년의 기록을 한 권으로 정리했다.

페트라르카 *Francesco Petrarca, 1304−1374*
피렌체에서 추방된 사람의 아들로, 아레초에서 태어났다. 볼로냐대학 등에서 법률을 공부했지만, 문학에 대한 열정이 강해서 이탈리아 제후의 '외교관'으로 일하며 문학과 고전을 연구했다. 서정시인으로 명성을 떨쳤다. 대표작은 시집 『칸초니에레』. 1341년에 로마 원로원으로부터 월계관을 받고 계관시인이 되었다. 1374년에 사망했다. 그는 시를 지었을 뿐만 아니라, 고대 로마의 문필가인 키케로의 저술을 발견한 것을 비롯해 세네카와 베르길리우스 및 그리스의 호메로스와 플라톤 등의 고전 연구에 크게 이바지했다.

보카치오 *Giovanni Boccaccio, 1313−1375*
시인이자 작가. 1313년에 피렌체 상인의 서자로 파리에서 태어났다. 1327년에 장사를 배우러 나폴리에 가지만, 문학에 마음을 빼앗긴다. 앙주 공작의 딸 마리아와 사랑에 빠져, 1330년대부터 1340년대 전반까지 쓴 소설과 시는 대부분 마리아에 대한 사랑을 주제로 하고 있다. '페스트를 피해 도망친

10명의 남녀가 말하는 100편의 이야기'라는 형식을 취한 대표작 『데카메론』은 1348년부터 1353년경까지 집필되었지만, 1470년에야 간행되었다. 만년에는 창작을 그만두고 연구에 몰두했다.

레오나르도 브루니 *Leonardo Bruni, 1370?-1444*

이탈리아의 인문학자·정치가. 1370년경에 아레초에서 태어났다. 1405년부터 교황청 비서관으로 일했고, 1437년부터 1444년에 죽을 때까지 피렌체의 수석 서기관을 지냈다. 사료를 엄격하게 검증해 『피렌체 공화국 역사』(12권)를 썼다. 키케로풍의 우아한 문체로 플라톤과 아리스토텔레스, 플루타르코스 등의 수많은 그리스 고전을 라틴어로 번역해 서구의 그리스 문학 연구를 진보시키는 데 이바지했다. 단테와 페트라르카 및 보카치오의 전기를 이탈리아어로 썼다. 피렌체에서 사망했다.

브루넬레스키 *Filippo Brunelleschi, 1377-1446*

피렌체의 건축가. 이탈리아 르네상스 건축의 효시이며, 후세에도 큰 영향을 주었다. 수학적 재능이 풍부해 구조상 불가능하게 여겨진 돔(둥근 지붕) 건축을 실현했다. 커다란 돔이 있는 '꽃의 성모 마리아(산타 마리아 델 피오레) 성당'은 피렌체의 상징이 되었다. '파치가의 예배당'과 '피티궁', 최초의 르네상스 건축이라고 불리는 '고아원' 등 수많은 걸작을 남겼다. 축성가로도 활약하며 각지의 성채 건축이나 개축에 관여했다. 피렌체에서 사망한 후 꽃의 성모 마리아 성당에 매장되었다.

기베르티 *Lorenzo Ghiberti, 1378?-1455*

피렌체의 조각가. 르네상스 예술의 중요한 지도자·선구자. 1378년경에 펠라고에서 태어나, 금세공사인 아버지 밑에서 기술을 배우고 회화도 배웠다. 1402년에 경연대회에서 우승해 피렌체의 산 조반니 세례당 문을 제작했다. 이 「천국의 문」은 르네상스 시대 청동 조각의 걸작으로 꼽힌다. 기베르티의 공방에는 도나텔로와 파올로 우첼로 등도 참가했다. 미술의 역사와 이론을 다룬 3권의 『각서』를 저술했다. 오르 산 미켈레 성당의 성인상도 유명하다.

1455년에 피렌체에서 사망했다.

포조 브라촐리니 *Poggio Bracciolini, 1380-1459*
피렌체의 인문학자. 1380년에 테라누오바에서 태어났다. 피렌체에서 필사본 전문가로 활약했다. 로마 활자체의 원형(原型)을 발명했다. 1403년에 로마로 이주해 교황 보니파키우스 9세를 모셨다. 1415년에 클뤼니에서 키케로의 미발표 연설 초고를 발견한 것을 시작으로 유럽 각지의 수도원에서 키케로와 퀸틸리아누스 등 라틴어 고전의 귀중한 사본을 많이 발견했다. 1453년에 피렌체 수석 서기관에 취임해 피렌체시의 역사를 편찬했다. 저서로 『골계담』(滑稽譚)이 있다. 1459년에 피렌체에서 사망했다.

도나텔로 *Donatello, 1386?-1466*
이탈리아 르네상스를 대표하는 조각가. 고대 조각에 관한 지식에서는 당대 최고의 인물로 꼽혔다. 피렌체에서 직물 직인의 아들로 태어나 10대 말에 기베르티의 공방에 들어갔다. 1430년대 로마에 오랫동안 머물면서 고전 조각을 연구했다. 1443년부터 1453년까지는 파도바로 거처를 옮겼다. 1457년 이후에는 피렌체와 시에나에 번갈아 머물렀다. 대리석·청동·나무를 사용한 조각 작품을 많이 남겼다. 1466년에 피렌체에서 사망했다. 대표작으로는 「용과 싸우는 성 게오르기우스」「다비드 상」「가타멜라타 장군상」 등이 있다.

파올로 우첼로 *Paolo Uccello, 1397-1475*
피렌체의 화가. 화려한 후기 고딕 양식과 초기 르네상스 양식의 대담한 수법을 조화시킨 독특한 경지를 개척했다. 10세 때부터 기베르티의 공방에 들어가 배웠다. 1425년부터 1431년까지 베네치아에서 모자이크를 제작했지만, 작품은 남아 있지 않다. 그 후 피렌체로 돌아와 산타 마리아 노벨라 성당 회랑을 장식하는 벽화 등을 그렸다. 1456년에는 메디치가의 주문으로 「산 로마노 전투」(1432)를 비롯해 피렌체와 시에나 사이의 전투를 묘사한 연작을 완성했다. 원근법 연구자이기도 하다.

토스카넬리 *Paolo dal Pozzo Toscanelli, 1397-1482*

이탈리아의 수학자·천문학자·지리학자. 1397년에 피렌체에서 의사의 아들로 태어났다. 파도바대학에서 수학과 철학 및 의학을 공부한 뒤에는 주로 피렌체에서 활동했다. 다양한 자연과학 연구를 계속하면서, 레온 바티스타 알베르티를 비롯한 많은 학자 및 예술가들과도 친교를 맺고, 당시 학술 연구의 중심적인 존재가 되었다. 브루넬레스키에게 기하학을 가르쳤고, 혜성을 치밀하게 관측해 천체도를 작성했다. 콜럼버스의 항해 계획에도 영향을 주었다고 한다. 1482년에 피렌체에서 사망했다.

루카 델라 로비아 *Luca della Robbia, 1399/1400-1482*

피렌체 르네상스 조각의 선구자. 1399년이나 1400년에 피렌체에서 태어났다. 1431년에 산타 마리아 델 피오레 성당의 성가대에 조각한 대리석 부조는 르네상스 조각의 대표적 작품이다. 1441년에 산타 마리아 노벨라 성당을 위해 성궤(聖櫃)를 제작했다. 테라코타에 유약을 바르는 기법을 완성했고, 산타 마리아 델 피오레 성당의 성구실 문 위에 장식된 그리스도 부활도와 승천도는 그 수법을 사용한 대표적 작품이다. 1482년에 피렌체에서 사망했다.

프라 안젤리코 *Fra Angelico, 1400?-1455*

15세기를 대표하는 피렌체 화가의 한 사람. 우아한 화풍과 소박한 인품으로 '천사 같은 사람'(프라 안젤리코)이라고 불린다. 1420년경에 도미니쿠스회의 산 마르코 수도원에 들어가 수도생활을 하면서, 제단화와 벽화 명작을 많이 남겼다. 1446년에 교황청에 불려가 니콜라우스 5세 예배당의 벽화 「성 스테파누스와 성 라우렌티우스 전(傳)」을 그렸고, 1450년경에는 피렌체의 산티시마 아눈치아타 성당의 은그릇 수납장 문에 그림을 그렸다. 대표작으로는 「수태고지」와 「십자가에서 내려지는 예수」 등이 있다. 1455년에 로마에서 사망했다.

마사초 Masaccio, 1401-1428

초기 르네상스를 대표하는 화가. 피렌체 근교에서 서기의 아들로 태어났다. 21세 때 피렌체의 직인 조합에 들어갔다. 현재 남아 있는 가장 오래된 작품은 「산 조베날레 삼면 제단화」다. 주로 피렌체에서 활동했다. 산타 마리아 노벨라 성당의 「성 삼위일체」는 벽화로는 처음으로 과학적인 원근법을 사용한 작품으로 알려져 있다. 카르미네 성당의 브란카치 예배당에 그린 「성 베드로의 생애」의 수법과 표현력은 르네상스 회화에 큰 영향을 주었다. 그 후 로마로 불려가지만 28세에 요절했다.

레온 바티스타 알베르티 Leon Battista Alberti, 1404-1472

이탈리아의 건축가·화가·조각가·저술가·인문주의자. 1404년에 제노바에서 태어나, 볼로냐대학에서 법률을 공부했다. 교황청에서 일하면서 다채로운 재능을 발휘해 '만능인'으로 불리기도 했다. 특히 건축가로서 피렌체의 산타 마리아 노벨라 성당의 정면과 만토바의 산탄드레아 성당 등을 건축해 르네상스 건축의 기초를 확립했다. 그 건축 이론은 주요 저서인 『건축론』으로 정리되어 유럽 예술 전반에 큰 영향을 미쳤다. 1472년에 로마에서 사망했다.

로렌초 발라 Lorenzo Valla, 1407-1457

이탈리아의 인문주의자·철학자. 1407년에 교황청 재판관의 아들로 로마에서 태어났다. 파도바대학에서 수사학을 공부하는 한편 『쾌락론』을 저술했다. 그 후 나폴리 왕 알폰소의 궁정신하가 되었다. 1440년에 『콘스탄티누스의 기진장』이 위조 문서라는 사실을 증명했다. 1448년에 교황 니콜라우스 5세의 비서로 임명되어 로마로 갔고, 그곳에서 투키디데스와 헤로도토스의 저서를 번역했다. 신약성서의 각종 사본도 연구했다. 『라틴어의 우아함』이라는 저서는 유럽 전역의 학교에서 교재로 사용되었다. 1457년에 로마에서 사망했다.

피에로 델라 프란체스카 *Piero della Francesca, 1420?-1492*

움브리아파 화가. 1420년경 아레초 근교의 산세폴크로에서 제화공의 아들로 태어나, 화가가 되겠다는 뜻을 품고 피렌체로 나왔다. 성공한 뒤에는 고향이나 페라라 등을 활동의 거점으로 삼았다. 대표작으로는 아레초의 산 프란체스코 성당에 있는 「성 십자가 전설」 「우르비노 공작 부처의 초상」 등이 있다. 수학 등의 학문에도 정통했고, 만년에는 실제 창작보다 이론 탐구에 관심을 기울였다. 원근법을 착실히 연구해 『회화에서의 원근법』 등을 저술했다. 20세기에 들어와 이 연구는 이탈리아 르네상스의 위업으로 높은 평가를 받았다.

젠틸레 벨리니 *Gentile Bellini, 1429-1507*

베네치아파 화가. 역시 화가인 아버지 야코포의 공방에서 그림을 배웠다. 1466년, 베네치아에 있는 산 마르코 성당의 오르간 덮개에 장식 그림을 그렸다. 1479년, 베네치아 통령의 명령으로 콘스탄티노플에 가서 당시의 술탄인 무하마드 2세의 초상화를 그렸다. 「산 마르코 광장의 십자가 행렬」 등 베네치아를 소재로 한 대형 종교화를 많은 집회소에 그렸는데, 이 종교화들은 15세기 베네치아의 건축물이나 생활을 면밀하게 묘사한 기록으로도 중요하다. 1507년에 베네치아에서 사망했다.

조반니 벨리니 *Giovanni Bellini, 1429-1516*

베네치아를 르네상스 예술의 중심지로 만든 화가 가운데 한 사람. 젠틸레 벨리니와는 쌍둥이 형제다. 1480년대에는 터키에 파견된 젠틸레를 대신해 베네치아 원로원 회의장을 장식할 그림을 제작했다. 이때 그린 8점의 그림은 생애 최고의 작품이었다지만, 화재로 소실되었다. 당시 베네치아에서 가장 컸다는 그의 공방에서는 조르조네와 티치아노도 수학했다고 한다. 대표작으로는 「페사로 제단화」 「황홀한 성 프란체스코」 등이 있다. 1516년에 베네치아에서 사망했다.

폴라이우올로 Antonio del Pollaiuolo, 1432/33-1498

조각가·화가·판화가·금세공사. 1432년이나 1433년에 피렌체에서 태어났다. 동생 피에로와 함께 공방을 운영하면서 많은 작품을 남겼고, 피렌체의 예술 발전에도 크게 이바지했다. 그들의 공방은 15세기 후반 피렌체에서 가장 중요한 공방 가운데 하나였다. 최초로 시체 해부를 통해 인체를 연구한 예술가 가운데 한 사람이다. 1484년에 로마에서 인노켄티우스 8세와 식스투스 4세의 묘를 제작했다. 1498년에 로마에서 사망했다.

마르실리오 피치노 Marsilio Ficino, 1433-1499

철학자·신학자·언어학자. 1433년에 피렌체에서 의사의 아들로 태어났다. 라틴어를 배운 뒤, 아리스토텔레스 철학과 의학을 공부했다. 또한 그리스어를 습득해 메디치 가문의 비호 아래 플라톤과 플로티노스의 모든 저술 및 신플라톤학파의 저술을 라틴어로 번역하고 연구했다. 피렌체의 플라톤 아카데미 학장도 지냈다. 플라톤주의를 부활시키고 기독교와의 융화를 제창했다. 저서로『플라톤 신학』이 있다. 1499년에 피렌체에서 사망했다.

베로키오 Andrea del Verrocchio, 1435-1488

조각가·화가. 레오나르도 다 빈치의 스승. 피렌체에서 대규모 공방을 운영하면서 레오나르도를 비롯해 페루지노와 로렌초 디 크레디, 보티첼리 등 많은 예술가를 키웠다. 1468년에 산 로렌초 교회 성구실에 있는 조반니와 피에로 데 메디치의 묘를 조각으로 장식했다. 1483년에는 오르 산 미켈레 성당의 청동 군상「성 토마스의 회의」를 제작했다.「바르톨로메오 콜레오니 기마상」은 르네상스 조각의 대표적 작품이다. 1488년에 베네치아에서 사망했다.

브라만테 Donato Bramante, 1444-1514

르네상스 전성기를 대표하는 건축가 가운데 한 사람. 북이탈리아의 우르비노 근교에서 태어났다. 우르비노에서 피에로 델라 프란체스카의 조수로 일했다. 1477년에 롬바르디아로 이주해 처음에는 화가로서 프레스코화 등에 손을 댔지만, 차츰 건축에 전념하게 되었다. 1488년에 파비아 대성당을 설계했다. 1500년경 활동 무대를 로마로 옮겨, 율리우스 2세의 의뢰로 산 피에트로 대성당의 개축 계획을 세웠다. '산타 마리아 델레 그라치에 교회'도 설계했다. 1514년에 로마에서 사망했다.

보티첼리 Sandro Botticelli, 1445-1510

르네상스에서 가장 유명한 피렌체파 화가의 한 사람. 필리포 리피의 제자로 들어가, 20대 중반에는 이미 자기 공방을 가진 화가로 활약하고 있었다. 1481년에는 로마로 불려가서 시스티나 예배당의 벽화 제작에 참여했다. 하지만 1490년대에 사보나롤라가 대두하자 종교로 기울어져 화풍이 완전히 달라졌고, 나중에는 붓을 꺾고 가난 속에서 죽었다고 한다. 평생 독신으로 지냈다. 대표작으로는 「비너스의 탄생」「프리마베라(봄)」「세 왕의 경배」등이 있고, 종교적 주제를 다룬 제단화를 많이 남겼다.

도메니코 기를란다요 Domenico Ghirlandajo, 1449-1494

보티첼리와 더불어 15세기 후반의 피렌체를 대표하는 화가. 1449년에 금세공사의 아들로 태어났다. 피렌체 오니산티 성당의 프레스코화 「자비의 성모와 피에타」가 가장 초기 작품으로 여겨진다. 보티첼리가 화려한 화풍을 좋아한 반면, 기를란다요는 사실적인 화풍으로 알려져 있다. 당시의 건축물이나 풍경을 짜넣은 웅장한 프레스코화가 많다. 대표작으로는 산타 마리아 노벨라 성당의 「성모의 일생」, 팔라초 베키오의 「성 제노비우스와 성인들」 등이 있다.

알도 마누치오 Aldo Manuzio, 1449-1515

르네상스를 대표하는 출판업자. 1449년에 이탈리아 남부의 작은 마을에서 태어났다. 로마와 페라라에서 공부한 뒤, 1490년에 베네치아로 가서 학자와 식자공을 모으는 것으로 출판업 준비에 착수해 1495년에 알도 출판사를 창업했다. 학자들과의 공동작업으로 원전을 정확히 재현한 그리스어·라틴어 고전 이외에 동시대 작가들의 작품도 많이 출판했다. 죽은 뒤에도 처남인 아솔라니를 거쳐 아들 파올로와 손자 알도가 차례로 사업을 물려받았다. 16세기 말까지 백 년 동안 알도 일가는 1,000여 종의 서적을 출판했다고 한다.

콜럼버스 *Christoforo Columbus, 1451-1506*
항해가이자 탐험가. 본명은 크리스토포로 콜롬보. 1451년에 제노바에서 모직물업자의 아들로 태어나, 소년 시절부터 배를 타고 유럽 각지를 돌아다녔다. 1470년대부터 수많은 자료를 분석한 결과, 대서양을 서쪽으로 항해하면 인도에 다다를 수 있다고 확신했다. 이 계획은 에스파냐 여왕 이사벨라의 원조로 실현되어, 1492년에 서인도 제도에 도달했다. 그 후 아메리카 대륙으로 네 차례 항해했지만, 본인은 끝까지 자기가 도달한 땅이 인도의 일부라고 믿고 있었다. 1506년에 에스파냐의 바야돌리드에서 사망했다.

레오나르도 다 빈치 *Leonardo da Vinci, 1452-1519*
피렌체 근교의 빈치 마을에서 태어났다. 죽은 지 500년이 가까운 오늘날에도 '천재'나 '만능인'으로 불리고 있다. 피렌체의 베로키오 공방에서 공부하면서 「수태고지」 등을 제작했다. 30세가 지나 밀라노에 가서, 스포르차 가문의 비호 아래 「최후의 만찬」 등을 그리고 1500년에 피렌체로 돌아왔다. 만년에는 프랑수아 1세의 초대로 프랑스에 가서 지내다가 그곳에서 사망했다. 화가·조각가·건축가·발명가로서 해부학·식물학·토목공학·물리학 등 수많은 분야에서 시대를 훨씬 앞서는 재능을 보였다.

폴리치아노 *Angelo Poliziano, 1454-1494*
시인·고전학자·인문학자. 그리스어·라틴어·시·철학·언어학에서 재능을 발휘했다. 1454년에 이탈리아 중부의 토스카나에서 태어났다. 1475년에 로렌초 데 메디치의 맏아들 피에로의 가정교사로 메디치 집안에 들어갔다. 호메로스의 『일리아스』를 라틴어로 번역해 명성을 얻었다. 1480년부터 피렌체에서 그리스·라틴 문학을 강의했다. 줄리아노 데 메디치를 위해 쓴 시 『스탄체』(1475-78)는 이탈리아 문학의 걸작으로 꼽힌다. 1494년에 피렌체에서 사망했다.

아메리고 베스푸치 *Amerigo Vespucci, 1454-1512*

피렌체 태생의 상인·항해가. '아메리카'라는 이름은 그의 이름에서 유래했다. 1479년에 메디치 가문의 홍보 담당자로 프랑스에 갔다가 귀국한 뒤, 메디치 은행에 들어가 신임을 얻고, 1491년에 세비야에 부임해 1495년에 지점장이 되었다. 그 후 에스파냐 왕실의 원조로 아메리카 대륙에 건너가, 대서양 연안을 따라 남하해 오늘날의 브라질에 도달했다고 한다. 이 신대륙이 인도의 일부가 아니라는 것을 베스푸치는 — 콜럼버스와는 달리 — 인식하고 있었다. 1512년에 세비야에서 사망했다.

바스코 다 가마 *Vasco da Gama, 1460?-1524*

포르투갈의 항해가. 포르투갈 왕 마누엘의 명령에 따라 아프리카 남쪽 끝의 희망봉을 도는 탐험대를 이끌고 1497년에 리스본을 출항했다. 1498년에 탐험대는 성공적으로 인도 남서 해안의 캘리컷(코지코드)에 도착했다. 이렇게 서구에서 인도로 가는 항로를 개척하고 귀국했지만, 그 후 캘리컷에서 일어난 반란을 진압하기 위해 다시 인도로 파견되어 현지인을 학살하고 항구를 불태웠다. 그때 캘리컷보다 남쪽에 있는 코친을 개항했다. 1524년에 인도 총독에 임명되어 세 번째 항해에 성공하지만, 같은 해 인도에서 생애를 마쳤다.

카르파초 *Vittore Carpaccio, 1460?-1525/26*

베네치아 르네상스의 초기를 대표하는 화가. 초기 작품에는 젠틸레 벨리니와 안토넬로 다 메시나 등의 영향이 엿보인다. 1490년경에 산타 우르술라 회당을 장식할 「성 우르술라 전(傳)」을 제작하는 작업에 착수해 독창적인 작풍을 확립했다. 표현력과 빛의 묘사에서 높은 평가를 받고 있다. 그 밖의 작품으로는 산 조르조 델리 스키아보니 회당의 「성 히에로니무스」 연작, 산토 스테파누스 회당의 「성 스페타누스 전(傳)」 등이 있다. 1525년이나 1526년에 베네치아에서 사망했다.

피코 델라 미란돌라 *Pico della Mirandola, 1463-1494*

인문학자이자 철학자. 1463년에 미란돌라에서 영주의 아들로 태어나, 볼로냐대학에서 교회법을 공부하고 파도바대학에서 아리스토텔레스 철학을 공부했다. 히브리어를 비롯해 많은 언어를 습득했다. 유럽 각국에서 학자를 초빙해 900가지나 되는 명제를 토의하려 했지만, 그 가운데 13개 명제가 로마교회에 의해 이단으로 간주되어 감옥에 갇혔다. 석방된 뒤에는 메디치 가문의 비호를 받았고, 만년에는 사보나롤라에게 열중했다. 『인간의 존엄에 대하여』(1486년에 써서 1496년에 출간)를 통해 르네상스의 새로운 인간관을 표현했다. 1494년에 피렌체에서 사망했다.

마키아벨리 Niccolo Machiavelli, 1469-1527

피렌체의 중산층 가정에서 태어났다. 피렌체를 지배하고 있던 메디치 가문이 추방된 뒤, 29세의 나이에 피렌체 공화국 서기관으로 채용되었다. 그 후에도 공화국 대통령 비서관, 교황에게 파견된 외교사절 등, 공식·비공식적인 온갖 요직을 맡으며 공화국의 정치 운영을 떠받쳤다. 1512년에 메디치 집안이 다시 권력을 잡자마자 면직·추방된 뒤, 근교 산장에 은둔하며 집필 활동에 전념했다. 대표작은 『군주론』(1532년 출간). 그밖에 『정략론』과 『피렌체 역사』 등이 있다.

에라스무스 Desiderius Erasmus, 1469-1536

북방 르네상스의 대표적 인문학자. 그리스어판 신약성서 최초의 인쇄 교정본을 출판했다. 그밖에 수많은 고전에 주석을 달고 교정했다. 저서로는 『우신 예찬』과 『기독교 전사의 입문서』가 있다. 1469년에 네덜란드 로테르담에서 사제의 서자로 태어나, 아우구스티누스 수도회와 캉브레 주교의 궁정 신하를 거쳐 파리로 유학을 떠났다. 케임브리지대학에서도 교편을 잡았다. 1521년에 바젤의 출판업자 프로벤의 손님이 되었고, 1536년에 그곳에서 세상을 떠났다. 종교를 비판하며 종교개혁에 큰 영향을 주었지만, 루터와는 대립하다 나중에 결별했다.

뒤러 Albrecht Dürer, 1471-1528

화가·판화가. 독일 르네상스 최대의 거장. 수많은 제단화·종교화·초상화·

자화상을 남겼다. 1471년에 독일 뉘른베르크에서 금세공사의 아들로 태어나 아버지 공방의 디자이너가 되었다. 1486년에 화가 볼게무트를 사사했고, 1490년부터 각지를 여행했다. 이탈리아에서는 폴라이우올로와 만테냐의 판화에서 큰 영향을 받았다. 그 후 인체 비례와 원근법을 연구했다. 작품으로는 「성모의 일곱 가지 슬픔」「란다우 제단화」「네 명의 사도」「요한 묵시록 연작」 등이 있다. 1528년에 뉘른베르크에서 사망했다.

미켈란젤로 *Michelangelo, 1475-1564*
1475년에 피렌체 근교 카프레세에서 태어났다. 스승은 기를란다요. 20세가 지나자 로마로 가서 「바쿠스」와 「피에타」 등의 조각을 제작했다. 1501년에 피렌체로 돌아와 「다비드 상」을 제작했다. 1527년에 교황과 신성로마제국 황제의 피렌체 포위전에서 수비군 쪽에 섰고, 나중에 베네치아로 망명했다. 이윽고 교황의 허락을 얻어 1534년부터 로마에서 시스티나 예배당의 제단화를 제작하기 시작했고, 1541년에 「최후의 심판」을 완성했다. 만년에는 산 피에트로 대성당의 건축감독도 맡았다. 88세를 일기로 사망했다.

조르조네 *Giorgione, 1477-1510*
베네치아 화가. 전성기 르네상스 양식의 창시자 가운데 한 사람. 1477년에 태어나 1490년경에 조르조 벨리니 밑에서 그림 공부를 시작했다. 초기 작품으로는 베네치아의 독일 상관 외벽을 장식한 프레스코화가 있다. 고향인 카스텔프랑코에 있는 산 리베랄레 성당의 「카스텔프랑코의 제단화」, 동시대 지식인들이 풍경화의 걸작으로 평가한 「폭풍」 등도 유명하다. 당시 창궐한 페스트에 걸려 젊은 나이에 세상을 떠났다. 이사벨라 데스테는 그가 죽었다는 소식을 듣고 "베네치아 전체가 분노하고 있다"고 말했을 정도다.

토머스 모어 *Sir Thomas More, 1477-1535*
영국의 정치가 · 인문학자. 1477년에 런던에서 법률가의 아들로 태어나, 옥스퍼드대학에서 공부했다. 1499년부터 4년 동안 카르투지오 수도회에 있었지만 성직자가 되지는 않았다. 하지만 종교적 신념은 평생 간직했다. 1510년에 런던 차관을 지냈다. 1516년에 저서 『유토피아』에서 이상적인 국가상을 묘사했다. 1529년에 대법관이 되었지만, 헨리 8세가 로마 교회와 결별했기 때문에 1532년에 사임했다. 1535년에 교회 수장이라는 교황의 지위를 부정하는 선서를 강요당했지만 거부하고, 대역죄로 처형되었다.

페르난도 마젤란 *Fernando Magellan, 1480?−1521*

포르투갈의 항해가. 1505년에 포르투갈의 초대 인도 총독과 함께 동인도로 갔다가 1512년에 귀국했다. 1519년에 에스파냐 왕의 명령에 따라 지구를 서쪽으로 돌아서 인도에 도달하는 항로를 개척하기 위해 선단을 이끌고 출항했다. 남아메리카의 최남단(현재의 마젤란해협)을 통과해 태평양으로 빠져나가는 루트를 발견한 뒤 필리핀에 이르렀지만, 현지인과의 싸움으로 1521년에 전사했다. 살아남은 단원들은 한 척의 배로 항해를 계속해 1522년에 에스파냐로 돌아왔다. 이것이 사상 최초의 세계일주로 알려져 있다.

라파엘로 *Raffaello Sanzio, 1483−1520*

1483년에 이탈리아의 우르비노에서 화가의 아들로 태어났다. 처음에는 아버지에게 그림을 배웠고, 나중에는 페루자에 가서 페루지노의 제자가 되었다. 1504년에 피렌체로 이주해 레오나르도 다 빈치와 미켈란젤로의 영향도 받았다. 4년 뒤, 로마로 가서 교황 율리우스 2세에게 중용되어 바티칸궁전에 있는 세 개의 방에 벽화를 그렸다(「아테네 학당」 등). 산 피에트로 대성당 건축에도 참여하는 한편 고대 로마의 유적 발굴과 부흥에도 힘썼지만, 37세의 젊은 나이에 세상을 떠났다. 그밖에 성모자상과 여인상을 많이 남겼다.

마르틴 루터 *Martin Luther, 1483−1546*

독일의 종교가. 작센에서 태어나 에르푸르트대학을 졸업한 뒤 1507년에 아우구스티누스 수도회 사제가 되었고, 1512년에는 비텐베르크대학 교수가 되었다. 그러는 동안 로마 교회의 타락에 의문을 품었고, 1517년에 독일에서도 면죄부 판매가 시작되자 이에 반대하며 '95개조'를 발표했다. 1521년에 로마 교회에서 파문당했다. 같은 무렵 신성로마제국 의회가 그를 소환해 주장을 철회하라고 강요했지만, 그는 이 요구도 거부했다. 그 후로는 작센 선제후의 비호 아래 신약성서를 독일어로 번역하는 일에 몰두했다.

티치아노 *Vecellio Tiziano, 1487-1577*

이탈리아 르네상스를 대표하는 베네치아파 화가. 이탈리아 북서부의 작은 마을에서 태어났다. 베네치아에서 조반니 벨리니의 제자로 들어갔고, 동문인 조르조네한테도 영향을 받았다. 활동 초기에는 그들과 공동으로 작품을 제작한 경우도 많았다. 16세기에 베네치아 공화국 공인화가로 임명되었다. 1518년에 제작한 「성모 승천」이 유명하다. 신성로마제국 황제인 카를 5세(카를로스)가 극진한 예를 갖추어 맞아들인 유일한 화가로도 유명하다. 로마에 초빙되어 교황 파울루스 3세의 초상화도 제작했다.

라블레 *François Rabelais, 1494-1553*

프랑스 르네상스를 대표하는 작가. 1494년에 푸아투에서 변호사의 아들로 태어나 법률을 공부한 뒤 사제가 되었다. 파리에서 의학을 배웠다. 풍자와 웃음이 가득한 장편소설 『팡타그뤼엘(제2의 서)』(1532)과 『가르강튀아(제1의 서)』(1534)를 발표했다. 처음에는 깊은 인문학 지식으로 찬사를 받았지만, 나중에는 종교에 대한 풍자와 외설적인 유머로 박해 대상이 되어 당시 권력자의 보호를 받게 되었다. 『제3의 서』는 1546년에 발표했고, 『제4의 서』를 발표한 직후인 1553년에 파리에서 사망했다.

팔라디오 *Andrea Palladio, 1508-1580*

16세기 북이탈리아를 대표하는 건축가. 1508년에 파도바에서 태어나 베네치아에서 석공으로 일하다가, 로마로 가서 고대 로마와 르네상스 전성기의 건축을 연구했다. 이것이 후기 작풍에 큰 영향을 주었다. 비첸차와 베네치아에는 팔라디오가 설계한 건축물이 많이 남아 있다. 대표작은 빌라 로톤다, 산 조르조 마조레, 테아트로 올림피코. 고전 건축에 관한 네 권의 건축론을 저술해 후세의 유럽 건축에 큰 영향을 주었다. 1580년에 비첸차에서 사망했다.

틴토레토 *Tintoretto, 1518-1594*

베네치아의 화가. 본명은 야코포 로부스티. 틴토레토는 아버지가 염색공(틴토레)이었기 때문에 붙은 별명이다. 티치아노에게 그림을 배웠다는 설도 있다. 생애의 대부분을 베네치아에서 보냈고, 산 로코 회당이나 팔라초 두칼레 등에 많은 작품을 남겼다. 초상화가로서도 유명해, 정치가·귀족·학자의 초상화를 중심으로 100점 가까운 초상화가 남아 있다. 만년에는 산 조르조 마조레 성당을 위해 「최후의 만찬」 등 세 점을 제작했고, 이 작품을 완성한 지 몇 달 뒤에 사망했다.

파올로 베로네세 *Paolo Veronese, 1528-1588*

16세기 베네치아파를 대표하는 화가. 베로나에서 태어나 처음에는 가업인 석공 일에 종사했지만, 나중에 화가로 전향했다. 베로나의 화가 바딜레 밑에서 공부했다. 1553년에 베네치아로 이주한 뒤, 원로원 회의장의 천장화(1555-56) 등을 맡아서 명성을 높였다. 한편 1573년에 산티 조반니 에 파올로 교회의 주문으로 제작한 「레위 집에서의 만찬」은 처음에는 「최후의 만찬」이라는 제목이었지만, 주정뱅이나 어릿광대까지 그려져 있는 것이 이단 심문소에서 문제가 되어 어쩔 수 없이 제목을 바꾸었다.

몽테뉴 *Michel de Montaigne, 1533-1592*

사상가·수필가. 『수상록』(에세)으로 새로운 문학 장르를 확립했다. 프랑스 르네상스 최고의 모랄리스트라는 평가를 받고 있다. 몽테뉴에서 영주의 아들로 태어나 풍부한 인문 교육을 받고, 툴루즈대학에서 법률을 공부했다. 보르도 고등법원 참의가 되었지만 1570년에 사임했다. 그 후 면학과 집필과 사색의 나날을 보냈지만, 1581년부터 1585년까지는 보르도 시장을 지냈다. 『에세』는 1572년에 집필하기 시작해 1580년에 1, 2권을 출판했고, 1588년에 제3권을 출판했다. 또한 각지를 여행하며 『이탈리아 기행』도 저술했다.

엘 그레코 *El Greco, 1541−1614*

에스파냐의 화가. 1541년에 베네치아령 크레타섬에서 태어났다. 1560년경 베네치아로 건너가 티치아노의 제자가 되었고, 로마에도 머물렀다. 이탈리아에 있을 때는 16세기 베네치아 르네상스 양식의 회화를 그렸다. 1577년에 에스파냐로 이주해 톨레도에 정착했다. 기발한 구도와 색채로 독특한 화풍을 창조해 종교 관계자와 지식인들에게 높은 평가를 받았다. 대표작으로는 「성의 박탈」 「성 마르실리우스의 순교」 「오르가스 백작의 매장」 「그리스도의 세례」 「그리스도의 처형」 등이 있다. 1614년에 톨레도에서 사망했다.

세르반테스 *Miguel de Cervantes Saavedra, 1547−1616*

에스파냐의 소설가·시인·극작가. 『돈키호테』는 근대소설의 선구적 작품으로 평가된다. 1547년에 알칼라 데 에나레스에서 태어났다. 1569년에 로마에서 아콰비바 추기경을 모셨다. 1571년에 레판토 해전에 참가했다가 부상으로 왼손이 불구가 되었다. 1575년 귀국하는 길에 해적의 포로가 되어 알제리에서 5년 동안 노예생활을 했다. 1580년에 귀국한 뒤, 수많은 시와 희곡을 써서 에스파냐 연극 발전에 이바지했다. 단편집 『모범소설집』도 남겼다. 가난하게 살다가 1616년에 마드리드에서 사망했다.

셰익스피어 *William Shakespeare, 1564−1616*

영국의 극작가·시인. 문학사상 불후의 명작을 많이 남겼다. 1564년에 스트랫퍼드 어펀 에이번에서 태어났다. 1580년대 후반에 런던에 나와 극장에 고용되었다가, 나중에 배우 겸 전속 작가가 되었다. 1590년경부터 약 20년 동안은 극작에 전념하며 그 재능을 남김없이 발휘해 극작가로 명성을 얻었다. 작품으로는 4대 비극인 『햄릿』 『오셀로』 『리어 왕』 『맥베스』 이외에 『줄리어스 시저』 『로미오와 줄리엣』 『베니스의 상인』 『한여름밤의 꿈』 등이 있다. 1611년에 은퇴하고 고향으로 돌아가 1616년에 사망했다.

르네상스를 만든 사람들

시오노 나나미 ▌르네상스 저작집 1

지은이 시오노 나나미
옮긴이 김석희
펴낸이 김언호

펴낸곳 (주)도서출판 한길사
등록 1976년 12월 24일 제74호
주소 10881 경기도 파주시 광인사길 37
홈페이지 www.hangilsa.co.kr
전자우편 hangilsa@hangilsa.co.kr
전화 031-955-2000~3 **팩스** 031-955-2005

인쇄 영림 **제본** 영림

제1판 제 1 쇄 2001년 9월 20일
제1판 제13쇄 2021년 9월 3일

값 22,000원
ISBN 978-89-356-5372-0 04900
ISBN 978-89-356-5371-3 (세트)

• 잘못 만들어진 책은 구입하신 서점에서 바꿔드립니다.